Biblioteca de Derecho Civil

Filippo Viglione
**(Director)**

Carlos Antonio Agurto Gonzáles
Sonia Lidia Quequejana Mamani
Benigno Choque Cuenca
**(Coordinadores Generales)**

**Julien Bonnecase**
Profesor en la Facultad de Derecho de la Université de Bordeaux
(Francia)

# La Escuela de la Exégesis en Derecho Civil

Edición al cuidado de
**Carlos Antonio Agurto Gonzáles**
**Sonia Lidia Quequejana Mamani**
**Benigno Choque Cuenca**

Ediciones Olejnik

Título: La Escuela de la Exégesis en Derecho Civil

© Julien Bonnecase

Traducción de José M. Cajica

© Ediciones Olejnik
Huérfanos 611, Santiago - Chile
E-mail: contacto@edicionesolejnik.com
Web site: http://www.edicionesolejnik.com

Primera edición en Ediciones Olejnik: 2020

ISBN: 978-956-392-812-9

Diseño de Carátula: Ena Zuñiga
Diagramación: Luis A. Sierra Cárdenas



Impreso en Argentina 2020 Printed in Argentina

# ÍNDICE

CAPÍTULO II
DOCTRINA DE LA ESCUELA DE LA EXÉGESI



CAPÍTULO III
LOS MÉTODOS DE LA ESCUELA DE LA EXÉGESIS



CAPÍTULO IV

LA PROFESIÓN DE FE DE LA ESCUELA DE LA EXÉGESIS ANTE EL PROGRAMA DE LA ESCUELA CIENTÍFICA. EXAMEN CRÍTICO DE LA PROFESIÓN DE FE, DESDE EL TRIPLE PUNTO DE VISTA: PRÁCTICO, CIENTÍFICO Y FILOSÓFICO. CONCLUSIÓN: ENSEÑANZAS DE ORDEN GENERAL DERIVADAS DE LA PROFESIÓN DE FE DE LA ESCUELA DE LA EXÉGESIS



SECCIÓN PRIMERA
LA PROFESIÓN DE FE DE LA ESCUELA DE LA EXÉGESIS ANTE EL PROGRAMA DE LA ESCUELA CIENTÍFICA

# PREFACIO DE LA SEGUNDA EDICIÓN

*I.– Así como* La Notion de Droit en France au XIX siègle[1], *la primera edición de* La Escuela de la Exégesis en Derecho Civil *se publicó como reproducción de un artículo de la* Revue Genérale du Droit. *La acogida reservada a la primera edición, nos proporciona la ocasión de publicar una nueva. Esto no significa que los conceptos y clasificaciones contenidos en esta monografía, hayan sido aceptados por todos los civilistas. Al contrario, tal como lo pensamos en la* Introducción, *este estudio solo encontró una simpatía muy limitada en muchos de ellos; a quienes llamaremos los civilistas de la vieja Escuela, sin dar a esta expresión un sentido despectivo. Cada quien es libre de ser conservador, y la ciencia del Derecho, como la Política, tiene necesidad de un partido que modere las tendencias acentuadas, de algunos de sus representativos, hacia las transformaciones profundas y rápidas.*

*II.– A juzgar por las críticas que privadamente hemos recibido, los civilistas han pensado que cometimos un error al afirmar que los «grandes comentadores» del Código de Napoleón, forman una Escuela claramente caracterizada. También esperábamos ya esta crítica, que ha sido de nuestro agrado; ello demuestra que alcanzamos el fin perseguido, pues nos propusimos demostrar que la ciencia del Derecho civil, a semejanza de la Filosofía, de la Economía política y de la Literatura, tenía sus Escuelas; que en ciertas épocas es atravesada por corrientes contrarias; y, en fin, que la vida jurídica es un aspecto de la vida social y de la intelectual en general. Solo que hubiéramos preferido que tales críticas, en vez de hacerse por correspondencia privada, hubiesen sido públicas, pues así habríamos tenido ocasión de precisar y justificar nuestra manera de pensar, con aquellos documentos que no insertamos en este estudio por no permitirlo sus límites. Acéptese o no, en el siglo XIX hubo una gran Escuela en la ciencia del Derecho civil que ocupa la Historia de nuestra disciplina durante este período:* La Escuela de la Exégesis. *Las citas de las obras de los juristas más célebres que presentamos como paladines de esa Escuela lo demuestran completamente; en esas obras hallamos un concepto común y una convicción idéntica de su correcto fundamento. Esperamos que únicamente con esas citas, y sin recurrir a otras, se nos demuestre que nuestra tesis no es exacta.*

---

1 J. Bonnecase, *La notion de droit en France an XIX siècle. Contribution a l'étude de la Philosophie du Droit contemporaine,* París, 1919.

*Advertimos muy bien los motivos latentes que impulsaron a muchos civilistas, a no aceptar nuestra clasificación. Sin creer semidioses a los grandes comentadores del Código de Napoleón, muchos civilistas consideran que presentan una personalidad tal, que escapan a toda clasificación. En esto los civilistas se han engañado. Hubo en el siglo XIX hombres que en el campo filosófico, literario y económico realizaron una obra igual a la de los comentadores del Código de Napoleón. Nadie ha puesto en duda la legitimidad de una clasificación en Escuelas, de estos literatos y sabios. ¿Por qué ha de ser de otra manera tratándose de los juristas? La clasificación de estos últimos en Escuelas era tanto más necesaria, pues así queda en relieve tanto el concepto inexacto que los anima, cuanto que la marcha de la vida social e intereses privados pueden sufrir singularmente con una falsa concepción del Derecho civil; ¿no terminan todas las dificultades de la vida cotidiana ante los tribunales, y no debe, por consiguiente, darse a estas dificultades una solución sana, inspirada en una idea directriz fundamental, que sea la manifestación de un equilibrio social bien comprendido? Si los juristas hubieran perseverado en los errores de la Escuela de la Exégesis; si se hubieran conformado con callarlos, la ciencia del Derecho civil cada día se hubiera corrompido más en su marcha. Por lo demás, las críticas contra la Escuela de la Exégesis, surgieron mucho antes de que entráramos en la lid; pero lo que Provocó el desacuerdo de ciertos civilistas con nuestra opinión, fue que el título de este trabajo:* La Escuela de la Exégesis, *y las críticas en él contenidas son impresionantes. También nos felicitamos por esto, pues Pretendiendo llamar la atención sobre esta tesis, por todos los medios, en la modesta esfera de nuestra influencia, hicimos bien en haber recurrido, para ello, a los términos:* Escuela de la Exégesis, *que como hemos dicho, no fuimos los primeros en emplear. Solo falta que los civilistas conservadores eviten el empleo de esta denominación y que en homenaje a los grandes comentadores del Código civil no les otorguen el único, nombre que les conviene.*

*III. – Hemos recibido otras críticas, también privadas. Ha causado asombro que hayamos colocado a Aubry y a Rau entre los representantes de la Escuela de la Exégesis. Unánimemente se admitía que estos dos ilustres civilistas constituían una Escuela aparte o, por lo menos, que se separaban de los otros comentadores del Código de Napoleón de una manera irreductible. Como lo demostramos en el presente trabajo, esto no es exacto. Si se considera la doctrina de la Escuela de la Exégesis, nos vemos obligados a admitir que ningún civilista la expuso con mejor convicción y claridad como la expusieron los dos profesores de Strasbourg. Es indudable que su método superó al empleado por los otros comentadores del Código civil; pero su doctrina es rigurosamente idéntica a la sustentada por Demolombe, Marcadé, Laurent, etc. Ahora bien, en el terreno científico, una Escuela se caracteriza, ante todo, por su doctrina, pues una misma doctrina puede ser presentada bajo diferentes aspectos y mediante métodos diferentes. Sabemos que, hablando propiamente, el método seguido por Aubry y Rau no es el apropiado a la doctrina exegética; hemos tenido cuidado de decirlo, comprobando empero que la firmeza de los conceptos doctrinarios de los dos civilistas, sustancialmente no se modificó por las particularidades de su método. Por ello no vemos ninguna razón para seguir separando a Aubry y a Rau, en los dominios de una clasificación de conjunto de los otros civilistas del siglo XIX; la verdad histórica se opone a ello; esperamos que se nos demuestre lo contrario.*

*IV. – Nos falta indicar las ligeras modificaciones que hemos hecho a nuestro trabajo, en esta segunda edición.*

*Hemos tenido cuidado de no oponer, de una manera directa y principal, la Escuela Científica a la Escuela de la Exégesis; y en la exposición de la doctrina y método de la primera usamos un procedimiento indirecto, consistente en dirigir varias: críticas a la Escuela de la Exégesis en forma de conclusiones. Estimamos que en esta nueva edición era necesario proceder de distinta manera, y poner de relieve, en una forma más directa, la doctrina y el método de la Escuela Científica. Sin embargo, dado el fin perseguido, reducimos las dimensiones de nuestro trabajo.*

*Este fin era doble y sigue siéndolo; científico y utilitario. Por lo demás, estos dos puntos de vista son inseparables en el dominio jurídico.*

*Nos propusimos, en primer lugar, deducir en la forma más breve que fuera posible, las ideas directrices generales que presidieron la elaboración de la ciencia francesa del Derecho civil del siglo XIX. Al hacerlo tuvimos en consideración, sobre todo, la formación de los estudiantes de las Facultades de Derecho, que por mucho tiempo han permanecido sin una guía, breve y clara, que les permití era comprender lo que pensó el siglo XIX del Derecho civil. Su sorpresa era tanto más grande en este punto, cuanto que desde hace mucho tiempo abundan las historias de las doctrinas filosóficas, literarias y económicas. En Literatura es evidente que la sustancia de un manual literario se compone de la combinación de la exposición del pensamiento ajeno, con el pensamiento propio del autor. Los problemas filosóficos y económicos pueden ser estudiados directamente y en sí mismos; sin que obste la abundancia de historias de la Filosofía en todo tiempo, y tampoco que se haya escrito la historia de la Economía Política, basada en la clasificación de sus doctrinas y métodos, luego que esta ciencia alcanzó cierto grado de desarrollo. La presente monografía no tiene la pretensión de ser una obra de esa clase respecto a la ciencia del Derecho civil; no es sino el remedo de una obra que en el futuro nos proponemos publicar. Pero hemos creído que, entretanto, el resumen de nuestros trabajos sobre esta materia favorecerá la tarea de los estudiantes de nuestras facultades. A) mismo tiempo pensamos que los representativos de las ciencias paralelas al Derecho o pertenecientes a la misma familia, como la Filosofía y la Economía política, encontrarán alguna ventaja en una clasificación, sobre una base firme, de los civilistas de la época moderna.*

*Tal es el fin científico que perseguimos al publicar* La Escuela de la Exégesis en Derecho Civil. *El fin utilitario también es importante. Queremos dar a nuestros estudiantes una visión exacta de cómo ha sido interpretado el Derecho civil hasta nuestros drías en consecuencia, brindarles el medio para que más tarde puedan luchar, eficazmente, en sus conclusiones, alegatos y sentencias, contra los errores señalados. ¿Tan importante es este doble objetivo, que no puede realizarse mediante las explicaciones sucintas contenidas en la presente monografía? Es posible contestar afirmativamente. Sin embargo, hemos recibido de la generación civilista joven tantos estímulos para perseverar en el camino escogido, que no vacilamos en editar nuevamente, casi con la misma extensión y forma,* La Escuela de la Exégesis en Derecho Civil. *Las otras innovaciones que podrán notarse tienden exclusivamente a explicar mejor tanto los pensamientos ajenos, como los nuestros. Lo anterior es la razón de ser de las explicaciones complementarias, que principalmente consagramos a la memoria de la personalidad de cada uno de los representantes de la Escuela de la Exégesis*[2].

JULIEN BONNECASE

---

[2] Esta monografía se basta a sí misma, pero no presenta de la Escuela de la Exégesis en Derecho civil más que una vista suscinta. A reserva de hacer en su oportunidad las notas necesarias, nos permitimos indicar a nuestros lectores que encontrarán amplias explicaciones sobre este tema, en la modesta serie de nuestros estudios sobre la ciencia del Derecho privado en Francia durante el siglo XIX, a saber: *La Thémis, 1819-1931. Su fundador Atanasio Jourdan,* 2.ª edición, precedida de una Introducción general a la historia de la ciencia del Derecho privado en Francia de 1879 a 1830, París (1914). *La Faculté de Droit de Strasbourg,* (4e. Jour complementaire An XII-10 mai 1871). *Ses maîtres et ses doctrines, sa contribution a la Science juridique français du dix-neuvieme siècle,* Toulouse, 1916. *La notion de droit en France au XIX Siècle, Contribution a l'etude de Philosophie de droit contemporaine,* París 1919. *L'enseignement du Droit privé en France au XIX siède. Ses lacunes au point de vue scientifique. L'histoire moderne du droit privé français; la question de son enseignement. Revue critique de législation et de Jurisprudence,* 1914. La Filosofía del Código de Napoleón aplicada al Derecho de familia. Su destino en el Derecho civil contemporáneo. Nos permitimos, además, remitir al lector al tomo I del *Supplement au traité Théorique et pratique de droit civil de Baudry-Lacantinerie et de ses collaborateurs.*

# INTRODUCCIÓN

1.— El concepto del Derecho positivo está, en nuestra opinión, destinado a surgir, enteramente renovado, de los actuales movimientos ideológicos. Un examen superficial nos dará la impresión de que la guerra de 1914-1918 no ha influido en el nacimiento e impulso de estos movimientos, en su aplicación al Derecho civil. Esta opinión fácilmente podría encontrar crédito, con mayor razón cuanto que después de atribuir a la última guerra virtudes regeneradoras para todo, se ha concluido no solo negando esas virtudes, sino atribuyéndole consecuencias completamente contrarias. Sin embargo, sostenemos persistentemente que el efecto de la guerra debe, fatalmente, influir en el sentido de una renovación, tanto por lo que concierne al Derecho público como por lo que hace al Derecho privado y, especialmente, al Derecho civil. Poco importa que se trate de una consecuencia directa o de una indirecta. Nuestro estudio no tiene por objeto demostrar que esta convicción es fundada; sin embargo, en ella está su origen remoto.

2.— El culto al texto de la ley y la fe en su propia virtud, fueron, en Francia, las grandes características del siglo XIX en el dominio del Derecho interno. El movimiento había logrado ganar al Derecho internacional: a diario, con las más diversas denominaciones provenientes de muy distintas autoridades, surgían textos de Derecho internacional, destinados a aplicarse en el momento oportuno y a regir las fases de los conflictos internacionales, cuando su sola existencia no hubiera sido suficiente para prevenirlos. Desgraciadamente, los acontecimientos han demostrado que, por lo menos, desde el punto de vista internacional, los textos no tienen ningún valor, si las partes no respetan la noción de derecho considerada en sí misma; en su carácter inmanente y superior a las contingencias, o si estos textos no traducen, en el momento crítico, la regla de derecho que, racionalmente, a la luz de la noción de derecho, se desprende de los fenómenos sociales, es decir, de la realidad social. Esta observación, en menor grado en razón de la facilidad de la sanción, se aplica también al Derecho interno. Es verdad que los textos de la ley mal concebidos o retrógrados pueden ejecutarse con el auxilio de la fuerza pública; pero constituyen un desafío a la ciencia del Derecho civil, si no se admite que, paralelamente y al margen de ellos, el Derecho continúa viviendo y desarrollándose. La Escuela de la Exégesis descuidó, por completo, este hecho elemental. No pretendemos demostrar totalmente lo anterior; nuestro fin es bien modesto; simplemente deseamos, con ayuda de una sistematización de apreciaciones, sobre las que con anterioridad ya hemos escrito, llamar una vez más la atención sobre los errores del pasado y dar a entender que, indirectamente, la ciencia del Derecho civil tiene la obligación de aprovechar, en beneficio del Derecho, las enseñanzas adquiridas por la impresionante realidad del momento.

Prácticamente, la orientación que indicamos debe conducir, en el dominio de la ciencia del Derecho civil, a combatir los métodos y la doctrina de la Escuela de la Exégesis, o si se prefiere, a fin de parecer menos subversivo, a transformarlos cuanto más sea posible. Somos los primeros en reconocer que la aparición de la Escuela de la Exégesis fue el resultado necesario de la codificación; que la misma Escuela ha sido de utilidad y también que, en todos los momentos de su historia, sus representantes sirvieron a la causa del Derecho civil en una medida más o menos grande. Sin *temor empero* afirmamos que cuando los paladines de la Escuela de la Exégesis hicieron una obra verdaderamente científica, traicionaron al programa de dicha Escuela. Jamás Escuela alguna, en el sentido científico del término, hizo una profesión de fe más rígida, más completa, más dogmática; su estructura es verdaderamente imponente, ya que, tanto por su aspecto geométrico, como por los términos que la expresan, implica, en sus autores, una fe absoluta en la doctrina que sostiene. Nos ha parecido útil agrupar los extractos más significativos de las profesiones de fe individuales, de los representantes más ilustres de la Escuela, para demostrar que dichas profesiones de fe constituyen un todo armónico, y para hacer resaltar implícitamente todo lo que encierra de facticio la doctrina de la Escuela, respecto de la ciencia del Derecho civil. Nuestro objeto es, pues, limitado: hacer a un lado el análisis profundo y personal; procurar que directamente hable la Escuela de la Exégesis, por medio de las obras de sus fundadores y corifeos. Además del objeto general ya indicado, nuestra manera de ver ha sido inspirada directamente por las siguientes consideraciones.

3. — No faltarían razones para creer que el golpe dado a la Escuela de la Exégesis, en la misma víspera del siglo XIX, por el profesor Gény, gracias a su obra magistral: *Método de Interpretación y Fuentes en Derecho Privado Positivo*[3], 1899, marcó el advenimiento de un nuevo y regenerador estado de cosas. Al principio pareció haberse obtenido este resultado, tanto más cuanto que ya desde hacía tiempo se anunciaba la decadencia de la Escuela. Pero tan pronto como pasó la primera sorpresa, sus defensores reaccionaron, y con su reacción demostraron una suprema habilidad. No podían negar que Gény exhibió los procedimientos verdaderamente abusivos de la Escuela de la Exégesis; pero lo único que pusieron en duda fue la existencia misma de la Escuela de la Exégesis. ¡Cuántas veces no los hemos oído afirmar que los juristas del siglo XIX y los de la época presente se esforzaron y se esfuerzan por descubrir el verdadero sentido de las leyes, sin pretender, de ninguna manera, realizar

[3] Hay traducción española.

una sistematización de cualquier especie, sea en cuanto al fondo de la doctrina o en cuanto a los métodos de elaboración de la misma!

Esta obra demostrará, como esperamos, que existió una «Escuela de la Exégesis», y que aun actualmente se esfuerza, discretamente por conservar su influencia. Acéptese o no, esta Escuela dominó la ciencia del Derecho civil en Francia, en el siglo XIX; verdad es que desde un principio encontró adversarios y una oposición vigorosa, en el fondo, si queremos buscar el origen de la Escuela científica, estamos obligados a reconocer que esta es contemporánea de aquélla; sin que deje de ser exacto que solo a principios del siglo XX logró vencer todas las oposiciones. La Escuela de la Exégesis dominó no solo en Derecho civil, en el cual alcanzó su auge, sino que, de una manera general, en todas las ramas de derecho codificadas, como el Derecho criminal y el mercantil, el Derecho marítimo y el Derecho procesal civil. Sin embargo, conviene reconocer que el Derecho marítimo, por su propia naturaleza y por la fuerza misma de las cosas, contribuyó a atenuar, en sus dominios el rigorismo de la Escuela de la Exégesis. Por el contrario, parece que el Derecho civil, en cierta forma, no puede escapar a su influencia. En efecto, como veremos puede preguntarse si el mismo Gény, quien instauró en definitiva el reinado de la Escuela científica, no terminó conmoviéndose bajo la influencia de la gracia exegética; a esta conclusión nos puede conducir la función propia que Gény atribuye a la técnica jurídica en el desarrollo del Derecho civil. Esta no es sino una de las pequeñas sorpresas que nos reservaba la insidiosa vitalidad de la Escuela de la Exégesis. Era más que urgente exhibir esta vitalidad y luchar contra ella con las armas descubiertas, mediante un ataque de frente. Tal es, en el fondo, el objetivo que en definitiva perseguimos con el presente libro.

# CAPÍTULO I

## LOS REPRESENTANTES MÁS CÉLEBRES DE LA ESCUELA DE LA EXÉGESIS.– LOS «MAESTROS» DE LA ESCUELA: LOS «GRANDES COMENTADORES» DEL CÓDIGO DE NAPOLEÓN.– LAS TRES FASES DE LA HISTORIA DE LA ESCUELA DE LA EXÉGESIS

4.—Este capítulo es un simple esbozo sobre el mundo jurídico del *siglo* XIX, y tiene por objeto aclarar el alcance de la doctrina y método de la Escuela de la Exégesis, tal como fueron presentados en las profesiones de fe de los más ilustres representativos de la Escuela. En la sección primera recordaremos los nombres y las obras de estos corifeos, al mismo tiempo que indicaremos las tres fases de la Historia de la Escuela de la Exégesis. En la sección segunda, dedicaremos algunas explicaciones a los comentadores del Código de Napoleón, que basados en una doctrina y en un método idénticos, demostraron cierta originalidad en la elaboración de sus obras. Nuestras explicaciones no tendrán el carácter biográfico, ya que el presente estudio no lo permite; solo haremos una excepción por lo que hace a Aubry y a Rau, pues los historiadores modernos del Derecho casi no se han ocupado de ellos. Por lo demás, ya hay biografías de la mayor parte de los exégetas. Deseamos poner de relieve los rasgos distintivos que en el seno de la Escuela opusieron, unas a otras, las personalidades, tan vigorosas de sus más eminentes paladines.

# *SECCIÓN PRIMERA*

## *LAS TRES FASES DE LA HISTORIA DE LA ESCUELA DE LA EXÉGESIS Y SUS REPRESENTANTES*

5.— La Escuela de la Exégesis agrupó en el siglo XIX a los principales civilistas franceses. Con su gran autoridad, el decano Glasson hizo notar justamente lo anterior, con motivo de la celebración del centenario del Código Civil[1]. En el discurso pronunciado declaró que «todos nuestros juristas formaron una especie de Escuela, que podría llamarse la *Escuela de la Exégesis*». Nos congratulamos de encontrar, en la pluma del decano Glasson, los términos «*Escuela de la Exégesis*», y atribuir así su paternidad, en todo caso su empleo, a uno de los juristas más eminentes de nuestra época, que fue discípulo de Aubry y de Rau. Aunque solo nos proponemos aquí esbozar la doctrina y los métodos de la Escuela, según las profesiones de fe de sus representativos, que son idénticas en todos ellos, con el deseo de plantear mejor la cuestión seguiremos el ejemplo de Glasson; por lo mismo, distinguiremos tres períodos en la vida de la Escuela de la Exégesis: *El período de formación,* que comprende de 1804 a 1830, aproximadamente; *el apogeo,* que se prolonga de 1830 a 1880, y por último, *la decadencia* que principió a sentirse hacia 1880, aunque aparentemente la Escuela se encontraba en la cúspide de la gloria y de la autoridad. Dado nuestro objeto nos referiremos, brevemente, a los corifeos de la Escuela en estos diversos períodos y, al mismo tiempo, precisaremos el carácter de cada uno de estos.

### I

### *PRIMERA FASE: 1804-1830. FUNDACIÓN DE LA ESCUELA DE LA EXÉGESIS; PERIODO DE INSTAURACIÓN*

6.— Los fundadores de la Escuela de la Exégesis, y los representantes de esta, durante su primera fase, no son muy numerosos[2]. Por otra parte, no es

---

1 *Le Centenaire du Code civil 1804-1904.* París. Imprimerie Nationale. 1904. (Trabajo constituido por la reunión de los discursos de Vallé, Guarda-sellos, Ballot, Beaupré, Glasson, Bourdillon Lejeune, al mismo tiempo que por la relación de la sesión solemne de la celebración).

2 No debe sorprendernos el pequeño número de juristas exégetas, que verdaderamente ocuparon un lugar en el Derecho civil, durante el primer período de la Escuela de la

seguro que la Escuela de la Exégesis, considerada a la vez en su doctrina y en *su* método, haya nacido directamente del cerebro de los jurisconsultos y en virtud de la acción maravillosa del Código Civil desde su aparición. Como demostramos en una nota[3], tan pronto como apareció la corriente exegética

Exégesis. Por una parte, debido a la fuerza misma de las cosas, el Código civil, en ese período, no había influido sobre los espíritus, hasta el grado de hacer desaparecer súbitamente la concepción que constituiría la base de la Escuela científica y que, además, había existido en siglos anteriores. Esto se demuestra con la aparición de la Escuela de Jourdan y de La Thémis, que durante este período luchó contra la Escuela de la Exégesis en formación. Por otra parte, es indiscutible, que al aparecer el Código civil los estudios jurídicos se encontraban extraordinariamente postergados. Los aciagos días de la Revolución no habían dejado de influir en ello. Las tendencias de los organizadores de la enseñanza del Derecho, en el primer Imperio, no eran, por su naturaleza, capaces de provocar rápidamente, una renovación de la ciencia del Derecho, aun desde el punto de vista de la concepción exegética. Preocupado más por nombrar profesores fieles al Imperio, que por conferir a los sabios las cátedras de las nuevas Facultades de Derecho, el Imperio eligió a tales juristas, que nos asombra, con razón, que hayan podido aceptar sin rubor, la misión que les confiaba. El ejemplo más célebre es el nombramiento de Portiez de l'Oise, como director de la Escuela de Derecho de París, y más tarde, como decano de la Facultad de Derecho de París. Simple periodista en su Departamento de l'Oise, mezclado en los acontecimientos de su época, diputado a la Convención, desempeñando en todas partes un papel muy oscuro, Portiez no tenía en si nada que lo capacitara para el desempeño de las funciones que le confirió el Imperio. Carecía por completo de titulos científicos. Sin embargo, hacia él se dirigió la atención imperial, tan desafortunada en este punto, que en 1809 se suspendió el curso de Portiez, para conferirlo a un suplente; esto no impidió, sin embargo, que la administración imperial dejara a Portiez en sus funciones de decano. Otro profesor, de la Escuela de Derecho de París, en el momento de la reapertura de las Facultades, no parecía mejor dotado que Portiez, para representar a la enseñanza del derecho. Nos referimos a Morand, quien comenzó por ser profesor de física en Bourges, y que citaremos en la nota siguiente. Lo mismo sucedió con una multitud de profesores del primer Imperio. Para más detalles sobre el estado de la ciencia del Derecho, a principios del siglo XIX y sobre la fisonomía de sus representativos, remitimos al lector a nuestros estudios anteriormente citados: *La Thémis, 2e* éd. p. 171 y s.; *La Faculté de droit de Strasbourg,* p. 97 y s.; *L'Enseignement du droit privé en France au* XIX *siécle.* Citamos además la interesantísima biografía de Portiez, publicada por Thiot, con el título: «*Portiez de l'Oise, sa vie, ses travaux*», 1765-1810 (*Mémoires de la société académique de l'Oise,* tomos 19 y 20, 1907-1908).

[3] En otro lugar indicamos (J. Bonnecase, La Thémis p. 33 a 68), cómo era la enseñanza del Derecho en las Escuelas Centrales. En apoyo de la afirmación que hacemos en el texto, citaremos algunos párrafos del discurso pronunciado el 10 de enero de 1839, por el decano Blondeau, con motivo de la inauguración del concurso convocado en la Facultad de Derecho de París, para designar al sucesor de Morand. El nombre de este profesor ha venido ya a nuestra pluma, evocado por el del decano Portiez, con quien colaboró en la Facultad de Derecho da París. De este discurso aparece que el Gobierno imperial casi ordenó la exégesis, ya que el primer objetivo de las Facultades de Derecho era luchar contra las tendencias que se habían manifestado —por lo demás, pobremente, en la mayor parte del tiempo—, en el curso de legislación de las Escuelas centrales. «No detendré vuestra atención —declara Blondeau— sobre lo que es conocido por todos: la benevolencia de Morand por sus alumnos, su cortesía, su carácter conciliador y su profunda aversión por toda clase de intrigas. Me limitaré a presentaros algunas reflexiones sobre la enseñanza de este excelente colega, quien fue mi maestro en la ciencia de las leyes y con posterioridad mi amigo; no necesito remontarme a la época en

que Morand enseñaba otra ciencia, sino para recordaros que, como profesor de matemáticas, obtuvo éxitos que le granjearon la estimación de Lacroix y de Legendre. Los trabajos de Morand, a partir de la época en que fue nombrado profesor de legislación en una de las cuatro Escuelas Centrales de París, pertenecen a un capítulo curioso de la historia moderna del Derecho». Después de haber descrito la desaparición de las antiguas Universidades, y la creación de las Escuelas centrales, en las cuales se creó una cátedra de legislación, Blondeau continúa así: «Morand se encargó de esta parte de la instrucción secundaria, en la Escuela Central de la calle de Saint-Antoine. ¿Qué enseñanza había querido el legislador establecer, con la denominación equívoca de «cátedra de legislación»?. ¿Simplemente se pretendía dar a conocer textualmente las innumerables leyes que la República había promulgado y las que cada día promulgaba?. ¿Se proponía enseñar la ciencia de la legislación? o bien, ¿era la teoría del arte del jurisconsulto la que quería explicarse?. Cada una de estas interpretaciones tuvo partidarios en número muy desigual. Adoptando el segundo, quizá sin distinguirlo claramente de los otros dos, Morand se creyó obligado a descubrir el modelo ideal de todas las Leyes positivas, y partiendo de esta idea, ofreció a sus alumnos, con el título de Derecho natural, un conjunto de preceptos, que debía, en su opinión, salvo las modificaciones exigidas por las circunstancias particulares, formar el código de todos los países y de todos los tiempos. El carácter transitorio de la mayor parte de las nuevas leyes, la proximidad del código general que debia completar la obra de renovación política; quizás, también la naturaleza de los estudios habituales de la mayor parte de los llamados a impartir las cátedras de legislación, todas estas circunstancias concurrieron a disminuir el número de los profesores que expusieron el Derecho positivo Francés, vigente en esa época. La tercera interpretación fue rechazada por aquellos que estaban influídos por la idea de que con un Código bien hecho, bastaba conocer los textos de las leyes, para aplicarlas, o, por lo menos, que en esta hipótesis, el arte del jurisconsulto se reducía a clasificar las disposiciones legislativas, en forma tal, que fuera fácil recordarlas o hallarlas. No debemos admirarnos de que la enseñanza de Morand haya sido más especulativa que práctica. Si fue un error entender en esta forma el curso de legislación, el error de mi respetable maestro fue compartido por sus más hábiles colegas; me limitaré a citar a uno, que actualmente está al frente del Colegio de Abogados de París; si mi memoria me es fiel, mi honorable amigo Tesse, substituto de Perreau en la Escuela central del Pantheon, enseñó también el Derecho natural y no el Derecho positivo vigente, ni tampoco las nociones generales del arte de aplicar las leyes». Estas indicaciones, proporcionadas por Blondeau, muestran con evidencia, que algunos profesores de las Escuelas centrales, que pasaron a las nuevas Escuelas de Derecho, no estaban preparados para hacer una labor exegética. Lo anterior se demuestra con el concepto que de la educación se tenía, en dos establecimientos privados de enseñanza del Derecho, que existieron en el tiempo transcurrido entre la desaparición de las Escuelas centrales y el funcionamiento de las nuevas Escuelas de Derecho: La Academia de legislación y la Universidad de jurisprudencia. Ya hemos descrito, en otra parte, la organización de estos dos establecimientos (J. Bonnecase, *La Thémis).* La circunstancia de que Monrad fue profesor de estos dos establecimientos dio a Blondeau, elementos para explicar la situación en que se encontraba el Imperio, cuando era necesario trazar las ideas directrices que presidieran la enseñanza del Derecho: «Dos establecimientos consagrados a la enseñanza del Derecho, dice, la Academia de legislación y la Universidad de jurisprudencia, se crearon casi al mismo tiempo. Morand fue designado profesor en ambas escuelas privadas. No se confundía ya, en esta época, el Derecho con la legislación, es decir, el arte de aplicar las leyes con el arte de hacerlas, sin embargo, en cada uno de los establecimientos que acabamos de nombrar, se enseñaron juntas ambas artes, como si necesariamente debieran ser estudiadas por los mismos alumnos. El curso confiado a Morand en la Universidad de Jurisprudencia fue un curso de Derecho natural; en la

fue, por lo menos, reforzada por el espíritu y procedimientos del Gobierno Imperial, al cual no le agradaban las tendencias que se habían manifestado en la enseñanza del Derecho, en las Escuelas Centrales.

7. — Sea de ello lo que fuere, los primeros representantes de la Escuela de la Exégesis, mejor dicho, sus fundadores, fueron Delvincourt, decano de la facultad de Derecho de París con sus *Institutes de droit civil français,* 1808, transformadas en 1813 en *Cours de Code Civil;* Proudhon, decano de la facultad de Derecho de Dijón, con su *Cours de droit français,* 1809; Toullier, decano de la facultad de Derecho de Rennes, con su *Droit civil français suivant l'ordre du Code,* 1811. A estos nombres debe agregarse: Merlin, con las diversas ediciones de su *Répertoire;* Maleville con su *Analyse raisonnée de la discussion du Code civil au Conseil d'Etat,* 1804-1805; y, por último, un autor olvidado actualmente. Chabot de l'Allier, Inspector de las Facultades de Derecho, con sus

---

Academia de Legislación enseñó legislación criminal: Morand recordó que había cultivado las matemáticas y siguiendo las huellas de Laplace y de Condorcet, trató de aplicar el cálculo a algunos problemas de la legislación penal». Morand no estaba, pues, predestinado a enseñar Derecho civil ere las nuevas Escuelas de Derecho, sin embargo, la autoridad imperial le confió esta enseñanza. Además, y esto es lo que nos interesa, Morand no temió convertirse a la exégesis. «En 1804 y 1805 dice Blondeau, las Escuelas de Derecho fueron, por fin, organizadas. Morand fue nombrado profesor del Código civil en la Escuela de París. Ultimamente se le ha reprochado que su método de enseñanza era excesivamente exegético. Este reproche es fundado hasta cierto punto; pero, ¿quién de los profesores que pertenecieron, como Morand, a la organización primitiva de las Escuelas de Derecho, no ha merecido igualmente este reproche?. La misión de los primeros profesores de estas escuelas fue substituir la vaga eenseñanza creada por la ley de brumario, por una enseñanza positiva y práctica. Todos se compenetraron de esta misión; descuidaron la filosofía y la historia; no se mostraron lo suficientemente convencidos de la verdad de esta máxima: que si la historia se aclara por las leyes, las leyes encuentran en la historia su más seguro comentario. El método exegético dominaba de tal manera el pensamiento de esa época, que ninguno de los profesores del código civil comprendió el artículo de la instrucción de las Escuelas de Derecho, que establecía, que el primer año del curso del código civil, se ocuparía en exponer sucintamente los principios generales de este código. Y esto *no* solo acontecía en las escuelas que no conocieron el método histórico; un suplente que servía interinamente la cátedra de Derecho romano, fue reprendido por la autoridad superior, en virtud de que se atrevió a abandonar el camino de Heinneccius y a hablar a sus alumnos de las clasificaciones de Bentham y de la historia de Hugo, y al mismo tiempo se le invitó a que, en lo futuro, se abstuviera de exponer doctrinas alemanas». Por último, Blondeau concluyó su discurso con ras siguientes palabras: «Para terminar una apología, cuyo espíritu, como espero, nadie desconocerá (se sabe muy bien que no soy partidario del método exegético. por lo menos en un curso elemental), diría, que si Morand no contribuyó a la reforma que se efectuó, hace algunos años, en la enseñanza del Derecho, por lo menos, no trató de excluir de nuestras Escuelas a aquéllos que podían operarla». Blondeau hace en esta forma, alusión a la cabala que impidió a Jourdan, de quien fue colaborador en *La Thémis,* entrar en las Facultades de Derecho (J. Bonnecase, *La Thémis,* p. 168 y s.) Intencionalmente hemos citado casi todo el discurso de Blondeau, porque muestra cómo, bajo la influencia de la dirección oficial y del medio ambiente, la Escuela de la Exégesis se instauró en Francia casi desde la apertura de las nuevas Escuelas de Derecho.

*Questions transitoires sur le Code Civil,* 1809 y su *Comentario sobre la ley de las sucesiones,* 1805[4]. En una Historia de la ciencia del Derecho privado en Francia, por no completa que sea, no debe pasar inadvertida la personalidad y obra de Chabot de l'Allier[5], pues, además de que constituye una individuali-

[4] Sobre estos autores comp. de Portets, *Notice sur la vie et les ouvrages de M. Delvincourt, París* 1 832; Dumay, *Etude sur la vie et les travaux de Proudhon,* 1878; Eon, *Un ancien doyen; Toullier et son temps.* 1893; Mignet, *Notice historique sur la vie et les travaux de* M. *le comte Merlin.* Notices historiques, 1853. Tome I; Moulin, *Notice biographique et critique de Chabot de l'Allier,* (Revue Wolowski t. X). Sobre el conjunto de estos juristas y el estado de la ciencia del Derecho en su época: J. Bonnecase, *La Thémis* p. 104 et s.; 171 et s.

[5] Chabot de l'Allier fue servidor de Napoleón después de haber servido, moderadamente, a la Revolución. Fue uno de esos revolucionarios convertidos que como a Portiez de l'Oise, Napoleón recompensó con altas funciones en las Facultades de Derecho. Agregamos desde luego que los méritos de Chabot, Inspector de las Facultades de Derecho, eran científicamente superiores a los de Portiez de l'Oise, nombrado, por la gracia imperial, director de la Escuela de Derecho de París. Chabot de l'Allier nació en Montluçon, el 13 de abril de 1758. Recibió el título de abogado en 1783. Sus biógrafos afirman que en esta época era enemigo del antiguo Régimen y partidario resuelto de las concepciones nuevas cuyo triunfo estaba próximo. No parece, sin embargo, que sus concepciones desde este punto de vista fuesen muy firmes, si se juzga por el programa que aceptó en 1792, para resultar electo diputado suplente a la Convención. En efecto, Chabot aceptó de sus electores un mandato imperativo que le prescribía «mantener el poder monárquico en Francia y no admitir la ley agraria». Aunque la comisión encargada de verificar los poderes de los elegidos dictaminó en favor de Chabot, hubo fuerte oposición en su contra en el seno de la Convención, principalmente de parte de Merlin de Thionville: «Este hombre es realista, dijo Merlin, y ninguno de nosotros quiere sentarse al lado de un realista». Por virtud de un decreto aprobado por unanimidad, Chabot fue excluído de la Convención. Pero algunos meses después se derogó ese decreto y el futuro Inspector de las Escuelas de Derecho ocupó un lugar silencioso en la Asamblea, tomando parte, sobre todo, en las sesiones de los comités de legislación. En el año VII, Chabot de l'Allier entró en el Consejo de los Ancianos, y desde el 18 brumario, fue miembro del Tribunado. Presidió esta asamblea el 16 floreal año X, cuando, a nombre del gobierno, Regnier anunció la nueva de la paz de Amiens. Chabot inmediatamente se levantó del sillón de la presidencia, subió a la tribuna e hizo que se aprobara, por unanimidad la siguiente proposición: «El Tribunado decreta que se dé al general Bonaparte, Primer Cónsul de la República, una prueba deslumbrante del reconocimiento nacional. El Tribunado ordena que este decreto sea dirigido, por un mensajero de Estado, al Senado Conservador, al Cuerpo Legislativo y al Gobierno». Debia hacer más aún el 10 floreal año XII. Como el tribuno Curée propuso confiar el gobierno de la República a un Emperador y además que el Imperio fuese hereditario en la familia de Napoleón Bonaparte, Berlier protestó contra este retorno al pasado, porque se entregaba de nuevo a un gobierno monárquico y se desconocía, según declaró, el objeto de la revolución; a su vez Carnot, sin temor, proclamó su indignación ante esta amenaza a la libertad. Entre los que actuaron en favor del emperador, contra Berlier y Carnot, se encontró Chabot: «Lamentamos, declara, los que prefieren el gobierno de 1793 al del año V; en cuanto a nosotros, ya terminamos nuestra obra y ponemos la última piedra al edificio social». Esto no es todo; Chabot cambió pronto el Tribunado por el Cuerpo legislativo, pero antes de partir de la Asamblea dio aún otra muestra de adhesión a Napoleón; a propuesta suya se adoptó la siguiente moción: «El Tribunado emite un voto en el sentido de que una de las principales plazas de París sea llamada «plaza de Napoleón el grande» y que se eleve en ella una columna, según el modelo de la de Trajano, que rematará con la estatua del Emperador, y con la siguiente inscripción: «La patria reconocida a Napoleón el grande».

dad que caracteriza con perfección la fisonomía profesional de cierto número de juristas del Primer Imperio, y especialmente de los redactores del Código Civil, su obra tuvo un éxito duradero, como lo prueban las repetidas ediciones del Tratado de las sucesiones.

8. — Tales son los fundadores de la Escuela de la Exégesis. Por lo demás, solo enunciaron ciertos puntos esenciales de la doctrina exegética, sin comprender esta doctrina en su conjunto, en verdad estos autores, con excepción quizá de Proudhon, no siguen un sistema determinado en la elaboración de sus obras; pues siendo hombres del antiguo régimen, dentro del cual desarrollaron una gran parte de su carrera, interpretaron el Código Civil con ayuda de los recursos que les ofrecía su anterior formación jurídica, su razonamiento y tendencias filosóficas. No son poseedores de esa concepción clara y precisa,

Tantas adulaciones a Napoleón merecieron una recompensa. Napoleón se la dio al nombrarlo simultáneamente Inspector general de las Escuelas de Derecho, Consejero en la Corte de casación y miembro del Consejo de la Universidad. Ya indicamos en el texto la obra jurídica de Chabot de l'Allier. Añadamos que tomó parte, relativamente, en la confección del Código de Napoleón, en virtud de su informe al Cuerpo Legislativo sobre el título de las sucesiones. En sus nuevas funciones, Chabot tuvo que visitar las Escuelas de Derecho y conocer su funcionamiento. Un incidente célebre, sobrevino durante una de sus inspecciones, que lo ridiculizó ante el mundo de los juristas de la época. Puesto que nos esforzamos por dar los más exactos detalles de la fisonomía de este representativo de la Escuela de la Exégesis, recordaremos tal incidente. Penetrando un día, de improviso, en el anfiteatro en donde se daba el curso de Derecho romano, el romanista a quien iba a inspeccionar, le dirigió la siguiente alocución: *Ad nos venisti, illustrissime Chabote;* pero no fue más lejos; la hilaridad se apoderó del auditorio con motivo de este desafortunado juego de palabras que en realidad no había deseado el orador, y que no halagaban la vanidad de Chabot. El fin de las penas y conversiones políticas de Chabot aun no se había llegado. En efecto, al regreso de los Borbones se encontraba desempeñando su puesto. Pero Chabot, como tantos otros de esa época, y de todas las épocas, estaba listo para una nueva variación; se adhirió valientemente a la caída del emperador y conservó, en esta forma, su situación. Chabot murió el 19 de abril de 1819, presidiendo en la Facultad de Derecho de París, el jurado del concurso convocado para designar el sucesor del romanista Berthelot. Todas estas indicaciones de la vida de Chabot las hemos tomado de la reseña que le consagró Moulin, en la Revue Wolowski, tomo XI, 1840, 245-253, titulada: *Notice biografique et critique sur Chabot de l'Allier*. En realidad, esta reseña no es crítica, a pesar de su título. El biógrafo se dejó seducir por la personalidad de Chabot hasta el grado de escribir: «Veinte años han pasado desde la muerte de Chabot, y ese enemigo de las mediocridades que es el tiempo, no ha hecho sino sancionar el juicio de sus contemporáneos. Autoridad para los de su época, lo es también para nosotros, y más grave y respetado». Si se piensa que al escribir Moulin estas líneas, la Escuela de la Exégesis había entrado en el período de su apogeo y que Aubry, Rau, Demolombe, etc., se remontaban hacia el horizonte, se encontrará, sin dificultad, que el entusiasmo del biógrafo por su autor fue excesivo. Pero en las biografías, como en muchas otras obras, el personaje se explica, frecuentemente, con la persona y sentimientos del biógrafo. Lo anterior no es un error; tanto en el género biográfico, como en los demás, es conveniente la objetividad, pues no debe olvidarse que al escribir una biografía, se fijan, para la posteridad, los rasgos del personaje y al mismo tiempo se escribe una página de la historia. En este caso, no era necesario un elogio tan excesivo, aunque Chabot merece ocupar un lugar honorable en la galería de los representativos de la Escuela de la Exégesis en su primer período.

característica de los paladines de la Escuela de la Exégesis. En todo caso, conviene advertir que a excepción de Merlin y de Maleville, la fundación de la Escuela de la Exégesis únicamente nos coloca en presencia de universitarios: Los decanos Delvincourt, Toullier y Proudhon, así como el Inspector de las facultades de Derecho: Chabot de l'Allier.

9.— Es también universitario quien desarrollará los principios planteados por los fundadores y quien en realidad instaurará el reinado de la Escuela de la Exégesis, dándole esplendor en la primera fase de su Historia: nos referimos a Alejandro Duranton, cuyo *Cours de droit français suivant le Code Civil* comenzó a publicarse en 1825. Pero este jurisconsulto pertenece tanto al segundo como al primer período de la Escuela de la Exégesis.

## II

## *SEGUNDA FASE: 1830-1880—EL APOGEO DE LA ESCUELA DE LA EXÉGESIS.—LOS «GRANDES COMENTADORES» DEL CÓDIGO DE NAPOLEÓN*

10.— El período de medio siglo que se extiende de 1830 a 1880, constituye para la Escuela de la Exégesis la fase de su apogeo. Así como en la primera, también en esta son los profesores los que dan a la Escuela su mayor brillo. Debemos reconocer, sin embargo, que durante este período de 50 años los Magistrados, litigantes, abogados consultores y procuradores colaboraron con los Maestros de las Facultades de Derecho. La unión de los esfuerzos de todos estos juristas, dio a la doctrina y métodos de la Escuela de la Exégesis, los contornos rigurosos y precisos mencionados antes, y que más adelante mostraremos con amplitud. Todos los nombres de que se enorgulleció la ciencia del Derecho civil en Francia, a mediados del siglo XIX, pertenecen, clasificándolos correctamente, a la Escuela de la Exégesis.

Sin querer precisar aquí, de una manera rigorosa, los méritos de las obras de los representativos de la Escuela durante este período, y menos establecer entre ellos una jerarquía, distinguiremos cuatro grupos: 1. El grupo que se acostumbra llamar «grandes comentadores» del Código de Napoleón: A. Duratón, profesor de la Facultad de Derecho de París; el decano Ch. Aubry, profesor de la Facultad de Derecho de Estrasburgo; Ch. Rau, profesor de la Facultad de Derecho de Estrasburgo; el decano Demolombe, profesor de la Facultad de Derecho de Caen; el decano Taulier, profesor de la Facultad de Derecho de Grenoble; Demante, profesor de la Facultad de Derecho de París; el decano Colmet de Santerre, profesor de la Facultad de Derecho de París; Troplong, primer Presidente de la Corte de Casación; Marcadé, abogado en el Consejo de Estado y en la Corte de Casación y, en fin, el profesor belga Laurent, de la Universidad de Gante. 2. Los comentadores de segundo orden: profesores, magistrados y abogados, Larombière, Pont, Rodière, Massé, Vergé, Duvergier, Du Caurroy, Coin Delisle, etc. 3. Los juristas que a pesar de no haber producido ninguna obra escrita, por su enseñanza e influencia, por lo demás artificial y calculada, representan al espíritu de la Escuela de la Exégesis; nos conformamos con citar a los profesores Bugnet y Valette, de la Facultad de París. 4. El grupo de los que vulgarizaron, por medio de sus manuales, los principios de la Escuela; en primer lugar se coloca a Mourlon, con sus célebres *Répétitions écrites sur les trois examens du Code Civil,* que publicadas en 1846, no perdieron el favor de los estudiantes y de los profesores, sino hasta 1880, por haber sido eclipsadas, en esta época, por el *Précis de droit civil* de Baudry-Lacantinerie.

11. — Dado el carácter de este libro, prescindiremos de la personalidad y obras de los que hemos llamado comentadores de segundo orden. Lo anterior no significa que no merezcan ser colocados en el mismo plano que los grandes comentadores; sino que nos detenemos en el vértice; esperamos rendir plena justicia a este grupo de juristas, en nuestra obra en preparación: *Los Grandes Comentadores del Código de Napoleón (su vida, su obra, y época; el apogeo de la Escuela de la Exégesis 1830-1880).* También descartaremos al tercer grupo, pero después de haber manifestado nuestra opinión respecto de ellos, y especialmente de Valette y Bugnet.

12. — Después de haber brillado, con resplandor sin igual[6], el nombre de Bugnet hubiera sido olvidado por completo, si la Historia o la leyenda, lo

[6] La figura de Bugnet es original desde varios aspectos. Testimonio de esto es el relato de la vocación jurídica de Bugnet, que Costa Athias (*Revue critique*, 1866), hizo a sus alumnos a raíz de la muerte de aquél y que dice: «La vieja sociedad caía, los privilegios de nacimiento eran substituidos por la preeminencia del talento, cuando nació, como un ejemplo en apoyo de las nuevas teorías, Jean-Joseph Bugnet. Su padre, como él mismo se complacía en recordar, era un simple campesino. El tiempo no era favorable para la instrucción, y el padre de Bugnet no hubiera podido dársela. Lo destinó, pues, a los trabajos del campo y fue pastor cuando alcanzó edad suficiente para el trabajo. Sus primeros años transcurrieron en esas montañas que le eran tan queridas y en el hogar paterno, cuyo recuerdo lo enternecía hasta en los últimos días de su vida. Su espíritu se desarrolló ante el espectáculo grandioso de la naturaleza, en tanto que su corazón se formaba bajo la dulce influencia de su familia, que nos pintaba, con frases conmovedoras, al principio de nuestros estudios jurídicos. Quizás, durante los largos días que pasó cuidando los rebaños, veía ya en el campo algo más que montones de tierra, quizás pensaba ya, en aquellas reglas de la propiedad que más tarde debía explicar, quizás en el pastor germinaba el jurisconsulto. Las inteligencias débiles se marchitan y perecen en la soledad; para mantener su vida necesitan el contacto y movimiento de otras inteligencias; los espíritus vigorosos, por el contrario, se nutren a sí mismos; para ellos, todo es motivo de observación y estudio; así como los árboles de alto tallo, para crecer les es necesaria la separación, y lejos de perder, con ser privados del comercio de los hombres, obtienen en frecuentes retornos sobre sí mismos, la potencia y originalidad que les son propias. Esto aconteció a nuestro pastor. Muy joven aun se destacaba por la finura de sus observaciones y la rapidez segura de su juicio. El noble en cuyas tierras cuidaba los rebaños se asombró; creyó ver en él otro Sixto Quinto; y no queriendo dejar ociosas y estériles tan preciosas cualidades, lo colocó en un seminario. Bugnet estudió en él Humanidades, y después, Teología, Casi había concluído la carrera eclesiástica, cuando advirtió que no estaba hecho para la Iglesia. No vaciló; habituado por mucho tiempo a no obedecer sino a los impulsos de su conciencia y a

ignoramos, no hubiera transmitido a las generaciones una fórmula, para siempre célebre, que une la Escuela de la Exégesis al recuerdo de este ilustre profesor. «No conozco el Derecho civil, enseño el Código de Napoleón», declaró un día Bugnet desde lo alto de su cátedra. Verdadera o falsa, esta declaración salvó del olvido su nombre y simbolizará para siempre la doctrina y el método de la Escuela de la Exégesis[7].

---

sacrificar el interés al deber, se detuvo en este camino, en el cual tenía además de honores dignos de sus méritos, una existencia asegurada. Abandonó el seminario, y en virtud de su verdadera vocación, que había descubierto al estudiar los primeros principios del Derecho, entró a la Escuela de Dijon. Se entregó con ardor al estudio. Ya fortificado por las letras, su espíritu adquirió en el estudio del Derecho más firmeza y penetración. Encontró en las decisiones de la sabiduría romana, en los escritos de nuestros antiguos jurisconsultos, y en el Código mismo, encantos que lo maravillaron, y trabajando así con amor y entusiasmo, necesariamente tuvo que sobresalir entre sus condiscípulos, como ya se había elevado sobre su propia posición. El ilustre Proudhon lo notó: vio en él todos los elementos que constituyen al jurisconsulto, y sintió para el joven una ternura de maestro, que siempre se acerca al amor paternal. Lo animó y ayudó. Nosotros sabemos que siguió los pasos de su maestro, pues lo vimos, como maestro, a su vez, dedicarse por completo a sus alumnos, aumentar su inteligencia con sus enseñanzas, asi como prodigarles conmovedoras manifestaciones de afecto que engrandecen su corazón y que añaden a su aureola de talento el precioso esplendor de la bondad».

7 Poseemos el curso manuscrito y completo de Bugnet. La fórmula a que nos referimos en el texto no se encuentra en él; pero el conjunto del Curso es su perfecta expresión. No puede concebirse una exégesis más estricta y más religiosamente observada. El éxito incomparable que obtuvo la enseñanza de Bugnet prueba, completamente, la concordancia de las aspiraciones de los medios jurídicos del siglo XIX con las ideas directrices de la Escuela de la Exégesis. Además, sus alumnos han tenido cuidado de consignar, para la historia, la manera como Bugnet concibió y practicó la exégesis: «Partidario del método analítico, declara el biógrafo precitado, cementaba el Código en su orden. Tomaba cada articulo, lo leia lentamente, lo disecaba, para emplear su expresión original, revelaba cada palabra sobresaliente, haciendo notar su alcance para elevarse después a la teoría en lo que tiene de abstracto, y especializar fórmulas generales. Hacia la especie viva, animada, atrayente, juzgándose a sí mismo, tomando sus comparaciones de los actos más usuales de la vida, a fin de impresionar más a sus auditores, y ser más fácilmente comprendido. Por último, para dar unidad a su enseñanza, resumía al principio de cada lección las materias tratadas en la anterior, de una manera completa y lúcida, al mismo tiempo que agrupaba y encadenaba las ideas de un mismo orden, enseñando asi al estudiante a resumir por si mismo y a aprender lo que era esencial en sus estudios. ¿Por qué lo hacia asi? Porque consideraba arbitrarias las divisiones que cada una hacía a su fantasia y según el giro de su espíritu, porque creía que es preciso respetar el pensamiento del legislador, no solamente en cuanto al fondo, sino también en cuanto a la forma que ha querido darle, y que al distraer un articulo del capítulo y de la sección en que se encuentra, se expone el intérprete a extender o a restringir su alcance... A veces estas explicaciones tenían alguna cosa de extraño, quizás algo de rústico. Lo que en general distingue al sistema de Bugnet, es una unión respetuosa, pero de ninguna manera servil, a los textos, o al espíritu de la ley a falta de texto. En él no había esas interpretaciones peligrosas que, por motivos loables o por razones de utilidad, se separan insensiblemente de la regla y tienen el aspecto de conformarse a ella desplazando los principios; nada de estrecho y judáico en sus comentarios. Si una palabra parece conducir a consecuencias muy duras o poco racionales, prestándole un sentido jurídico, admite fácilmente que el legislador estaba distraído al escribirla, olvidando momentáneamente el estilo de Pothier, y no atribuye a este

13.— No vacilamos en reconocer que Valette fue un jurista superior a Bugnet; con más exactitud debemos decir que aceptamos confiados esta opinión, aunque no está fortificada por las anotaciones de Valette al *Traité de l'état des personnes de Proudhon,* ni por las explicaciones contenidas en la parte del *Cours du Code civil* que Valette, desgraciadamente para él, se decidió a publicar, según se dice a instancia de sus admiradores. Más adelante, a pro-

---

término más alcance del que tiene en la lengua habitual. Conciliando sabiamente la teoría y la práctica, no sacrifica ni la ley a los intereses, ni los intereses a la ley: los admite en lo que tienen de compatible con ella; pero cualquiera que sea su importancia, los sacrifica si la hieren». He aquí el cuadro del curso de Bugnet, según el mismo discípulo: «Su lenguaje no era ni brillante ni rebuscado; sus lecciones eran animadas, encuéntrase en ellas lo imprevisto y el abandono del diálogo: ventaja preciosa, método excelente, que no encerrando el pensamiento en los limites rigurosos de un discurso, le da más vivacidad y gran libertad de vuelo. ¡Cuánta solicitud y exactitud había en este excelente maestro! Tres veces por semana, y a pesar de la hora matinal, quinientos estudiantes se reunían alrededor de su cátedra, ávidos de oír su animada palabra y de fortificarse en contacto de su varonil inteligencia. Bugnet unía al don precioso de hacerse comprender, el de comunicar a sus oyentes ese amor al Derecho que él mismo poseía, y de paliar la aridez de los primeros principios con el encanto de su exposición. Maestro en toda la acepción de la palabra, tenia sobre sus alumnos una gran autoridad moral; criticaba a los retrasados, reprendía públicamente a los desatentos o platicadores, y siempre era escuchado con respeto y obedecido con prontitud. Es que se sabía que sus reprensiones partían de un corazón amante, que eran dictadas por un afecto sincero, que se preocupaba, ante todo, del interés de los jóvenes y de sus progresos. Además, había en sus maneras tanta franqueza y bondad, una unión tan íntima entre él y su auditorio, que no se separaba jamás el profesor del amigo. No se requería mucho tiempo para descubrir esa amplia ternura; si aparecía en todas sus lecciones, al principio de su enseñanza se presentaba de una manera más directa, cuándo, dirigiéndose a los recién llegados, les hablaba de sus deberes en términos tan conmovedores, que desde el primer momento se sentían atraídos hacia él por una fuerza irresistible. Con cuánto impulso, con qué acento apasionado exclamaba, después de sus primeros consejos, como Justiniano al principio de sus Institutas: «*Summa itaque ope et alacri studio has leges... accipite*». Y entonces casi se transfiguraba; el entusiasmo que lo dominaba ganaba al auditorio, las inteligencias se abrían prestas a recibir la luz y aumentarla con el trabajo; estaban ya apasionadas por lo que aun no conocían. «Creo que las cosas se expresan, más finamente, con la palabra que con la escritura». Esta juiciosa nota de Labruyère explica por qué Bugnet no publicó su curso. La palabra viva pierde su fuerza al pasar a un libro: nada puede reemplazar el acento; ni ese pliegue de labios que completa el pensamiento; ni esa mirada que se proyecta mucho más allá del espíritu; ni lo imprevisto del discurso que prende y cautiva la atención. Por ello, esperamos actualmente que al publicarse sus lecciones, revivirá para quienes lo oyeron, y lo conocerán los que no tuvieron ese honor. Por otra parte, para las memorias fieles, si el hombre amado no existe ya, el maestro vive siempre, y no podemos leer los artículos de la ley, que nos explicaba, sin encontrar su recuerdo a cada paso. Allí está por completo, con su sagacidad *y* penetración, en una pequeña nota, en un signo de comparación, en una palabra, en una línea: *¡Mortuus adhuc loquitur!*» Felizmente para Bugnet, el deseo de Costa Athias no se ha realizado y las lecciones del maestro no se han publicado. Si juzgamos por el tenor del curso que poseemos, esta publicación hubiera sido un desastre; es necesario no olvidar, como más adelante veremos, que para aquéllos que no habían sido sus alumnos la aureola da Bufnoir cayó el día en que un grupo celoso de sus discípulos, juzgó necesario publicar un fragmento de su curso. Además, Bugnet consignó la substancia de su enseñanza en su edición de las obras de Pothier, tal como lo indica el título que le dio: Pothier, *Oeuvres annotées et mises en corrélation avec le Code civil et la législation actuelle,* 10 vol, 1845-48.

pósito de la doctrina de la Escuela de la Exégesis veremos que Valette aceptó incondicionalmente la fe de Proudhon en la virtud del Código de Napoleón, proclamando el dogma de la presencia real del legislador en la universalidad de la vida social; para Valette, el legislador no podía haber dejado de prever todas las dificultades jurídicas susceptibles de presentarse. A pesar de la pobreza de producción científica de este profesor, que de 1837 a 1878, sin interrupción, enseñó Derecho civil, Charmont y Chausse le consagraron en el *Livre du Centenaire du Code Civil,* una reseña histórica de extension equiparable a la dedicada a Duranton, Aubry y Rau, Demolombe, Troplong, o Marcadé, no obstante que no mencionaron el nombre de Taulier.

Verdad es que estos dos autores, para justificar el lugar que reservaron a Valette entre los intérpretes del Código Civil, expresaron la pena de que no haya imitado a los grandes comentadores, publicando su curso íntegro; estando obligados a conformarse con celebrar la perfección del Tomo I del *Traite des privilèges et hypothèques,* que como el *Cours de Code Civil* no fue concluido; y *con* la belleza de los artículos publicados por Herold y Lyon Caen con el título: *Mélanges de droit, de jurisprudence et de législation.* Sin embargo, después de haber aceptado una tradición, que recientemente consideraba a Valette como un jurista incomparable, Charmont y Chausse, a riesgo de caer en una contradicción cierta, rindieron homenaje a la verdad diciendo; «Lo que nos parece explicar sobre todo la gran acción que ejerció, es que para todas las generaciones que pasaron ante su cátedra fue una especie de personaje representativo. Para aquellos que se le aproximaban o que oían hablar de él, era la realización, la encarnación viva del jurista». En otros términos, Valette realizó el tipo del «pontífice», que cada generación conoce en formas diferentes.

La adulación de los discípulos de Valette llegó a transformar en virtudes sus peores defectos. Nadie como Herold y Lyon Caen, en la noticia biográfica publicada en las *«Mélanges Valette»,* ha incurrido en esta forma lamentable de adulación[8]. Los errores de expresión y lo defectuoso de su exposición se presentan como dos de los principales méritos de su enseñanza. Pero esta no es la

[8] El pasaje *de* la noticia a la que nos referimos está concebido así: «Nos será permitido, sin salir de nuestro tema y sin herir ninguna susceptibilidad, comparar la enseñanza de Valette con la de sus colegas que ocupaban las demás cátedras del Código civil de la Escuela, en la época en que su gran influencia personal se estableció y desarrolló. Los seis profesores del Código civil eran entonces: Duranton, cuyo nombramiento remontaba a 1820; Demante, 1821; Bugnet, 1826; Valette, Oudot, 1837 y Perreyve que solo fue titular a partir de 1839. Estos seis profesores servían los tres años del curso de la manera siguiente: Duranton y Perreyve, Demante y Oudot, Bugnet y Valette. Esta composición personal y orden permanecieron iguales durante más de quince años. El venerable Duranton, que había gozado de gran reputación, ya no contaba sino con los recuerdos. Poco variado en sus explicaciones pasaba como un repetidor de su libro en la cátedra, y cada vez más le faltaban oyentes. Perreyve recogía con sus alumnos, los desertores del curso de Duranton. Sus lecciones eran seguidas, pero nunca elogiadas. Demante, estimado, honrado, gozando de la reputación de sólido jurista, podía recordar también los antiguos éxitos, pero su fecha era muy lejana. Se le hacía justicia aun y, a pesar de su fatigosa dicción, su curso era

opinión de los antiguos oyentes, que actualmente, al recordar el penoso carácter de los cursos del Maestro, se asombra, con derecho, del renombre que se quiere dar, contra viento y marea, a su memoria. En resumen, Valette, en nuestra opinión, representa el tipo de esos juristas de todos los tiempos que durante su vida, saben con gran habilidad dar la impresión de poseer un tesoro incomparable de ciencia; pero, las riquezas intelectuales de estos juristas, solo se encuentran en su fuero interno o en sus manuscritos. La muerte y la Historia, que son implacables, asignan a cada uno su lugar en la ciencia, cuando no se lo niegan por completo.

14. — Volvamos a los «grandes comentadores» del Código de Napoleón. Por un esfuerzo prodigioso de voluntad, inteligencia, reflexión y paciencia, llegaron a edificar aquellos monumentos, cuyo estilo actualmente puede criti-

---

frecuentado; sin embargo, no se tomaba partido en pro o en contra de sus opiniones. Los tres profesores que se dividieron el favor de los estudiantes, de 1838 a 1848, fueron Bugnet, Valette y Oudot. Bugnet era el más popular de los profesores de la Escuela. Oriundo del Franco Condado, como Valette y Oudot, habiendo conservado el acento y modismos de su región, pleno de buen sentido, de una claridad perfecta, recitaba su curso, no porque lo hubiera aprendido de memoria, sino porque habiéndolo concebido asi en la época en que por primera vez ocupó la cátedra, no admitía dos maneras de decir las mismas cosas. Bugnet preparaba maravillosamente para los exámenes. Pero, buen número de sus discípulos al salir de la Escuela tuvieron que reconocer que su enseñanza, en la cual toda controversia e investigación histórica casi eran suprimidas, tenia el defecto de ser muy elemental. Oudot hacia predominar la metafísica en su enseñanza, por lo demás era en extremo consciente y elevado. Elogiaba las costumbres del espíritu y las tendencias de muchos jóvenes estudiantes que salían de filosofía con las ideas casi exclusivamente espiritualistas de estos tiempos. Tenía admiradores fanáticos, pero su influencia era limitada; Oudot leía, grave falta, que alejaba a los alumnos. Además de ser jurisconsulto un poco paradójico, adoptaba soluciones que frecuentemente estaban en contradicción con la práctica; sus mejores alumnos, después de haber abandonado los bancos, abandonaban sus ideas, quedando vivamente unidos al recuerdo del hombre. Valette era distinto. Primero hablaba, teniendo ante los ojos notas extendidas, improvisaba siempre, y con un lenguaje correcto: en verdad, no sin detenerse, recobrar sus ideas y repetir. Por el contrario, a menudo le acontecía que cambiaba las palabras, multiplicaba las fórmulas para mejor explicar su pensamiento, volvía a temas anteriores para resolver una objeción descuidada, que su probidad científica le hubiera reprochado dejar en la sombra: comenzaba de nuevo si era necesario una demostración cuyo resultado no le dejaba satisfecho; a veces, su palabra vacilaba como si no encontrara cuál camino seguir, pero se le sentía de tal manera dueño de su pensamiento que nadie concebía inquietud por el resultado de esta vacilación. Avanzaba así, paso a paso, lenta, pero seguramente, después resumía y concluía, hacia brillar de repente la verdad que su auditorio buscaba desde hacía un cuarto de hora. Se asistía con una alegría verdadera al trabajo de espíritu del profesor. Valette se asociaba, por decirlo así, con los que lo escuchaban, y el alumno por un momento podía creer que compartía con el maestro el mérito de la solución. Esta satisfacción íntima de los alumnos hacía que algunas veces estos, irrumpieran inesperadamente en aplausos, en medio de una lección, sobre las materias más áridas del Derecho civil. Esto es por lo que se refiere a la forma. En cuanto al fondo, la enseñanza de Valette presentaba una feliz combinación de indicaciones históricas, de investigación de los principios racionales y de comentario de los textos. Sobresalía en esta última parte, y esta era una de las causas de su éxito ante los estudiantes, entre los cuales muchos espíritus ardientes están ávidos de iniciarse en las dificultades próximas de la práctica». Herol et Lyon Caen, *Notice sur la vie et las travaux de Valette,* París, 1880.

carse a la luz de las concepciones contemporáneas, pero que permanecen siendo algo así como la expresión majestuosa e impresionante de una de las más brillantes épocas en la historia de la ciencia jurídica francesa. Nos conformaremos con recordar en este lugar las obras de los grandes comentadores, reservándonos para poner en relieve, en la sección siguiente, los rasgos distintivos de cada obra, por virtud de los cuales se oponen unas a otras las personalidades de los más eminentes comentadores.

15.— El primero de los «grandes comentadores» es Duranton, con su *Cours de droit français suivant le Code Civil,* en 22 volúmenes, cuya publicación, comenzada en 1825, se terminó en la segunda fase de la Escuela de la Exégesis. Después de él vinieron los otros comentadores: Aubry y Rau, *Cours de droit civil français,* 1.ª edición, 1838-1844, 4.ª edición en 8 volúmenes, 1869-1878; Demolombe; *Cours de Code Napoleón,* 31 volúmenes, 1.ª edición 1845-1876; la obra se detiene en el Contrato de matrimonio y íué continuada por Guillouard durante el tercer período de la Escuela Exegética. Taulier, *Théorie raisonnée du Code Civil,* 7 volúmenes, a partir de 1848; Marcadé, *Explication théorique et pratique du Code Napoleón,* 11 volúmenes, 1.ª edición, a partir de 1848; la obra, que no se concluyó, fue continuada por Paul Pont; Laurent, *Principes de droit civil,* 33 volúmenes, 1869-1887; Demante y Colmet de Santerre, *Cours analytique de Code Civil,* 9 volúmenes, 1.ª edición 1849 a 1880; Troplong, *Le Droit Civil expliqué suivant l'ordre des articles du Code*; «obra que continúa a la de Taullier, pero en la cual se adopta la forma más cómoda del Comentario», 27 volúmenes, a partir de 1833; con este título extenso y significativo Troplong, publicó, en realidad, toda una serie de *Tratados* sobre ciertas partes del Código Civil: el contrato de matrimonio, la venta, la permuta y el arrendamiento, la sociedad, la prescripción, los privilegios e hipotecas, las donaciones entre vivos y los testamentos. Al lado de estos diversos Tratados es necesario colocar los importantes *Prefacios* que les preceden; entre ellos señalamos los de la Venta, pp. I. a XXXI, del Contrato de Matrimonio, pp. I. a CLXII, de los Privilegios e Hipotecas, pp. I. a CXII, de la Permuta y Arrendamiento, pp. I. a CII, del Contrato de sociedad civil y comercial, pp. I a C. de las Donaciones entre vivos y los testamentos, pp. I. a CLI. El principio de este último prefacio nos enseña, por sí solo, el espíritu que inspira a todos los demás: «Si el Derecho civil —declara Troplong—, no fuese más que una ciencia de textos, tendría menos atracción para los espíritus filosóficos; la exéresis, por necesaria que sea, no es sino la parte más árida y más reducida. Sobre ella se levanta a gran altura, la investigación de las verdades naturales en que se basan las relaciones privadas del hombre, sus obligaciones y derechos de familia y de propiedad. En esta esfera, el Derecho civil se muestra como un rayo divino que brilla y se obscurece en la humanidad, según la marcha de la civilización. Aquí es donde lo vemos desarrollarse como una de las formas de la libertad humana, ejerciendo su influencia en lo que el hombre tiene de más caro, personal y sagrado».

De estas explicaciones podría creerse que Troplong no fue un exégeta, en el sentido estricto del término; sin embargo, no dejó de revelarse como tal en la serie de sus Tratados. Esto nos conduce a una nota análoga por lo que se refiere a Aubry y Rau; hemos colocado a estos dos autores a la cabeza de los representantes de la Escuela de la Exégesis. Ahora bien, generalmente se considera que estos dos autores constituyen una Escuela diferente. En realidad es preciso distinguir, como veremos, la doctrina y los métodos de la Escuela de la Exégesis; si los dos maestros de Estrasburgo, repudiaron el método llamado exegético puro, aceptaron, en principio, la doctrina de la Escuela. Es justo añadir que la diferencia de método los condujo, de hecho, a concebir la ciencia del Derecho civil, en cuanto al fondo, de manera distinta a los otros representantes de la Exégesis. Sobre este punto insistimos, afirmando que no obsta a lo anterior que en ninguna ocasión hayan dejado de proclamar su adhesión a la doctrina exegética.

16.— En esta parte no nos detendremos ante la personalidad de los grandes comentadores del Código Napoleón, pues, como hemos dicho, lo haremos en la sección siguiente. Sin embargo, aclaramos que haremos a un lado, por una parte, a Demante y Colmet de Santerre, y por la otra, a Laurent, debido a la razón siguiente. Como ya dijimos, nuestro propósito no es hacer la biografía de estos comentadores, a excepción de Aubry y de Rau; simplemente queremos precisar los rasgos distintivos que, en el seno de la Escuela de la Exégesis, oponen unos a otros. Ahora bien, a pesar de que al exponer la profesión de fe de la Escuela de la Exégesis nos referimos a Laurent, hubiera sido difícil señalar con certidumbre un solo rasgo de su personalidad, ya que esta es muy discutida aún en Bélgica, su patria, donde desarrolló su carrera. La razón inversa nos obliga a no referirnos a Demante y a Colmet de Santerre, pues la obra de estos autores reviste un carácter esencialmente impersonal; con ella, se tiene la sensación de que va a surgir la tercera fase de la vida de la Escuela; el método y la doctrina se han fijado definitivamente; la reacción en su contra aún no se hace sentir; Demante y Colmet de Santerre funden, como en un crisol, los resultados del laborioso esfuerzo del apogeo de la Escuela de la Exégesis. Nótese bien que su obra no es de vulgarización; esta se hallaba reservada a Baudry-Lacantierie y a su *Précis*. En aquélla se redacta un balance científico, admirablemente ordenado y sin mencionar a los autores, del Derecho civil de su época.

## III

## *TERCERA FASE: 1880 A 1900. DECADENCIA DE LA ESCUELA DE LA EXÉGESIS. ÚLTIMOS ORTODOXOS. TENTATIVA RENOVADORA DE LOS PRINCIPIOS DE LA ESCUELA*

17.— Hacia 1880, la Escuela de la Exégesis brilla con un esplendor que no ha sido superado en la Historia de las doctrinas jurídicas; pero, precisamente porque no hay nada que añadir a la doctrina y métodos de la Escuela, ya fijados de una manera definitiva, todo anuncia el advenimiento de una precipitación inusitada en el movimiento social, y la decadencia no tardará en hacerse sentir. Sin embargo, el decano Baudry-Lacantmerie, aplica rigurosamente, en su *Précis de droit civil,* publicado en 1882, la doctrina exegética pura con toda su ortodoxia; con variantes, a veces muy acentuadas, los autores del *Traité théorique et pratique de droit civil,* en 29 volúmenes, publicado bajo su dirección y patronato en 1895, permanecen fieles al pensamiento del maestro y al espíritu de la Escuela de la Exégesis. Por otra parte, el éxito obtenido tanto por el *Précis* del decano Baudry-Lacantinerie, como por los *Traités* particulares de sus colaboradores, prolongó la influencia de la Escuela de la Exégesis; las actuales generaciones de juristas les debe su formación. Baudry-Lacantinerie no es el último exégeta ortodoxo. De 1885 a 1901, el pensamiento de la Escuela se prolonga en los 19 volúmenes consagrados por Guillouard a continuar el *Cours de Code Napoleón* de Demolombe, y en los 15 volúmenes del *Commentaire théorique et pratique de droit civil* de Huc, 1892-1903. Pero, *según* ley fatal, ya estaba debilitada la fuerza de la Escuela de la Exégesis. Es entonces cuando sus admiradores piensan en una tentativa de renovación. En el dominio del Derecho civil, la obra de Labbé, Bufnoir, Saleilles y Beudant, representa esta tentativa de renovación, que fue vana[9], según la ley fatal mencionada. Esta obra sirvió simplemente de transición entre el reinado de la Escuela de la Exégesis y el advenimiento de la Científica.

---

[9] Ferri, a propósito de la Escuela positiva italiana, que provocó tan honda revolución en la ciencia criminal, señaló bien, con estilo adornado, las diversas fases por que atraviesa toda doctrina científica antes de triunfar. Probaremos, en nuestro libro sobre los *Grandes comentadores del Código de Napoleón,* que estas mismas fases fueron recorridas por la Escuela científica del Derecho civil. «La Escuela criminal positiva, escribe Ferri, se encuentra actualmente en el tercer período, aquél que, en la evolución de toda ciencia nueva, precede al triunfo definitivo. En efecto, todas las innovaciones atraviesan, necesariamente, las fases siguientes: primero, son ignoradas por el mayor número, porque las primeras luces de su aurora se confunden con las últimas sombras crepusculares de las teorías tradicionales que dominaban. En seguida, los profanos se burlan de ellas, como lo que choca a las costumbres mentales de la multitud y parecen sofocadas bajo el silencio olímpico de los pontífices de la ciencia ortodoxa y oficial es el período de la prueba; ahora bien, o las innovaciones intentadas no son viables y mueren durante esta fase de desprecio popular y de académico desdén, o están verdaderamente dotadas de vitalidad y, entonces, a través de los juicios inteligentes de la multitud distraída o de las falsificaciones de adversarios poco leales, logran, al afirmarse sin cesar, por los resultados de estudios positivos, imponerse a la atención del público y de la ciencia oficial. Es, para las ideas, una lucha encarnizada por la existencia... Esto no es sino el preludio de la última fase, en la. cual las nuevas ideas, fortificadas por la prueba, salen de ella victoriosas, corregidas, completadas: fundadas en esa parte de verdad positiva que sus arterias tradicionales contenían, entran a su vez, en el lenguaje corriente, y se convierten, para las nuevas generaciones, en ideas dominantes, se transforman en tradiciones, en hábitos mentales, en instituciones sociales y... se preparan a sostener las inevitables luchas fututras contra las otras ideas que el porvenir aporte; conquistas siempre nuevas de la ciencia sobre lo desconocido y por las cuales la humanidad marcha a través de la ruta difícil y ardua de la civilización». Enrico Ferri, *La sociologie criminelle,* traduction Terrier, 1905, p. 28-29. Con motivo del

18. — Labbé, Bufnoir, Saleilles y Ch. Beudant, frecuentemente son considerados como representantes de la Escuela Científica; tal opinión es exacta en el sentido de que estos autores cultivaron, según el caso, o el elemento racional del Derecho, como Beudant en su admirable libro: *Le Droit individuel et l'Etat,* 1891, o su elemento experimental, como Labbé y Saleilles, quienes escudriñan el elemento de hecho de las relaciones jurídicas y de la evolución social. No obsta que, por lo que hace al concepto del Derecho civil, unos y otros aceptaran la doctrina de la Escuela de la Exégesis, esforzándose simplemente por darle flexibilidad y adoptarla a las transformaciones del Estado social. Son, pues, renovadores de la Escuela de la Exégesis, pero no representativos de la Escuela Científica en el sentido verdadero del término.

19. — Lo anterior no solo es cierto, sino indiscutible, respecto de Bufnoir, a quien en vida se consideró fundador de un género jurídico en toda la acepción de esta palabra. Después de su muerte, cuando ya la Historia reclamaba el balance de su obra, Bufnoir tuvo la dichosa fortuna de encontrar en Guillouard un crítico tan complaciente como Valette en Hérold y Lyon Caen[10].

centenario del Código civil, el decano Glasson, adoptando el método de Ferri, describía así el advenimiento de la Escuela científica, en materia de Derecho civil, después de haber expuesto las doctrinas de las Escuelas que la habían precedido. «Esta tercera Escuela nació últimamente. Aun no podemos juzgarla definitivamente. Nos limitaremos a saludarla con simpatía, como merece toda tentativa de progreso; comienza a ser conocida por varias publicaciones de primer orden y por algunos cursos de las Facultades. Esta nueva Escuela es claramente más audaz e independiente que sus antecesoras; atribuye al jurisconsulto un papel más elevado y potente que el del intérprete; pretende que el derecho contraiga alianzas estrechas no solamente con la historia y la filosofía, sino con todas las ciencias sociales. Nada escapa a sus investigaciones: ni las legislaciones extranjeras ni las cuestiones de orden económico o político; en una palabra, quiere hacer del Derecho una ciencia de observación. El Código civil no desaparece en este vasto conjunto de conocimientos que se impone a los jurisconsultos; se continúa reservándole un lugar preponderante, pero no exclusivo. Estima que el tiempo ha marchado, apareciendo nuevas necesidades que necesariamente deben satisfacerse». *Le Centenaire du Code Civil,* 1804-1904. Imp. Nationale, p. 46. Glasson, de esta manera, definia, en términos por completo exactos, la fisonomía de la Escuela científica en esa fecha, pero dicha Escuela no había nacido «últimamente», sus raíces se encuentran muy lejanas y su acción, aunque latente, se había hecho sentir desde hacía mucho tiempo. A pesar de todo, los mismos grandes comentadores en realidad, como lo demostraremos con posterioridad, no escaparon a ella.

10 En su *Prefacio* a la obra postuma de Bufnoir, *Propriété et Contrat,* Guiliouard declara: «Pocos jurisconsultos ejercieron en el siglo XIX una influencia tan considerable, como Bufnoir sobre la enseñanza de la ciencia del Derecho y el desarrollo de las ideas jurídicas; no con la pluma, sino con la palabra, en esa admirable enseñanza oral que agrupó tantos alumnos alrededor de su cátedra. Durante treinta años, de 1867 a 1898, fue uno de los maestros más escuchados de la Facultad de París, a pesar de que cuenta con profesores tan eminentes». «En 1897, —escribía uno de sus antiguos alumnos—, en el momento de tomar parte en el concurso para designar profesores, iba a tomar los cursos de los maestros Parísienses: era imposible entrar en el gran anfiteatro donde Bufnoir daba su cátedra; y los jóvenes estudiantes que me rodeaban, compadeciéndose de mi ignorancia provinciana me dijeron que si no sabía que para encontrar un lugar en la clase de Bufnoir era necesario llegar con media hora de anticipación». Actualmente sus alumnos ocupan la

Guillouard llegó a decir que si Bufnoir no escribió, por lo menos siempre tuvo «una indulgencia afectuosa por los que escribían parece que, con esto, los escritores jurídicos de su época, incluyendo al propio Guillouard, se sentían «confortados». Esto verdaderamente es delicioso para un biógrafo. Sin embargo, los admiradores de Bufnoir no se sintieron confortados a raíz de su muerte, ante la carencia de su obra. Por ello Saleilles agrupando algunos de sus colegas de las Facultades de Derecho, antiguos discípulos de Bufnoir, se decidió a publicar un fragmento del curso de este, con el título de *Propriété et Contrat,* 1898.

Basados en esta obra, los admiradores de Bufnoir elogiaron su enseñanza como una de las más elevadas (Comp. Souchon, *Revue d'Economie politique,*

---

Magistratura, las Facultades, la Barra, y es notable ver la durable impresión producida en sus espíritus, por la enseñanza del maestro. «Fui alumno de Bufnoir», dicen con orgullo de ciudadano romano, reivindicando la nobleza de su origen. Su interpretación de las leyes se impone en las sentencias, su método de enseñanza se reproduce en las cátedras, sus argumentos aparecen en la barra de nuestros tribunales, de tal manera que ninguna enseñanza será más fecunda que la de este maestro, que no obstante no haber escrito, supo, por la originalidad de su espíritu y por el encanto y autoridad de su palabra, trazar en las inteligencias surcos profundos y duraderos». Después de haber descrito este cuadro admirable, Guillouard explica por qué un jurista de esta talla no dejó escritos: «¿Por qué, dice, este jurista eminente, este escritor de forma irreprochable no dejó ninguna obra que perpetuase el brillo de su enseñanza oral, y que fijase, definitivamente, la hábil y sabia interpretación que por muchos años supo dar a nuestras leyes? Creo que se puede dar una primera razón: la preocupación, tan profunda en él, de perfeccionar sin cesar su curso. Es preciso añadir otra: la multiplicidad de sus trabajos. Su maravillosa inteligencia estaba abierta a todos los horizontes; legislación comparada, organización de la enseñanza superior, ciencias económicas, revisión del catastro, modos de transmisión de la propiedad inmueble, economía social, todo lo estudió, y lo estudió como acostumbraba, no superficialmente, sino profundamente, dotando de horizontes nuevos a cada cuestión que examinaba. En los congresos en que tomó parte, en las comisiones sin número que desempeñó, su presencia era un acontecimiento, y su palabra, era autoridad; al leer los informes de estas sesiones, maravilla la variedad y extensión de sus conocimientos. Pero creo que estas razones no bastan para explicar el por qué Bufnoir no escribió nada sobre el Derecho civil, su ciencia predilecta, por la cual tanto trabajó, y que hubiera tratado a la perfección por escrito, a juzgar por las raras notas que publicó en el Receuil Sirey; el verdadero motivo es el mismo que detuvo también a un gran maestro de la Escuela de París: Valette; el deseo de la perfección, y el temor de no dar a la forma escrita de su pensamiento, un molde digno de la ciencia que en tanta estima tenía. En verdad, semejante modestia en tal hombre, por su naturaleza, nos produce graves reflexiones a los que nos hemos atrevido a escribir sobre estas difíciles materias, sin tener ni el talento ni la ciencia de este jurisconsulto eminente. Pero lo que debe consolarnos, mejor dicho, animarnos, es la indulgencia afectuosa de Bufnoir para aquellos que escribían, y el autor de estas líneas no puede olvidar que a propósito de su *Traité du louage,* apreciado con tanta benevolencia por Bufnoir en el curso de 1855 a 1856, comenzaron sus relaciones tan llenas de encanto con el maestro eminente que unía, a los más raros dones de la inteligencia, las más exquisitas cualidades del corazón. Es profundamente lamentable que tal enseñanza no dejase huellas exteriores y permanentes, y los antiguos alumnos de Bufnoir, actualmente maestros justamente apreciados, han querido reconstituir, con ayuda de sus notas, por lo menos, una parte de su enseñanza y escogieron el año de 1883-1884, que consagró al estudio de los medios de adquirir la propiedad, a los derechos reales y a los personales».

1900, p.p. 325 y s.; Planiol, *Nouvelle Revue historique*, 1900, p.p. 274 y s.; Guillouard, en el Prefacio precitado). No discutimos que la enseñanza de Bufnoir no haya sido de las más brillantes; lo que nos parece difícil aceptar, ante la obra *Propriété et contrat*, es que su enseñanza no haya sido fiel, con algunas variantes, a la concepción de la Escuela de la Exégesis. No logramos entender cómo Souchon, en el informe citado pudo encontrar una causa para relacionar, por una parte, la obra póstuma de Bufnoir y el *Traité* de Planiol, y por la otra, la obra de Gény: *Método de Interpretación y Fuentes en Derecho Privado Positivo.* Menos aun podemos comprender cómo Planiol, en su relación citada, solo evocó, entre los predecesores y eminentes contemporáneos de Bufnoir en el Derecho civil a: «Valette, Demolombe, Demante, Beudant, Rataud». Particularmente olvidó dos nombres; los de Aubry y Rau. Más justo, Guillouard, en su Prefacio a la obra *Propriété et Contrat,* no vacila en comparar el método y doctrina de Bufnoir con los de los profesores de Estrasburgo. Nos parece que Gény presenta un concepto exacto sobre el libro de Bufnoir y sobre las tendencias que revela, al expresar; «Debo decir —escribe el profesor de Nancy—, que vanamente he buscado en el libro, que acabo de leer, la señal precisa de la tendencia que se decía, con frecuencia, caracterizaba al método de interpretación jurídica de Bufnoir, consistente en dar flexibilidad al texto de la ley, para adaptarla a los hechos de la vida, al mismo tiempo que plegar los hechos, y hacerlos entrar así en el marco rígido de la ley escrita. Semejante tendencia se manifiesta apenas, muy tímidamente, en una o dos ocasiones... Necesario es advertir que en estas hipótesis, no se trata sino de generalizar un pensamiento incompleto formulado por el legislador, y que tal generalización es autorizada por otros textos en los cuales se apoya Bufnoir sin vacilar. Pero con pena veo que Bufnoir, en la mayor parte de las cuestiones, se detiene ante el texto, para obtener de él, lealmente, todo lo que contiene según el pensamiento que lo inspiró, y nada más». Gény, *Revue critique,* 1900, p. 124. El hecho es que en la actualidad unánimemente se reconoce que hubiera sido preferible, para la memoria de Bufnoir, que no se hubiera publicado su obra por sus celosos discípulos. Los que no habían seguido la enseñanza de Bufnoir, y que vivían impresionados por el renombre otorgado a este, se decepcionaron ante el carácter exegético de *Propriété et Contrat,* Es verdad que este libro demuestra que su autor tenía un portentoso talento para la construcción jurídica; pero, como Guillouard lo demuestra, ¿no era esto una aplicación a la enseñanza del método de Aubry y Rau?

20.— Saleilles mismo expresó, mediante una declaración de principios, su adhesión a los conceptos de Bufnoir y de la Escuela de la Exégesis. Esta declaración se halla en el *Prefacio* de Saleilles a la obra de Gény: *Método de Interpretación y Fuentes en Derecho Privado Positivo.* A través de las bellas páginas que lo componen, se siente un sentimiento y una honda aprehensión frente al *Manifiesto* que en adelante será la Carta del movimiento científico. Saleilles no vaciló en escribir que la codificación y los textos le parecían compatibles con los progresos del Derecho; que el marco que constituyen se impone aún al jurista más innovador; en esta ocasión, invoca la memoria de su ilustre maestro Bufnoir. Es que Saleilles advertía la situación; veía sobreponerse, a las suyas, concepciones más innovadoras, en antítesis con el pasado, y comprobaba, además, que tales concepciones recibían, desde el principio, un carácter definitivo, capaz, por su propia naturaleza, de impresionar a los espíritus. En una palabra, Saleilles se vio obligado a comprobar que, conforme a la lógica de las cosas, la revolución precipitaba tanto más su curso, cuanto que las reformas, esperadas por mucho tiempo, eran más que necesarias. No esperaba lo anterior y no estaba preparado para ello: «No tengo para qué afiliarme —escribe—, a ninguno de los dos últimos métodos expuestos: no analizo ni discuto, procuro solo dar una preparación para la íntima y completa inteligencia del magistral libro de Gény. Si en mi ánimo estuviera entrar en discusiones, acaso preguntara si en nuestro estado actual de civilización, un elemento de formación consuetudinaria o doctrinal puede bastar para que un derecho, por subjetivo que fue en sus comienzos, aparezca en la forma objetiva que debe revestir para ocupar un puesto en el cuadro de nuestra construcción jurídica. Y colocándome en el terreno de las leyes sociológicas, *acaso se descubriera como elemento necesario de la característica del derecho, esa parte de dependencia a un sistema de codificación, que aun cuando Procediese del intérprete, de la doctrina o de la jurisprudencia, le estampe el sello que el público necesita para su seguridad.* Además del complemento que pudiera suministrar a esta cuestión la observación de las leyes sociológicas; en lo que a mí se refiere, es posible que difícilmente se me desprendan las primeras impresiones procedentes de la escuela en que mi espíritu se formó. El maestro de que he hablado, y del cual es muy difícil no hacerlo, ha impregnado el espíritu de todos los que le debemos la educación jurídica; de esas leyes de adaptación de la realidad a los textos, al propio tiempo que la de estos a la evolución de la vida y al medio social, al grado de que es muy difícil separar estos dos factores de la elaboración jurídica. *Le parecía que de esta compenetración del elemento lógico, en lo que tiene de esencial, con el elemento histórico en la parte preponderante que le corresponde, debía surgir un ideal de formación científica del derecho que no pudiera sobrepujarse*». Se ve que Saleilles considera que Bufnoir perfeccionó el sistema de la Escuela de la Exégesis, hasta el grado de haber presentado la fórmula definitiva del progreso del Derecho. Ni Gaudemet, en su biografía de Saleilles *(Raymond Saleilles,* 1855-1912, *Revue bourguignonne de l'enseignement supérieur, 1912),* ni los autores de la publicación colectiva titulada: *L'oeuvre juridique de Raymond Saleilles,* tratan siquiera de aminorar el alcance de esta declaración de principios, respecto a la obra del Maestro, cuyas tendencias traduce perfectamente.

21.— A su vez, Labbé debe ocupar un lugar entre los renovadores de la Escuela de la Exégesis. Sabemos que era un excelente juzgador. Nadie mejor que él ha logrado dar a la interpretación jurídica la elasticidad necesaria, para adaptar los textos a las transformaciones del estado social. No obstante, sería un grave error colocar a Labbé entre los representantes de la Escuela Científica pura. «Labbé, escribe su biógrafo, se mostrará más tradicionalista; para incluir todo en la ley, ampliará fácilmente las fórmulas legales restrictivamente concebidas, sin deformarlas; quiere aplicarlas extensamente, pero solo en su sentido normal; quiere prolongar las creaciones del legislador, pero prolongarlas normalmente: aquí reaparece su educación jurídica esencialmente dogmática. Es verdad que entre los procedimientos metodológicos de la Escuela tradicionalista, Labbé emplea los menos estrictos, como la extensión por analogía, la cual se reduce a crear una regla enteramente nueva, fundada en la similitud de las situaciones y en la identidad de razón jurídica; *ubi eadem ratio, idem jus;* se trata de descubrir, con ayuda de los indicios que la ley proporciona, lo que su autor habría decidido si hubiese concebido la hipótesis presente. Inmediatamente se comprende que tal extensión de la voluntad del legislador excede la esfera del comentario rígido de los textos. No encontrándose ya prisionera la acción del intérprete, sino en gran parte entregada a sí misma, puede ampliar su radio de acción. El razonamiento por analogía es, pues, el punto extremo del método tradicional. Labbé no lo desdeñó». (Cohendy, *La méthode d'un arrêtiste au XIX siècle,* Labbé, tesis, Lyon, 1910, p. 56 y s.).

22. — Entre los renovadores de la Escuela de la Exégesis, Ch. Beaudant demostró una magnitud que anunciaba ya al *Traité de droit civil* de Planiol, al desarrollar, en contacto con las realidades sociales y concepciones filosóficas del momento, la obra de sistematización de Aubry y Rau. Las partes de su *Cours de droit civil,* publicadas por su hijo, Robert Beudant, decano de la Facultad de Derecho de Estrasburgo: Los *Traites des Personnes, des Biens, des Obligations, de la Vente et du Louage, des Privilèges et Hipothèques* confirman ese juicio. Pero es, sobre todo, en el tomo primero, en el cual se encuentra la Introducción al *Cours* y en el libro: *Le Droit individuel et l'Etat,* su coronamiento, donde Ch. Beudant aparece como el precursor inmediato de la Escuela científica. A mayor abundamiento, la opinión sostenida por el eminente autor, de que las leyes pueden ser abrogadas por el desuso *(Introducción,* N.° 105) prueba que, decididamente, desde esta época, el reinado de la Escuela de la Exégesis ha terminado. El profesor Gény tiene ya el terreno preparado, para enarbolar el estandarte de una sabia Revolución, y proclamar el advenimiento de un nuevo régimen.

## *SECCIÓN SEGUNDA*
## *ALGUNOS RASGOS DISTINTIVOS DE LA PERSONALIDAD Y OBRAS DE LOS «GRANDES COMENTADORES» DEL CÓDIGO NAPOLEÓN*

23.— En el número cuatro se indicó ya el contenido de esta sección; por tanto, no lo repetiremos.

24.— *Clasificación de los «grandes comentadores» del Código Napoleón por uno de sus contemporáneos.*—Son tan raras las apreciaciones de conjunto sobre la obra de los «grandes comentadores», que no podemos pasar por alto la que hizo el abogado general Detourbet, en su *Etude sur les Principes de Droit civil de Laurent (Gazette des Tribunaux,* 1878), con mayor razón, cuanto que este trabajo apoya las observaciones que haremos en esta obra.

25.— El autor se expresa así: «Quizá es temerario tratar de establecer, entre los *Principes de Droit civil* y los diversos monumentos de doctrina jurídica, que precedieron a esta obra, comparaciones que debieran hacer críticos más competentes. Pero, ¿*cómo* hacer, sin esto, una apreciación completa de la obra de Laurent?. Por otra parte, ¿podrían sustraerse los lectores de este nuevo monumento de doctrina, a reflexiones que se imponen? Entre los antiguos, únicamente nos ocuparemos de los autores que trataron de explicar el Código civil en su conjunto. Dejamos a un lado a aquéllos, por notables que puedan ser sus escritos, que, como Proudhon, por ejemplo, se limitaron a estudiar una materia especial.

Comencemos por rendir homenaje a los jurisconsultos que abrieron el camino. Delvincourt parece olvidado, su nombre, raramente se pronuncia. Sin embargo, poseía grandes cualidades; enunciaba con claridad y precisión ideas siempre diáfanas y sencillas. Toullier es más conocido; pero dudamos que sea preferible a Delvincourt. Debe su reputación al acento de su estilo, que es atrayente, pulcro, y sin pedantería. Cuando publicó su *Droit civil français,* acababa de promulgarse el Código de 1804; la doctrina apenas había alzado su voz; en los Tribunales aún no se presentaban las principales dificultades de aplicación. Ahora bien, tanto para el jurisconsulto como para el historiador, el tiempo es un colaborador esencial. Ambos deben dejar transcurrir los años, si desean ser críticos imparciales. Para juzgar bien un edificio, es necesario colocarse a distancia.

Marcadé se apropió la enseñanza de Bugnet y Valette. Al seguir sus cursos reunió preciosos materiales que dieron gran atractivo a su *Explication du Code Napoléon.* Aun actualmente se consulta este comentario con provecho, con la seguridad de encontrar en él, respecto de cada uno de los artículos del Código Civil, todos los argumentos que se puedan invocar con éxito en uno o en otro sentido. Marcadé empero se deja llevar por su predilección: la argumentación; frecuentemente sacrificó la teoría y los principios a esta predilección. Podemos lamentarnos de que, en cierta forma, haya desacreditado al Código civil que explica, pues sus críticas, mejor dicho, sus cóleras, son violentas y amargas: «*Procul omnis esto clamor et ira!*».

«Por lo general se considera que Troplong es superior a Toulher y a Marcadé. No puede acusarse a Troplong de haber desconocido la filosofía del Derecho en su *Cours du Code Napoléon.* Nadie se ha inspirado en ella con más acierto que él. Nadie ha hablado mejor al corazón y al espíritu del lector. El primer Presidente de la Corte de Casación, unía en sumo grado a la imaginación y amplitud, un espíritu crítico. Pero usó en exceso las bellas cualidades con que lo dotó la naturaleza, y uno de sus contemporáneos pudo calificarlo de «romántico». Sus prefacios serían una obra maestra, si con menos frecuencia sustituyeran el texto mismo de la ley, por lo que llama «espíritu de la ley». De esto resulta confusión, ahí donde deberían reinar la claridad y precisión.

Las *Répétitions écrites* de Mourlon se recomiendan por más de un motivo, pero únicamente constituyen un compendio de la doctrina, para la preparación de los exámenes. Como obra elemental, las *Répétitions,* merecen un lugar especial. Sin embargo, puede reprocharse a los tres volúmenes de Mourlon, que reproduzcan demasiadas controversias, pues se trata de un manual destinado a los jóvenes estudiantes, y por tanto, incompletos, para considerarlos como un *Tratado,* digno de este nombre.

Desearíamos detenernos aquí y no mencionar a los autores vivos. Pero, ¿es posible omitir a los sabios anotadores de Zachariae y al simpático decano de la Facultad de Derecho de Caen?. La Providencia nos ha conservado a Aubry, para que concluyera una fraternal colaboración aún más conmovedora, desde que se nos despojó de la Provincia a la cual pertenecían tanto él como Rau; Aubry en este momento concluye el tomo VIII de su *Cours de droit civil.* Con este terminará el trabajo iniciado por los dos eminentes profesores de la Escuela de Derecho de Estrasburgo, y amorosamente continuado por el superviviente. ¿Qué podemos añadir aquí que no sepan y repitan todos?. Unánimemente se reconoce que Aubry y Rau buscan con gran sutileza, principalmente en sus últimos volúmenes, armonizar la jurisprudencia con la doctrina; que a veces no se deciden a optar por la letra de la ley contra su interpretación abusiva; que el resumen lacónico y la condensación de las reglas generales (diríamos, los teoremas) que plantean, los conduce a una excesiva concisión. Pero, unánimemente se les otorga, como tributo, los elogios a que son acreedores, y se proclama que el *Cours de Droit civil,* es, indiscutiblemente, uno de los libros que más ha contribuido a elevar el nivel de la ciencia jurídica en este siglo.

Por su parte, Demolombe prosigue, sin descanso, sus laboriosas investigaciones y nos da cada año un testimonio nuevo de la vivacidad de su bella inteligencia, que la edad no ha podido debilitar. El tomo XXI del *Droit civil expliqué,* que concluye la materia de las obligaciones, está por publicarse. Nadie desea con más pasión, como el que escribe estas líneas, ver terminado el magnífico edificio levantado por Demolombe; ni nadie profesa una admiración tan sincera como la mía, por aquél a quien se ha llamado el Pothier moderno. Es indudable que algunas veces se ha reprochado a Demolombe que más que elucidar una cuestión, la resume; que se aferra a su propia opinión, la cual tendría más valor si se apoyara en la de los demás autores; que frecuentemente apela, en última instancia, a la jurisprudencia; y que con el fin de extender su argumentación, no siempre tiene muy en cuenta la redacción del texto, objeto de su examen. Pero, ¿cómo olvidar el encanto de su discusión y los recursos infinitos de su talento? ¡Qué fuego, qué ardor, cuánta vivacidad desarrolla! Nadie ha dado más brillantes explicaciones y más encanto a la ciencia jurídica. Tanto en sus escritos como en sus cursos, Demolombe es, ante todo, un abogado y un orador notable. Lucha, arrebata, toma a su adversario cuerpo a cuerpo, y solamente concluye después de haber adquirido la certidumbre de que ha convencido. Es, en el análisis, lo que Aubry y Rau en la síntesis.

El *Droit civil expliqué y el Cours de Droit civil* se complementan mutuamente. Pero, ¿será posible afirmar que el campo de la ciencia jurídica se ha agotado con tales trabajos? Si tal hiciéramos olvidamos que este dominio no tiene límites y que es tan fecundo, que siempre ofrece abundante cosecha a los trabajadores que a su *vez* lo cultiven. La obra de Laurent proporciona la mejor prueba de ello. Los *Principes de Droit civil* han adquirido carta de ciudadanía entre nosotros. En todas las bibliotecas serias ocupa un lugar, junto a las grandes obras jurídicas, y son el complemento indispensable de estas.

Las preferencias que sentimos por los juristas se deben, por regla general, a las tendencias de nuestro espíritu. Las cualidades que complacen a algunos no satisfacen a los demás. Se lee a Marcadé cuando se ama la controversia; a Demolombe, cuando después de haber adquirido una opinión, se busca un modelo de alegato o los límites de este; a Aubry y Rau, cuando se busca la solución definitiva de una dificultad, que puede resolverse de acuerdo con dos razones igualmente poderosas o con dos consideraciones de valor equivalente.

También Laurent enseña una Lógica irreprochable sin llegar a denigrar la Ley. Si recurre a las consideraciones filosóficas, históricas o económicas, que son como la lumbrera de las reglas generales del Derecho, no pierde de vista un solo instante los axiomas fundamentales. Discute con calma, evitando la extensión. En fin, cuando propone soluciones, siempre conformes a las premisas, y frecuentemente inatacables, sabe evitar el laconismo, cuando este es nocivo a la expresión del pensamiento y claridad del razonamiento.

Marcadé fue el dialéctico de la ciencia jurídica; Troplong, el filósofo, historiador y poeta; Demolombe, el orador; Aubry y Rau, podrían llamarse los matemáticos. Si no colocamos a Laurent a la cabeza de esta pléyade de jurisconsultos franceses, que constituyen nuestras glorias nacionales, a los cuales reivindicamos con patriótico orgullo, y pudiendo considerar a la personalidad de Demolombe como la más notable e ilustre, por lo menos, estamos seguros que, desde un principio conquistó un lugar eminente al lado de sus célebres rivales. Como escritor, como pensador y como sabio se situó a la altura de ellos. Añadiendo sus esfuerzos a los de sus antecesores, evitó sus defectos y desarrolló, reuniendo en su persona, sus múltiples cualidades. Su libro, notable entre los mejores, vivirá tanto como el Código Civil, del cual es el más luminoso, completo y fiel comentario.

## I

## *EL PRIMER «GRAN COMENTADOR» DEL CÓDIGO NAPOLEÓN: A. DURANTON*

26.— Alejandro Duranton, profesor de la Facultad de Derecho de París, merece el título de primer gran comentador del Código Napoleón. En tanto que Toullier no publicaba su decimocuarto volumen sino hasta 1831 deteniéndose así en el *Contrat de mariage,* que Proudhon de 1819 a 1830 solo dio a luz su *Traité des droits d'usufruit, d'usage, d'habitation et de superfice,* iniciado en 1833 la publicación de su *Traité du domaine public,* Duranton eleva al Código civil, por sí solo y en pocos años, uno de los más bellos monumentos que se le han edificado. En otras palabras, construía un edificio sobre el cual se apoyaron, después, todos los demás comentadores; los comentadores posteriores adornaron el edificio; reconstruyeron algunas partes, quizás cambiaron su fachada y aspecto general, pero respetaron sus cimientos y armazón. El *Cours de droit français suivant le Code Civil* de Duranton principió a publicarse en 1825. En 1837 se daba al público el vigésimo primero y último volumen, y tres ediciones se habían publicado de los dieciocho primeros. Bastó una docena de años al autor, para escribir por sí solo casi quince mil páginas, todas ellas inspiradas en el sentido jurídico más firme. Si Athanase Jourdan fue el jefe e inspirador de la Escuela Científica, por medio de la Escuela de La Thémis, y si dirigió la corriente que esta representaba en su época, Duranton es el más ilustre de los comentadores de la primera fase de la Escuela de la Exégesis y simboliza su espíritu y tendencias.

Sin embargo, no creemos anticiparnos al afirmar que si tal es la verdad histórica, la opinión actual es diferente. En efecto, si durante el siglo XIX los nombres de Toullier y de Proudhon fueron alternativa y periódicamente elevados y ensalzados, con excesiva generosidad, el de Duranton cayó progresivamente en el olvido. Hay algo más, sus dos grandes cualidades: la concisión y la claridad, se consideraron como «aridez». La modestia de Duranton de nada le sirvió; acéptese o no, Duranton encarna la modestia, como se puede juzgar desde el principio hasta el fin de su obra. Ninguna declaración pretenciosa al principio de su primer volumen, inmediatamente acomete la empresa exponiendo las nociones generales del Derecho, y cuando ha llegado al fin de su vigésimo primero volumen, su único pensamiento es hacer un examen de sí mismo, para preguntarse si ha conducido bien la obra que quiere terminar. Simplemente protesta de la sinceridad de su esfuerzo, dejando que el lector sea juez de los resultados.

Su conclusión es de una dignidad tan notable, como su sencillez. Heme aquí —dice— llegando por fin al término de la tarea que me impuse. Tuve que recorrer un gran camino; ¿Lo he hecho convenientemente?. A los jurisconsultos esclarecidos e imparciales pertenece juzgar. Todo lo que puedo decir es que nada he descuidado para merecer su aprobación: desvelos, penas, investigaciones, nada me ha importado; pero, y me complazco diciéndolo, constantemente he sido animado por la acogida que se ha dado a mis trabajos, a medida que se publicaban. Comencé la publicación de este Tratado teniendo ya una edad madura, y más dichoso que mi sabio colega Toullier, he tenido la suerte de verlo concluido. Trabajé solo, a fin de darle un carácter de conjunto y de homogeneidad que no siempre se encuentran en obras de tan gran extensión. Seguramente se me han escapado algunos errores, pues tal es la suerte de todos los autores; podrá encontrarse también más de una opinión audaz, por su novedad, más de un sistema opuesto a los adoptados hasta hoy; pero, si me he equivocado, la convicción que tenía y que aún tengo de que tal es el espíritu del Código me proporciona una excusa suficiente. Por otra parte, en esta forma provocaba un nuevo examen, dando así un servicio a la ciencia, y si no puedo decir: *Exegi monumentum...* por lo menos, siento que no trabajé sin utilidad».

Al igual que de su modestia, de su vida, Duranton no obtuvo ningún beneficio. Se consumió por completo consagrado a dos tareas: su enseñanza en la Facultad de Derecho de París y la composición de su obra. Cuando murió Duranton, en 1866, había desaparecido realmente desde hacía tiempo, de la escena de este mundo en el cual había molestado tan poco a sus contemporáneos. ¡Qué contraste con Proudhon, o con Toullier! La muerte de estos fue un acontecimiento. Es que su vida había sido agitada: las circunstancias los habían hecho salir del recinto de la Escuela, mezclándolos en la historia política de su siglo. Sobre todo, habían tenido la suprema dicha de ser perseguidos, y nada vale tanto como el título de mártir para conquistar la inmortalidad. Duranton mismo se conformó viviendo en la sombra, como sabio, e irse silenciosamente, también, como sabio, después de haber llenado su tarea[11].

[11] Sobre A. Duranton, J. Bonnecase, *La Thémis, p.* 115 y s., Jules Favre, *Discours sur la tombe de Duranton le* 21 *août* 1866.

## II

## *LA «OBRA MAESTRA» DE LA ESCUELA DE LA EXÉGESIS: EL «COURS DE DROIT CIVIL FRANÇAIS» DE AUBRY Y RAU. PERSONALIDAD DE LOS DOS AUTORES*[12]

27.— Los nombres de Aubry y de Rau aparecen indisolublemente unidos; en efecto, lo están, por su inmortal *Cours de Droit civil français,* si es permitido hablar de inmortalidad respecto de las obras humanas. Sería empero un error afirmar que no deban distinguirse estos dos maestros. No es idéntico su papel general. Rau fue tan buen abogado como buen profesor; Aubry, por el contrario, limitó sus actividades a la enseñanza y parsonificó, durante veinte años, con su carácter de decano, a la Facultad de Derecho de Estrasburgo. Puede ser que su colaboración en el Cours *de Droit civil française* haya sido de diferente naturaleza y que esta obra sea el resultado de una fusión de conocimientos y de cualidades opuestas, más que la consecuencia de la reunión de aptitudes y condiciones análogas. De esta suerte abordamos un punto extremadamente delicado en la Historia de la ciencia jurídica en el siglo XIX; nos esforzaremos por resolverlo imparcialmente, fundándonos en documentos y testimonios que por sí mismos nos parecen indiscutiblemente verídicos. No nos detendremos en el examen de esta cuestión, pues como dijimos en la nota anterior, el gran silencio que rodeó a los nombres de Aubry y de Rau durante su vida, se acentuó después de su muerte, cuando los nombres de Toullier, Proudhon, Troplong, Demolombe, eran exaltados en exceso por sus contemporáneos y biógrafos complacientes; por la razón anterior es necesario que restituyamos a los dos maestros de Estrasburgo al lugar de honor que les corresponde en el seno de la Escuela de la Exégesis. Daremos algunas breves explicaciones sobre: 1.° *la personalidad de Aubry y de Rau;* 2.° *la parte que a cada uno de los dos autores corresponde en la elaboración del «Cours de Droit civil français»;* 3.° *la originalidad de esta obra;* 4.° *el lugar que le corresponde en la Historia del Derecho civil francés, en el siglo XIX.*

28.— *Personalidad de los profesores Aubry y Rau.* —Federico-Carlos Rau nació el 3 de agosto de 1803 en Boux Willer, patria de Koch. Recibió la licenciatura

[12] Extractamos las explicaciones sobre Aubry y Rau de nuestro libro: *La Faculté de Droit de Strasbourg* (4e. jour complémentaire An XII-10 mai 1871). Ses maîtres et ses doctrines: sa contribution a la science juridique française du XIX siècle. Toulouse, 1916. En ese libro se encontrarán las referencias necesarias. En este lugar nos limitamos a mencionar las siguientes noticias sobre Rau: Michaux-Bellaire, *Revue générale du Droit,* 1877. J. Flach, *Nouvelle Revue historique de droit français et étranger,* 1877; Le Courtois, *La France judiciaire,* 1788; sobre Aubry: Le Courtois, *La France judiciaire,* 1883. —Añádase sobre los dos autores: Charmont et Chausse, *Livre du Centenaire du Code civil,* tome I. (*Les interprètes du Code civil*): Gaudemet, discurso pronunciado en la inauguración del monumento a Aubry y Rau en la Facultad de Derecho de Strasbourgo (*Revue trimestrielle de droit civil,* 1923).

de Derecho en 1823 y el doctorado en 1825; ese mismo año se inscribió en el Colegio de Abogados de Estrasburgo. El 3 de marzo de 1833 fue nombrado profesor suplente provisional de la Facultad, más tarde, profesor suplente titular, el 24 de junio de 1834, como resultado de un concurso; en fin, el 14 de julio de 1841 conquistó la cátedra de Código Civil de Kern, también en un concurso efectuado en París, que permaneció célebre por la impresión que produjeron en los concurrentes y jurados, las cualidades de exposición y la ciencia de Rau. En adelante, su carrera estaba orientada definitivamente; se dividió entre la Barra, la Facultad y el Tribunal de Estrasburgo, pues Rau fue nombrado Juez suplente del Tribunal en 1832 y a la sazón Aubry desempeñaba las mismas funciones. «Abogado y profesor durante la mayor parte de su carrera, —escribe su antiguo colega en Estrasburgo, el decano Le Courtois, —sabía coordinar la práctica con el culto por la teoría, pasando, casi sin fatiga, gracias a su robusta constitución, del examen minucioso de los más voluminosos expedientes, a la lectura de los tratados más abstractos de allende el Rhin». Por otra parte, el profesor Rau tenía cuidado de no olvidar, en los tribunales, la concepción del Derecho, tal como predominó en la Escuela, es decir, la concepción científica. «Después de haberlo oído en el Palacio de Justicia, —dice el mismo biógrafo—, se comprende el craso error de aquellos que pretenden reducir el proceso a un simple control de la exactitud de los hechos alegados y a una apreciación en equidad, reduciendo así la ley al nivel de un consejo, reemplazando al magistrado por un jurado y entregando los contratos más prudentemente celebrados, a los azares de las impresiones de la audiencia. Una legislación como la nuestra, fruto de una experiencia y una práctica de más de veinte siglos; impregnada de nuestra civilización y costumbres, es para el juez, que ha podido compenetrarse de ella, una base y un guía que nada reemplaza. Así lo comprendían hondamente los oyentes de Rau al oír aquellos firmes alegatos, en los que se complacía demostrando el procedimiento seguido por el legislador, al consagrar la teoría que se trataba de aplicar a la causa.

El «hecho» y el «derecho» ocupaban, pues, un lugar igual en los alegatos del abogado Rau. A la inversa, los recuerdos de la audiencia iban en socorro del profesor; los hechos ilustraban venturosamente las teorías jurídicas abstractas, que constituyen, necesariamente, el fondo principal de las lecciones de los maestros en las Facultades de Derecho. Uno de los más brillante alumnos de Rau, Michaux-Bellaire, presenta un testimonio sobre la anterior afirmación: «Rau desarrolló en su cátedra, las cualidades que adquirió como abogado. Su enseñanza era, a la vez, teórica y práctica. Cada vez que examinaba una cuestión de derecho, mostraba inmediatamente su aplicación. El alumno podía, pues, comprender desde luego, el alcance de la demostración jurídica; entendía que el texto legislativo no era una pura abstracción, una simple especulación teórica: vela el texto animarse en la realidad. De esta manera, mediante una feliz y recíproca influencia, la enseñanza de Rau cobraba vida por las nociones prácticas que sabía introducir en ella, en tanto que sus alegatos ganaban valor por el elemento científico que siempre encontraba en ellos lugar».

Como tantos otros de sus antecesores, el profesor Rau participaba activamente, en medio de sus múltiples ocupaciones, en la vida administrativa del culto protestante en Estrasburgo. Pertenecía al Directorio del Consistorio general de la Confesión de Augsburgo. El 7 de noviembre de 1850 fue nombrado miembro laico del Directorio y, más tarde, fue comisario del Gobierno, conforme a la ley del 18 germinal año X, y al decreto de 26 de marzo de 1852. Añadamos, por último, que Rau, acumulando todos los honores científicos y profesionales, fue en varias ocasiones miembro del jurado de los concursos para la obtención de cátedras y bastonero de la Orden de los abogados de Estrasburgo».

Rau era aún profesor de la Facultad de Estrasburgo, cuando estalló la guerra en 1870. Es interesante notar que su nombramiento como consejero en la Corte de Casación coincidió con la declaración de guerra. La nueva de su nombramiento fue conocida en Estrasburgo en circunstancias tan trágicas, que faltaríamos a nuestro deber de historiadores, si no reprodujésemos el relato de un testigo autorizado, J. Flach, profesor del Colegio de Francia y miembro del Instituto, quien a raíz de la muerte de Rau, acaecida el 10 de abril de 1877, escribió: «Rau fue nombrado consejero de la Corte de Casación el 4 de agosto de 1870. Nunca nombramiento alguno llegó al conocimiento del público en circunstancias más extraordinarias y a este respecto se nos permitirá hacer un recuerdo personal. Acababa de declararse la guerra; Estrasburgo estaba en espera febril de los acontecimientos que iban a desarrollarse; era la víspera de la batalla de Reichshoffen. Todos los despachos que llegaban eran inmediatamente impresos, vendidos y anunciados en la Ciudad. El despacho que anunció el nombramiento de Rau tuvo la misma suerte: se extendió en millares de ejemplares y para muchos, más que una nueva pacífica, fue una decepción pues venía a usurpar el lugar de los hechos de guerra, que con ansia se querían conocer».

29.— Con anterioridad se había propuesto a Aubry un lugar en la Suprema Corte. Fue en la época en que el Gobierno acostumbraba reservar un lugar en dicha Corte a los maestros más eminentes de las Facultades de Derecho, que se aproximaban al fin de su carrera. Pero, al igual que Demolombe, Aubry se negó a abandonar su cátedra. La carrera del decano Aubry se caracteriza por haber sido exclusivamente universitaria; en Estrasburgo se consagró a la enseñanza y dirección de la Facultad. Es verdad que Aubry fue juez suplente en el tribunal civil de Estrasburgo; pero sus funciones no ocuparon un lugar importante en su vida. Sin embargo, debemos advertir que el decano Aubry pensó en la carrera judicial antes de decidirse por la de enseñanza. Carlos Aubry nació en Saverne, el 20 de junio de 1803; después de haber recibido la licenciatura de Derecho en la Facultad de Estrasburgo, el 31 de agosto de 1822, y el doctorado, el 24 de abril de 1824, y antes de cumplir 29 años, se inscribió como pasante de derecho, en el Colegio de Abogados de París, pero su estancia en la capital íué de corta duración; pronto regresó a Estrasburgo, teniendo como finalidad una cátedra en la Facultad de Derecho; raras veces se le veía en el Tribunal de Estrasburgo, y el 2 de abril de 1830 obtuvo, en un concurso, la designación de profesor suplente en la Facultad de Derecho; en un segundo concurso, el cargo de titular de la cátedra de Código civil, el 31 de enero de 1833, en sustitución de Thieriet de Luyton. El 21 de noviembre de 1851, se le confirió el cargo de decano, habiendo sido el último y el más ilustre de los decanos de la Facultad de Estrasburgo.

Desde entonces su personalidad no dejó de crecer. Paralelamente a su renombre de jurisconsulto, —que las ediciones sucesivas del *«Cours de droit civil français»* extendían a lo lejos, junto con el de Rau, —su autoridad moral iba afirmándose sin cesar. Las funciones de un decano únicamente son de carácter administrativo, pero el profesor que desempeñe tal cargo puede, fácilmente, por la dignidad de su vida; por su sabiduría y consagración sin límites a la prosperidad de la Facultad; así como *por* el olvido de sí mismo en todas las circunstancias, y por la consideración de que *goce* ante sus colegas y estudiantes, como en el medio social que rodea a la facultad, puede, repetimos, dar a su cargo un resplandor sin igual y cubrir a su persona de una atmósfera de grandeza moral, cuyo recuerdo impresionante se prolonga indefinidamente después de la desaparición del hombre. Tal nos parece el decano Aubry. Todas las personas que conocieron a este ilustre representante de la Escuela de Estrasburgo han rendido un merecido homenaje a su nombre, como Dubois, en su noticia sobre Humburger, y Lecourtois, quien dijo así: «Podemos advertir la elevada forma de como Aubry comprendía el Derecho, hasta el grado de constituir el culto de toda su vida. Pero no solamente fue un gran jurisconsulto, un profesor y un magistrado eminente; sino también un hombre de corazón y de bien. Los numerosos alumnos que formó durante cuarenta años de enseñanza, así como aquellos que tuvieron el honor de ser sus colegas en nuestra querida Facultad de Estrasburgo, guardaron siempre de él un grato recuerdo. Era imposible no ser cautivado desde el principio, por esa mirada llena de franqueza y benevolencia; y, de la misma manera, conquistaba su palabra animada, leal y siempre reconfortante».

Por otra parte, Aubry mismo se encargó de escribir su propia historia, gracias a los informes que año con año, durante veinte, leyó en las sesiones de apertura de la Facultad de Estrasburgo. No es difícil descubrir en los relatos de la vida cotidiana de la Facultad, los conceptos que tenía sobre todas las materias. Todo lo concerniente a la Facultad le interesaba; en dichos informes nunca omitió referirse a la conducta de los estudiantes, y a su deferencia para con sus profesores; por los resultados de los exámenes, medía las altas y bajas que se habían producido en cada año escolar; saludaba con cortesía sin igual, a los nuevos profesores que llegaban a Estrasburgo; sabía descubrir fórmulas variadas y siempre felices, para relatar la vida que, con uniformidad aparente, se desarrollaba en los anfiteatros de la Facultad[13]. Pero todo esto nada significa, ante el cúmulo de ciencia y de conceptos elevados, contenidos en sus discursos. Confiado en el porvenir de su patria, todavía en 1869, en su discurso de apertura abogaba por una reorganización, bien comprendida, de la enseñanza de las ciencias políticas y administrativas en la Facultad de Estrasburgo. Esas fueron las últimas palabras oficiales que pronunció; desgraciadamente los acontecimientos impidieron que las Facultades se reunieran en 1870, para rendir informes sobre sus trabajos durante el año transcurrido. La carrera universitaria de Aubry terminó repentinamente; es indudable que hubiera podido prolongarse, pues en la sesión de apertura de las Facultades de Nancy, en 1872, el decano Jalabert declaró que la Facultad de Derecho de Nancy se hubiera enorgullecido de tener como Director a un jurista tan ilustre como Aubry. Esta declaración honra a su autor en gran manera; pero el decano de Estrasburgo prefirió reunirse con su colega Rau, en la Corte de Casación. Como miembro de la Cámara civil, desempeñó activamente sus labores; sobrevivió a Rau; concluyó la cuarta edición del «*Cours de droit civil français*», y principió a preparar la quinta. Se separó de la Corte de Casación en 1872, y murió en París el 12 de marzo de 1883.

30. — *Contribución de Aubry y Rau en la elaboración de su obra.* — Muy compleja es la cuestión de determinar cuál es la parte que corresponde a cada uno

13 Citemos, a título de ejemplo, su informe de 1854: «Llamado a daros cuenta de los trabajos de la Facultad de Derecho y de los resultados de los mismos, experimento cierta dificultad para llenar la primera parte de mi tarea. En efecto, nuestros trabajos han sido, durante el último año escolar, los que fueron el pasado y los que serán el próximo. La facultad de Derecho no goza, como su hermana, la Facultad de Letras, de la preciosa ventaja de poder anualmente variar el tema de sus lecciones. Por la naturaleza misma de su institución, debe, cada año, exponer de una manera completa las diferentes partes de su enseñanza oficial. Introducción al estudio del Derecho, Derecho romano, el Código de Napoléon, el Procedimiento civil, legislaçion criminal, Derecho mercantil, Derecho administrativo y Derecho de gentes, tales fueron en 1854 y tales en 1853 las materias enseñadas en nuestros cursos. No debéis creer sin embargo, señores, que esta uniformidad de enseñanza degenere en estériles y fastidiosas repeticiones. Sin hablar de los numerosos cambios que se operan incesantemente en la legislación, como la abolición de la muerte civil, que nos da un ejemplo notable y reciente, cada día las teorías se desarrollan, los métodos se perfeccionan, la ciencia gana en extensión y en profundidad; constantemente la jurisprudencia se define sobre diversas cuestiones y se divide sobre otras, en fin, gracias a la facilidad y a la rapidez de las comunicaciones, gracias al movimiento ascendente de la civilización, continuamente se relacionan los pueblos entre si, se suprimen las barreras que los separan, se hacen más estrechos los lazos que los unen y colocan sus relaciones internacionales, sea públicas o privadas, bajo la protección de un Derecho de gentes vivificado por los divinos preceptos de la moral cristiana. No obstante que son menos sensibles a los ojos del vulgo, que los asombrosos descubrimientos de que se glorian, con un legitimo orgullo, las ciencias físicas y naturales, las conquistas más modestas de las ciencias políticas y morales son constantes; y no temo añadir que la Facultad de Derecho de Strasbourgo ha sabido elevar y mantener su enseñanza a la altura de los progresos que no cesa de hacer esa bella ciencia de la vida social, que forma su dominio». A propósito de la doctrina de la Escuela de la Exégesis, nos referiremos al célebre informe de 1857, en el cual consignó esta doctrina bajo la forma de una verdadera profesión de fe, en el sentido más elevado del término.

de los dos autores en la confección de su *Cours de Droit civil français*. Sin embargo, no se trata de un problema insoluble. Es indudable que los biógrafos contemporáneos de los maestros de Estrasburgo, aun no fijan su criterio, sobre este punto, de una manera firme; proporcionan empero indicaciones precisas que nos conducen a la solución, autorizándonos para levantar el velo que voluntariamente Aubry y Rau dejaron caer sobre su colaboración, que duró casi medio siglo.

Independientemente de todo testimonio, dos hechos nos llaman la atención en là obra de los profesores de Strasburgo. Esta demuestra, en primer lugar, un esfuerzo de construcción jurídica admirable, que participa a la vez de la filosofía y de las matemáticas, de la filosofía por las nociones que los autores dedujeron de los textos del Código civil, del pensamiento de sus redactores, del pasado de nuestra legislación y de los principios del razonamiento, aplicados tanto al objeto del Derecho, como a su razón de ser; de las matemáticas, por las deducciones que Aubry y Rau extrajeron de los principios planteados, y por el encadenamiento rigoroso que preside a cada serie de razonamientos, desde la deducción más general, obtenida directamente de la *noción* aceptada como punto de partida hasta la deducción más lejana y particular.

Ahora bien, no constituye una audacia atribuir la parte más importante de esta obra a Aubry. Su preparación justifica esta afirmación. «Después de los sólidos estudios que hizo en el Colegio de Phalsbourg, escribe Le Courtois, el joven Aubry estudió en Estrasburgo filosofía y matemáticas. Ocupando el primer lugar entre sus nuevos condiscípulos, tanto en las ciencias como en las letras, su vocación lo dirigió a la Escuela politécnica, pero cediendo al deseo de sus padres, tomó los cursos de la Facultad de Derecho, de la cual debería ser el último y más notable decano». Aubry emprendió, pues, el estudio del Derecho con una formación filosófica y matemática; dado que la ciencia del Derecho adquiere una fisonomía natural, según el cerebro de cada uno, es indudable que Aubry estaba predestinado para edificar al Derecho civil, el monumento más grande del siglo XIX, basado en los textos del Código; en efecto, su preparación filosófica le permitió deducir los principios; su práctica de las ciencias exactas lo facultó para plantear y resolver, fundado en los primeros principios, es decir, en axiomas una serie de problemas o de teoremas. «Lo que constituye el mérito particular de la obra, —dice Flach—, lo que le asegura una autoridad cada vez mayor, es la solidez de su doctrina, la sobriedad de exposición, la deducción inflexible de todas las consecuencias jurídicas de un principio poseído. La explicación y discusión de las cuestiones controvertidas son relegadas a un lugar secundario. Todas las soluciones están contenidas en germen, en un conjunto de principios formulados con rigor matemático y, tan íntimamente soldados entre sí, que forman un verdadero edificio jurídico, cuyos detalles, sin duda pueden criticarse, pero cuya sólida construcción es imposible desconocer». De la misma manera, en forma de una ligera crítica, el abogado general Detourbet escribía, a propósito de la cuarta edición publicada por Aubry en 1878: «El resumen lacónico y la condensación de las reglas generales (diríamos, de los teoremas) que plantean, los hace ser sumamente concisos». *(Revue pratique de Droit français,* 1878).

Pero allí se encuentra el segundo carácter que permite conocer la parte de cada uno en la colaboración de Aubry y Rau; esta concisión no impidió a los autores prever, en cierta forma, todas las cuestiones de interés práctico susceptibles de presentarse: «Se ha dicho que casi no hay dificultad que no solucionen, o para la cual no proporcionen, por lo menos, algunas explicaciones útiles. Las cuestiones son tratadas en pocas líneas, pero en forma total; los argumentos son condensados en pocas palabras, citándose a todas las autoridades en un sentido o en otro. Es asombrosa la precisión con la cual resuelven las más grandes controversias en una nota que ocupa media página, no obstante que la discusión está completa, y en casi todos los casos, la opinión emitida es irreprochable». (Arnault, *Mélanges,* 1878).

Aquí aparece el papel de Rau. Nunca un *Tratado de Derecho civil* hubiera revestido un *carácter práctico* y científico a la *vez,* como el *«Cours de Droit civil français»* de Aubry y Rau, si uno de sus dos autores no hubiese estado en contacto íntimo con las luchas de la audiencia y con las dificultades de aplicación de la ley a esas situaciones tan complejas y, a veces, absolutamente imprevistas, que revela la vida del Palacio de Justicia. El jurista, por eminente que sea, no puede representarse por sí solo, en la soledad de su gabinete, todas las hipótesis susceptibles de presentarse al práctico. Aubry muchas veces, en sus discursos de apertura, declaró que la tarea de los civilistas comprende esencialmente el examen y análisis de la jurisprudencia, y en los mismos discursos aseguró que los profesores del Código Civil, de Estrasburgo, cumplían cuidadosamente esta obligación.

Pe ro, a fin de atribuir a cada uno lo que le corresponde, repetimos, que esta obra no hubiera alcanzado el valor práctico que tiene, si Rau, al entrar en el estudio de Aubry, donde realizaban sus conferencias diarias (Arnault, *Mélanges,* 1878) no hubiera estado aun bajo la impresión de las discusiones de la audiencia del día, de la que acababa de ser testigo o actor. Insistiendo sobre este punto, Flach declara: «No sé si a este respecto la influencia de Rau haya sido preponderante. Dedicó su vida a la práctica en los tribunales y a la enseñanza teórica, y quizás se estableció así entre el Palacio de Justicia y la Escuela, una corriente incesante, de la que se aprovechó el *«Cours de Droit civil».* A su vez Le Courtois añade: «En esta colaboración intelectual cada uno aportó cualidades especiales. Hombre de negocios consumado, abogado muy ocupado a pesar de que en Estrasburgo no había Corte de apelación, Rau poseía, a más de sus abundantes conocimientos científicos, una notable experiencia de los hombres y de las cosas, un golpe de vista de gran exactitud; de inexorable buen sentido, con un espíritu brillante y perspicaz, perfectamente preparado por el estudio de las ciencias exactas y dotado, además, de una maravillosa memoria y de gran potencia dialéctica, Aubry, que casi siempre se había mantenido alejado de las luchas del Palacio de Justicia, era, ante todo, jurista y lógico. Si a toda costa se quisiera, no sin alguna exageración, oponer estas dos inteligencias, estos dos eminentes juristas uno a otro, se diría que uno representa la práctica en lo que tiene de más elevado, y el otro, la teoría, en su rigor y precisión».

¿No está así resuelto, según estos testimonios, y hasta donde es posible, el problema de la colaboración de Rau y Aubry? Sin embargo, a fin de terminar con esta cuestión, debemos añadir que otro testimonio, que corrobora los anteriores, índica que Aubry se dedicaba especialmente al examen de los trabajos de doctrina, con objeto de redactar las notas que, como sabemos, constituyen uno de los más grandes méritos de la obra. (Wilm. *Grande Encyclopédie,* V. Aubry). Este examen fue hecho con tal cuidado, se clasifican los autores citados con tanta perfección, en grupos y subgrupos, en atención a los menores detalles, que esto solo pudo haberse hecho en virtud de un trabajo de gabinete. La unión de Aubry y Rau fue tan íntima, que nunca será sobrepasada, lo que hace que el pensamiento de los juristas los envuelva siempre en un solo recuerdo y en reconocida admiración. Le Courtois pronunció el juicio de la historia, al fin de su noticia sobre Aubry: «Los nombres inseparables de Aubry y Rau —dice—, dan a la Escuela de Derecho de Estrasburgo, en los últimos años, un resplandor del que debe enorgullecerse todo jurisconsulto francés».

31.– *Originalidad del «Cours de Droit civil français» de Aubry y Rau en relación con el Manual alemán de Derecho civil francés de Zachariae.* —En este momento abordamos un terreno que ha sido singularmente disputado. Por otra parte, es necesario llegar a conclusiones precisas, tanto por el buen renombre de la ciencia jurídica francesa, como por el honor de la Escuela de la Exégesis. Algunos críticos, contemporáneos de la aparición de la obra de Aubry *y* Rau, pretendieron ver en ella, si no la traducción, por lo menos la paráfrasis del Manual de Derecho civil francés, publicado en Alemania por Zachariae, profesor de la Universidad de Heidelberg. La persistencia de esta opinión provocó una protesta formal de los dos profesores de Estrasburgo[14]. En verdad ellos

[14] La protesta de Aubry y Rau se produjo con motivo de la nota sobre la tercera edición publicada en la *Revue critique,* por un jurista notable, Bertauld, profesor de la Facultad de Derecho de Caen y futuro procurador general en la Corte de Casación. No obstante que rindió justo homenaje a la obra de los profesores de Strasbourgo, Bertauld la calificó como una traducción. (*Revue crtique,* 1865, t. I. pp. 5 56-557). Nada mejor para dar una idea del debate suscitado con este motivo, que reproducir el pasaje esencial de la carta de protesta, dirigida por Aubry y Rau al director de la *Revue critique* y fechada en Strasbourgo, el 31 de agosto de 1865. Los dos autores escribían: «La sexta entrega de la *Revue critique de législation et jurisprudence* contiene, sobre el *Cours de droit civil français* que hemos publicado, un artículo que amerita algunas observaciones. El honorable Bertold, autor de este artículo, considera nuestra tercera edición como una traducción anotada del *Cours* de Zachariae. No podemos admitir tal calificación, porque es completamente inexacta, y debemos pro-

mismos imprudentemente contribuyeron al nacimiento y difusión de esta opinión. En efecto, las dos primeras ediciones de la obra se publicaron con el título siguiente: «*Cours de Droit civil français traduit de l'Allemand de M. C. S. Zachariae, professeur de l'Université de Heidelberg, revue et augmenté avec l'agrement de l'auteur*». Es más, a pesar de ciertas restricciones que tienden a considerar esta traducción «como una nueva edición francesa» de la obra de Zachariae, el Prefacio de la primera edición del Curso de Aubry y Rau daba a entender claramente, que según la intención de sus autores la obra era, ante todo, una traducción. Esto es tan cierto, que el prefacio tenía como título: «Prefacio de los traductores», y sus autores declaran en él que Zachariae había revisado su manuscrito, dándoles consejos, animándolos con sus concesiones, y añadían, en forma de conclusión: «De esta manera raramente nos encontramos en contradicción con la opinión del autor, y cuando esto sucede, firmamos las notas que añadimos, pues nos hemos creído obligados a ello».

No se necesitaba más para forjar una leyenda[15], pues, de una verdadera leyenda han sido víctimas Aubry y Rau. En ningún momento su «*Cours de Droit civil français*, fue la traducción del Manual de Derecho civil francés de Zachariae. Esta afirmación es rigurosamente exacta aun por lo que hace a la

---

testar en su contra, porque estando en contradicción formal con la declaración contenida en nuestro prefacio, constituye, en cierta forma, un mentis a dicha declaración. No obstante que agradecemos sinceramente a Bertauld los elogios que nos prodiga, con pena nos vemos en la necesidad de restablecer los hechos, que involuntariamente, sin duda, no ha presentado con toda la exactitud que era de desear. Es verdad que nuestras primeras ediciones se publicaron con el título: «Traducción revisada y aumentada con el consentimiento del autor». Pero desde el segundo volumen, y a partir, sobre todo, de la materia de las obligaciones, los cambios y adiciones se hicieron de tal manera considerables, que para descartar cualquiera mala interpretación, insertamos en el cuarto volumen una nota asi concebida: «Al avanzar en este trabajo sentimos la necesidad de ampliar los horizontes de Zachariae, conservando el plan de este último, hemos completado su obra, corrigiendo el texto en la mayor parte de los párrafos, y aclarándolo con notas. Esta observación se aplica no solamente al cuarto volumen, sino a los dos precedentes, de tal manera que este *Cours de droit civil* debe considerarse más como una obra nuestra, que como una traducción». La publicación de la tercera edición nos ofreció la ocasión de restituir a nuestro trabajo, su verdadero carácter. Ya no se publicó con el titulo de traducción. Anunciamos en el prefacio que era una obra nuestra y cuya responsabilidad aceptábamos totalmente. Estábamos tanto más autorizados a hacer tal declaración, cuanto que esa tercera edición fue totalmente rehecha y considerablemente aumentada, y además porque trata buen número de teorías nuevas; y si es verdad que seguimos aún el plan de Zachariae, sin embargo, le hemos hecho numerosas e importantes modificaciones». (*Revue critique*, 1865, t. II. pp. 462-463). En apoyo de su protesta, Aubry y Rau señalan, a título de ejemplo, la manera diferente como se expusieron ciertos temas en su obra y en la de Zachariae.

15 Por lo demás, tal hecho no es único y especial a Aubry y Rau. Ni siquiera es sorprendente psicológicamente. Por lo general, las diversas ediciones de una obra dejan subsistir su primitivo carácter fundamental. Un prefacio posterior no es considerado, en un principio, como un cambio suficiente del titulo. Bertauld no dejó de notar esto, en su respuesta a Aubry y Rau. Ello no obstante, aquél debió haberse guiado por el fondo de la obra. (*Revue critique*, 1865, t. II, pp. 470-471).

primera edición[16]; y los críticos de buena fe ni siquiera discuten esto por lo que hace a la cuarta edición, en la cual debe verse el último y completo pensamiento de Aubry y Rau[17].

[16] La extensión misma de la pretendida traducción de Aubry y Rau nos proporciona la primera prueba de lo que afirmamos. El Manual de Zachariae comprendía cuatro volúmenes, y un total de 1,700 páginas en números redondos; por el contrario, la primera edición de Aubry y Rau consta de cinco volúmenes, con 3,100 páginas en total. Si agregamos que el texto de esta edición está impreso con caracteres mucho más pequeños que los de la obra de Zachariae, y que además son numerosísimas las notas en aquella obra, nos vemos obligados a aceptar que la primera edición de Aubry y Rau, por lo menos, tiene una extensión doble de la del Manual de Zachariae. Pero esta no es sino la primera consideración; no sería decisiva, si las explicaciones de los profesores de Strasbourgo se hubieran reducido a simples notas, añadidas al texto alemán, con el solo objeto de explicarlo. A lo más, nos veríamos tentados a sostener esto, por lo que hace al primer volumen; pero no es exacto por lo que hace al siguiente, y de tal manera advirtieron Aubry y Rau la situación, que al principio de su cuarto volumen insertaron el aviso que reprodujeron en su precitada protesta. Esto es lo que hizo notar muy bien Eschbach, en su nota sobre los cuatro *primeros* volúmenes; escribía: «Debemos reconocer que la obra de Zachariae estaba atrasada, en lo que respecta a los progresos de nuestra jurisprudencia y legislación; Aubry y Rau la pusieron al día y tuvieron cuidado de completar las nociones teóricas en casi todas las materias. Al principio, y para no cambiar la forma dogmática del texto, completaron la obra en forma de notas exegéticas. Pero podía acontecer, como sucedió en el *Cours de Procédure Civile* de Berriat-Saint-Prix, que varios preceptos importantes estuviesen como perdidos en esas notas, en lugar de encontrar su verdadero lugar en el texto, los traductores comprendieron esto, y a partir del segundo volumen lo evitaron, corrigiendo el texto mismo». *(Revue Wolowski,* 1839, t. II, p. 163). Por lo demás, bastaría el estilo de Aubry y Rau, para probar que desde el principio edificaron una obra del más puro carácter francés.

[17] Al fin del Prefacio a su cuarta edición, Aubry y Rau renovaron en los siguientes términos, las reivindicaciones que habían ya formulado en el Prefacio a la tercera, en favor de la originalidad de su obra. «Sin querer, por ningún motivo, desconocer lo que debemos a Zachariae, por lo que hace al plan y al método, nos está permitido reivindicar, para nuestro trabajo, el carácter de una obra personal de la cual, con muy raras excepciones, tanto del texto como las notas nos pertenece. A pesar de la declaración formal que a este respecto contenía el Prefacio a la tercera edición, aun se nos considera, frecuentemente, como simples traductores y anotadores de Zachariae. Por ello consideramos que tenemos el derecho y el deber de afirmar nuevamente nuestro título de autores, aceptando la responsabilidad que esto implica. La circunstancia de que en su forma actual, nuestro obra sea de una extensión por lo menos doble de la del libro de Zachariae, deberla bastar para conocer su verdadero carácter. Por lo demás, a fin de prevenir toda confusión y equivoco, hemos citado la opinión de este autor, sobre los puntos de doctrina y las cuestiones controvertidas de que se ocupa». Esta declaración de Aubry y Rau fue considerada como la expresión de la verdad; pero hagamos notar, antes de citar testimonios en este sentido, que los dos autores, al igual que en su primera edición, demostraban una modestia tan excesiva como imprudente. Invocaban en favor de la originalidad de su cuarta edición la circunstancia de que tenía una extensión doble a la del Manual de Zachariae. Ahora bien, debieron referirse a una extensión cuádruple. Hemos dicho que la primera edición de Aubry y Rau tenia, con sus 3,100 páginas, una extensión doble de la del Manual de Zachariae, que a lo sumo comprendía 1,700 páginas de texto. Ahora bien, la cuarta edición tiene 5,100 páginas de texto, con tipo más pequeño aun que el de la primera y con notas mucho más extensas y numerosas. Del examen minucioso que hemos hecho, y que algunos autores podrán considerar como excesivo, resalta, pues, que la cuarta

En esta situación queda un problema que desde luego debemos resolver: puesto que Aubry y Rau edificaron una obra personal y original, ¿por qué tomaron como punto de partida el Manual de Zachariae? ¿Por qué en un principio se colocaron bajo su protección? La solución es muy simple; se encuentra, por una parte, en la técnica usada hasta entonces por los autores franceses en la redacción de los tratados de Derecho civil y, por otra parte, en el deseo de Aubry y Rau de romper con esta técnica. Los comentarios al Código civil publicados hasta entonces seguían rigurosamente el orden de este Código y la tradición se había establecido en tal forma, que los dos profesores de Estrasburgo no se atrevieron a separarse de ella; buscaron un modelo que pudiese justificar esa innovación. Esto salta con evidencia, en primer lugar, de las declaraciones que hicieron los autores en el Prefacio de la primera edición y, en segundo, de las apreciaciones que acompañaron a su publicación[18].

---

edición es doble de la primera y por consiguiente cuádruple del Manual de Zachariae. Sobre el carácter personal y originario de la cuarta edición del Curso de Aubry y Rau, comparece: Arnault, informe sobre la cuarta edición del *Cours de droit civil* de Aubry y Rau (*Recueil de la législation de Toulouse,* 1877); Le Courtois, M. *le Consciller Rau (France judiciaire,* 1883); Michaux Bellaire, *Notice sur la vie et les ouvrages de* M. *le conseiller Rau (Revue générale du Droit,* 1877); Flach, *Notice nécrologique sur Rau (Nouvelle Revue historique de Droit français et étranger,* 1877); Charmont et Chausse, *Les interpretes de Code civil (Livre du Centenaire,* 1904); J. Bressolles, *Compte rendu (Revue critique,* 1879, p. 205); Debacq, *Compte rendu (Revue critique,* 1872-73 p. 501). Véase además las referencias dadas por estos autores.

18 «Al rendir homenaje, escribían Aubry y Rau, a los trabajos de los autores que, desde la publicación del Código Civil, han contribuido a los progresos de la ciencia de Derecho en Francia, creemos, sin embargo, que han dejado una laguna por llenar, una necesidad por satisfacer. Sentimos esa necesidad en los bancos de la Escuela; y más vivamente cuando, después de haberlos abandonado, quisimos dedicarnos al estudio profundo de nuestra legislación civil. Buscábamos un libro, con cuya ayuda pudiéramos sistematizar los conocimientos adquiridos; un libro que nos ofreciera un plan de estudios para los conocimientos que aun teníamos que adquirir» (Prefacio de la primera edición, página VI). Aubry y Rau creyeron encontrar este libro en el Manual de Zachariae. Los críticos elogiaron, como convenia, la innovación realizada. «Hasta entonces, decia Chaffour, la mayoría de los intérpretes del Código, caminaban por una vía uniforme, las mismas cuestiones se encontraban invariablemente en el mismo lugar y casi siempre se resolvían con los mismos argumentos. De aquí el insuperable fastidio, que debieron experimentar todos los que estudiaron, sucesivamente, las diversas obras publicadas sobre el conjunto y sobre las principales partes del Código. Solamente algunos supieron evitar este inconveniente, ya sea por el brillo y novedad de la forma, por la erudición que extendieron sobre la exégesis para fecundarla, o sea por la finura y fuerza del análisis. Al adoptar un plan que nadie antes de ellos habla aplicado al Derecho Francés, Aubry y Rau daban fin, felizmente, al fondo monótono de los libros de sus antecesores, y la ciencia debía aprovecharse del movimiento que imprimían, con esta innovación audaz, al método de exposición. En efecto, no puede dudarse que la uniformidad del método engendra, necesariamente, la uniformidad de la doctrina; al seguir la misma vía, instintivamente se dejan llevar, en cierta forma, por el mismo camino. Solamente abriendo nuevas rutas puede esperarse percibir nuevos puntos de vista». *Revue Wolowski,* 1846, t. III, pp. 372-375; Adde; Eschbach, *Revue Wolowski,* 1839, t. I, p. 344; t. II, p. 162. Pero Eschbach y Chauffour habían sido alumnos de Aubry y Rau y se habían educado en sus métodos. La innovación elogiada por ellos, fue condenada por muchos otros, con lo que se puso mejor de relieve. Esto lo demostraremos en las notas siguientes, a propósito de la obra de Massé y Vergé.

También resulta esto, con igual evidencia, de la obra de Massé y Vergé: *Le Droit civil français par K. S. Zachariae,* traducido de la quinta edición alemana, anotada y restablecida según el orden del Código de Napoleón. En su prefacio, Massé y Vergé indican claramente su resolución de corregir, en cierta forma, la obra de Aubry y Rau, dando a la vez una traducción exacta del Manual de Zachariae y adoptando en este trabajo la forma tradicional francesa, es decir, el orden de los artículos del Código civil[19]. Los comentarlos elogiosos que acogieron al trabajo de Massé y Vergé realizado sobre esta doble base[20], contribuyen a justificar los temores de Aubry y Rau, y explican su deseo de buscar un antecedente a su método, el cual fue extranjero.

Es necesario no olvidar que la moda en Francia, si puedo expresarme así, era en esa época, en materia jurídica, el Código civil. Todo lo que de cerca o lejos pudiera considerarse como relacionado con ella, era ordenado por él; tanto en la forma como en el fondo, los autores de Derecho civil debían inspirarse en el Código de Napoleón, y seguir en sus explicaciones el orden de sus artículos. Nada más significativo desde este punto de vista que la resolución del Consejo Real de Instrucción pública del 22 de septiembre de 1843, y las discusiones que surgieron con motivo de ella; decididamente el orden del Código parecía sacrosanto, hasta el grado de imponerse en la enseñanza[21]. La medida estaba colmada, y la realización de la concepción de Aubry y Rau más que nunca era necesaria.

---

19 Préface de Massé et Vergé, pp. III et XIII.

20 Paul Pont, *Revue critique,* 185 5, p. 559; Nicias Gaillard, *Revue critique,* 1857, t. I. pp. 277 et s.; Demolombe, *Revue bibliographique de droit français et étranger,* t. III. pp. 5 83-584; Gressier, *Revue de droit français et étranger,* t. III pp. 583-584.

21 Comp. Oudot, *Premiers essais sur la philosophie du droit,* 1846; Valette, *Mélanges de droit et de jurisprudence,* 2 vol. 1880; G. Bressolles. *L'enseignement du droit civil en France depuis la promulgation du Code Napoleón, Rec. Législation de Toulouse,* 1869. Sin embargo, si debe creerse a Oudot, quien luchaba por la libertad de plan en la enseñanza, no todos los profesores del Código Civil de principios del siglo XIX se plegaron al orden del Código ni lo consideraron como el plan más racional. «No creo, escribe Oudot, que haya habido una sola Facultad en la cual no hubiera defensores del sistema de la libertad de métodos. Los decanos de las Escudas y los Rectores de las Academias se destacaban en primer lugar entre ellos. En París el decano Delvincourt; en Coblentz, el decano de Lassaulx, en Grenoble, el decano Gautier; y Pal, rector de la Academia; en Caen, el rector Marc; en Dijon el decano Morelot, dieron ejemplo de una independencia que fue imitada en cada una de las Escuelas, por varios de sus colegas, principalmente por Boulage en París y los profesores de la Facultad de Caen. Los de la Escuela de Toulouse ordenan a su gusto la enseñanza. Solamente cito los hechos que conozco; sin duda hay algunos que ignoro». Por otra parte, a combatir esta tendencia hacia la libertad del plan en la enseñanza del Derecho Civil, que por lo demás, y aunque no lo quiera confesar Oudot, fue mucho menos generalizada, vino el decreto del 22 de septiembre de 1843. Este ordenó, de una manera muy limitada, el método de la enseñanza sobre el orden mismo del Código Civil. Algunas voces protestaron; entre ellas, las de Oudot y Valette.

En resumen, solamente debe declararse a los dos profesores de Estrasburgo deudores de Zachariae, por lo que hace al plan de la obra[22]. Lo anterior es tan cierto, que este aprovechó las explicaciones de Aubry y Rau en la preparación de su cuarta edición, reconociéndolo formalmente. Por otra parte, es necesario tener en consideración que el plan de Zachariae no está exento de toda crítica[23]; lo cual se demuestra con las modificaciones de detalle que Aubry y Rau hicieron, particularmente, en la cuarta edición. Por último, este plan no es original de Zachariae, pues únicamente aplicó al estudio del Código civil, el plan y métodos usados por la ciencia alemana[24]. Si además se quiere medir la originalidad de la obra de Aubry y Rau, en cuanto al fondo, es preciso relacionarla con la traducción de Massé y Vergé; vemos entonces que el Manual de Zachariae solo valía por su plan, y que, por lo menos, este es su mérito esencial. El fracaso de la tentativa de Massé y Vergé lo demuestra completamente. Además, la tarea de intérprete del profesor de Heidelberg se facilitó por la traducción alemana del Código de Napoleón que de Lassaulx publicó de 1803 a 1805, acompañándola de un comentario «preparado exclusivamente con los materiales de la discusión oficial»; mucho se ha olvidado que esta traducción era uno de los trabajos más importantes; toda la obra constaba de cinco volúmenes en 8.º[25].

32. – *Lugar de la obra de Aubry y Rau en la historia del Derecho civil francés en el siglo XIX.* – No podemos hacer aquí un estudio comparativo de la obra de Aubry y Rau con relación a los demás representativos de la Escuela de la Exégesis. No obstante, una circunstancia muy particular *exige* que en un bosquejo sobre esta obra, se esboce, por lo menos, su contribución a la ciencia francesa del Derecho civil en el siglo XIX. En efecto, encontramos que el *Cours de Droit civil français* de Aubry y Rau, cuya aparición data de más de 80 años,

---

22 Recordemos, para memoria, el plan de Zachariae. Divide el Derecho civil francés en dos partes por completo desiguales, pues la segunda es, con razón, la octava de la primera. Estas dos partes se titulan así: *Derecho civil teórico francés; Derecho civil práctico francés.* La segunda se consagra, sobre todo, al estudio de las pruebas. La primera se divide en dos partes también desiguales y precedidas de una introducción: *Primera parte: Del Estado Civil. Segunda parte: De los Derechos civiles considerados desde el punto de vista de los objetos a los cuales se aplican.* En realidad, salvo las cuestiones de estado y *de* capacidad, todo el Derecho civil *entra en esta* segunda parte, por medio de divisiones y subdivisiones. El autor distingue, principalmente, dos libros. *Libro Primero: De los Derechos sobre los objetos exteriores considerados individualmente* (derechos sobre las cosas; derechos sobre las personas o derechos personales propiamente tales, obligaciones y derechos de familia); *Libro Segundo: De los objetos exteriores considerados como elementos constitutivos del patrimonio de una persona* (del patrimonio en general, de las sucesiones y disposiciones a título gratuito).

23 Véase la crítica que sobre esto hace Charles Brocher, *Zachariae, sa vie et ses oeuvres. Revue de droit français et étrager,* 1869 pp. 561 et s.

24 Michaux-Bellaire, *Notice sur la vie et les ouvrages de* M. *le conseiller Rau, Revue générale du droit,* 1877, p. 503. Compárese los planes seguidos por otros autores alemanes: *Seidensticker. Einleintung in den Code Napoleón,* 1808; Bauer, *Lehrbuch des Napoleonischen Civilrechts,* 1809.

25 De Lassaulx, *Introduction a l'étude du Code Napoleón* pp. 1 et s.; Seruzier, *Précis historique sur les Codes français,* 1845 pp. 51 y s.

conserva en esta época toda su utilidad en cuanto a la interpretación de la legislación que estudia y que aun está en vigor. Por el contrario, necesario es decir esto, se considera actualmente que los Tratados de Duranton, de Troplong, de Demolombe, de Marcadé, de Taulier, de Demante y Colmet de Santerre, pertenecen ya únicamente al dominio de la historia. Tan es así que cada día el Tratado de Aubry y Rau adquiere un carácter más impersonal; por el hecho mismo de su perfección, (naturalmente con reserva de la doctrina exegética que constituye su base), se ha desprendido de la persona de sus autores, para formar un solo cuerpo con el Código civil; si no temiésemos recordar un término antiguo, pero expresivo, diríamos que constituye la «Suma» del Derecho civil; pues grandiosos son sus alcances dogmáticos, su encadenamiento de las explicaciones rigorosas y su ortodoxia, escrupulosa al extremo, con relación al pensamiento de los redactores del Código. En resumen, el *Cours de Droit civil français* de Aubry y Rau debe considerarse como la expresión más perfecta del pensamiento en el siglo XIX, sobre la ciencia del Derecho civil; por otra parte, tal como este pensamiento fue expresado por los dos autores, en cierta forma, ha sobrevivido a sí mismo, o, si se prefiere, se ha beneficiado de una especie de don de presciencia en Aubry y Rau, que en muchos aspectos se comunica con las concepciones jurídicas de la época actual. Por estos dos motivos, es imposible dejar de tratar, de una manera especial, aun en un examen elemental de los hombres y de las cosas del Derecho en el siglo XIX, el lugar que corresponde a Aubry y Rau.

En resumen, es indiscutible que la obra de Aubry y Rau constituye el monumento más perfecto que la ciencia francesa del Derecho civil haya producido en el siglo XIX; su examen se impondrá a la atención de los historiadores del Derecho de todos los tiempos, como el tipo acabado de la producción científica de toda una época. Aun, situándose rigurosamente en el campo de acción de la Escuela de la Exégesis, el *Cours de Droit civil français* marcó, desde su aparición, un cambio de frente, no solamente en el método de exposición del Derecho civil, sino también, en el análisis y síntesis de sus partes constitutivas; con Aubry y Rau, la ciencia del Derecho civil, aunque estrictamente encerrada en los límites del Código civil, se presentó ya con su carácter orgánico, y con aquella cohesión que le es propia. Antes de estos dos eminentes autores, Duranton, refiriéndonos al representativo más eminente de los civilistas del primer tercio del siglo XIX, solo percibió el Código civil y ni siquiera había sospechado la existencia de la ciencia del Derecho civil. Su obra, que someramente hemos apreciado en el párrafo anterior, no deja de ser una de las más notables y meritorias que haya producido la interpretación del Código civil, pues Duranton lejos de no apreciar en el Código civil más que una serie de textos material y jurídicamente aislados, supo descubrir en él grupos de disposiciones racionalmente unidas entre sí, a pesar de su esparcimiento a lo largo del Código, al azar de los libros y de los títulos. En una palabra, Duranton reveló el pensamiento real de los redactores del Código Napoleón y clasificó, metódicamente, los materiales, que habían colocado al margen de toda directriz científica. Pero no por ello la técnica de Duranton deja de ser elemental; ya que este autor no supo fundir en un «Cuerpo de Derecho» las diferentes categorías de materiales que le proporcionaba el Código civil y que había distinguido; es evidente que no llegó a constituir la ciencia del Derecho civil ni siquiera sobre la base estrecha del Código civil. Por el contrario, este último resultado fue el obtenido por Aubry y Rau, cuando los demás ilustres paladines de la Escuela de la Exégesis, como Duranton, no pudieron lograrlo.

En el momento mismo en que iba a publicarse el *Cours de droit civil français* de Aubry y Rau, un joven jurista, más tarde eminente maestro de la Facultad de Derecho de Toulouse, Gustavo Bresolles, señalaba con anterioridad, en cierta forma, el lugar reservado a esta obra en la literatura jurídica de su época; por lo demás sus reflexiones no eran sino el eco de los conceptos anteriormente emitidos por Jourdan y la Escuela de la Thémis, Lherbette, Lerminier, Klimrath, Wolowski y Foelix: En efecto, en un tono casi profético, Gustavo Bressolles escribía en 1838: «No queremos criticar a nadie, pero es necesario decir que tan pronto como se promulgó el Código civil, y quizá muy aprisa, fue seguido por el *Analyse raisonnée* de Maleville, hasta el *Cours complet* del honorable Duranton; en vano se buscaría una obra que fuese la expresión clara y cierta de una teoría jurídica extensamente concebida desde el punto de vista fijado por Montesquieu. En los últimos años, Troplong ha dado en sus *Commentaires,* fragmentos muy preciosos de un sistema que quisiéramos conocer en su totalidad; pero que no son sino partes de un edificio, algo así como el rincón de un cuadro. Por lo mismo, desgraciadamente, es necesario reconocer que nuestro Código civil espera aún a su intérprete; espera a un hombre que, tomando de la mano, por decirlo así, todas las ideas cuya expresión más abstracta se encuentra en el Código civil, muestre cómo esas ideas Han pasado a él en fórmulas; las contradicciones que esos mismos principios, a veces, sufren en él; de qué manera, en la época de su redacción, tomó de los Hechos, nuestras costumbres; y el lugar que desde este punto de vista ocupa en la Historia de la codificación; y, por último, si después de sus treinta años de existencia, no Ha sufrido la ley ordinaria de las cosas de este mundo, que se deterioran, fatalmente, con tanta rapidez»[26].

Este intérprete que G. Bressolles invocaba con todas sus fuerzas y al cual, por una especie de intuición, señalaba el camino, lo personificaron Aubry y Rau, y de la pluma de estos salió un «Sistema», un «Cuerpo de Derecho», modelo de técnica y de ciencia, que cada vez más se impone, ante la marcha del tiempo, como *la obra maestra clásica francesa del siglo XIX* sobre el Derecho privado.

Decimos: *Obra maestra clásica.* En efecto, el carácter clásico de una obra se reconoce esencialmente, en nuestra opinión, por su perfección respecto a una

---

[26] G. Bressolles, *De l'histoire et de la philosophie dans l'étude des lois civiles,* Revue Wolowski t. VIII, 321; t. IX, 42-311.

época y por la influencia que ejerce en el desarrollo posterior de la actividad científica, en el orden de ideas que trata. A su vez, cuando se refiere a una obra científica, esta perfección se obtiene, ante todo, por su firmeza doctrinaria, por su armonía en la construcción, por el rigor de su razonamiento, por la pureza de su lenguaje y por la atención concedida hasta a los menores detalles. La obra termina de esta manera, por constituir un conjunto que necesariamente debe aceptarse o rechazarse en su totalidad. Pero, no obstante la perfección, esta obra no adquiere el carácter clásico, si no obtiene el asentimiento de la generalidad de los especialistas; ahora bien, solo se obtendrá dicho asentimiento, con la condición de que traduzca las concepciones y aspiraciones de una época, en un dominio determinado; mejor dicho, a condición de que revele estas concepciones y aspiraciones, a menudo latentes e ignoradas de sí mismas. El carácter clásico será tanto más acentuado cuanto que, la obra proyecte por más tiempo su influencia, dando nacimiento, a la larga, a tendencias que no obstante que se propongan combatirla, en el fondo, no son sino variantes de ella, y terminando por provocar una reacción completa o, por lo menos, muy marcada. Hasta ese momento la obra clásica no pierde ninguno de sus méritos intrínsecos; simplemente está condenada, como todas las creaciones humanas, a pasar al dominio de la historia; no influye ya sobre el presente, pero se impone al historiador y al filósofo; en lo adelante será la expresión indiscutible del tipo de la perfección siempre relativa, que puede alcanzar un sabio colocado, fatalmente, en un medio que influye sobre él, y en presencia de circunstancias y elementos que humanamente no puede prever.

Tal es el *Cours de droit civil français* de Aubry y Rau. Publicado por primera vez en 1839, su influencia se prolonga aún no solo en el terreno práctico, sino también en cuanto a los conceptos generales cuya expresión representa. Independientemente de sus méritos de fondo, esta obra se ha mantenido gracias a sus divisiones racionales, a la serenidad de su exposición, a la precisión y corrección de su lenguaje, a su tono elevado de discusión que nunca abandona, en una palabra, gracias a todo lo que da valor científico a una obra. En estas condiciones el *Cours* de Aubry y Rau forzosamente tenía que llegar a ser clásico; por otra parte, en atención a su doctrina era imposible que no fuera la «obra maestra» de la Escuela de la Exégesis. De tal manera presenta esta obra una interpretación rigurosa y ortodoxa del Código civil, que con anterioridad nos creímos facultados para calificarla con un término antiguo y significativo, y dijimos que era la «Suma» del Código civil. En efecto, los dos autores tuvieron como fin inmediato revelar el pensamiento del legislador tal como lo comprendían; la célebre profesión de fe del decano Aubry, que citamos en el capítulo segundo, confirma esta aseveración.

Considerando empero las cosas de cerca, los dos profesores de Estrasburgo tuvieron un mérito de orden más elevado, y que no siempre se les reconoce. Si es cierto que únicamente elaboraron técnica jurídica, como lo hicieron los demás representativos de la Escuela de la Exégesis en su mayor parte, también lo es que no elaboraron dicha técnica a la manera ordinaria de la Escuela de la Exégesis; verdaderamente su esfuerzo se realizó en el dominio científico y, por otra parte, forjaron una técnica de orden más elevado que la consistente en descubrir, con ayuda de un conjunto de medios más o menos empíricos y con fundamento en la intención de sus redactores, el sentido de nuestras leyes. Si osáramos expresarnos así, diríamos que tuvieron el concepto exacto de la ciencia del Derecho civil y que fueron los inventores de la técnica científica. A este respecto demostraremos brevemente, en el capítulo cuarto, que dedujeron perfectamente, en la Introducción de su Tratado, de conformidad con la doctrina de la Escuela científica contemporánea, las fuentes reales de las reglas de derecho, es decir, el elemento racional y el experimental, generadores, por su unión, de las reglas de derecho[27]. En otros términos, plantearon perfectamente el problema de la ciencia del Derecho civil en su forma actual. Pero, en cierta forma, se opusieron a los civilistas de su tiempo; no solo se separaron del método de interpretación en boga, no siguiendo en su comentario el orden del Código civil, sino que se declararon contrarios a él, colocando en el frontispicio de su Tratado, la imagen verdadera del Derecho civil, en lugar de la imagen incompleta, constituida esta por el comentario de la serie de los artículos del Código Napoleón.

Queda por explicar por qué, a pesar de este punto de partida, Aubry y Rau concluyeron por publicar un *Curso de Derecho civil francés,* rigorosamente fundado en el Código civil, en lugar de llegar a realizar una obra que fuese, con anticipación, la de Gény. Nos parece que esto se explica de la manera siguiente: además de que en su época el Código de Napoleón se imponía, ante todo, al jurista, señalando sus límites, en virtud de su carácter de codificación, Aubry y Rau, profundamente imbuidos por las concepciones sociales que habían servido de materia a los redactores del Código, consideraron que los datos sociales, fuentes del derecho positivo del momento, eran, salvo excepción, perfectamente traducidos por el Código y que, por consiguiente, bastaba con atenerse a su texto, para edificar, verdaderamente, el monumento de la ciencia francesa del Derecho civil de su época[28]. Estos dos autores en materia de interpretación de las leyes, consideraban más los principios de los textos, las nociones que constituían su base, que los textos mismos. En otros términos, la técnica científica (si es que se pueden unir estos dos términos) de la cual Aubry y Rau fueron los inventores, hizo creer a estos que la ciencia del Derecho civil podía y debía construirse perfectamente sobre el Código civil. De aquí las construcciones jurídicas, *cuyo* conjunto caracteriza a la obra de los dos maestros de Estrasburgo. Acerbamente se les ha reprochado el presentar tales construcciones en forma de entidades objetivas, que dominan al Derecho civil, deteniendo erróneamente su progreso. No podemos esbozar en este lugar, el examen de la reacción producida sobre este punto por Gény. Pero, nos

---

27 V. J. Bonnecase, *La Faculté de Droit de Strasbourg* p. 276 et s. Aubry et Rau, t. I, p. 3 y s.
28 Aubry et Rau, t. I, p. 25-27.

preguntamos si los reproches así dirigidos a los profesores de Estrasburgo, no debieron, sobre todo, dirigirse a sus sucesores. Estas construcciones fueron presentadas por Aubry y Rau como su explicación personal, fundada en el razonamiento y observación de las disposiciones legislativas. Empero hicieron esto con una tal lógica y talento, que los jurisconsultos posteriores aceptaron los resultados de su esfuerzo como definitivamente adquiridos y, como la representación, para el futuro, de los elementos inmanentes del Derecho civil, de las nociones existentes por sí mismas.

En resumen, Aubry y Rau sirvieron magníficamente a la ciencia del Derecho civil, tanto por la interpretación que dieron del Código, por la invención de procedimientos técnicos, que conservan su valor intrínseco a pesar de haberse abusado de ellos, como por la valiosa demostración que resulta de su obra y que es la siguiente: es correcto laborar sobre los textos, pero si estos no responden ya a las necesidades sociales, el jurista debe buscar otro terreno so pena de gastar sus esfuerzos en vano. Aubry y Rau no se encontraron en este caso, porque en su tiempo el Código civil cuadraba aún con el estado social y por esto su obra fue saludable y duradera. Pero obstinarse en seguir un camino que actualmente y con toda seguridad ellos mismos hubieran abandonado, es seguir un camino falso. La Escuela de la Exégesis tuvo su época, constituyó un grande y bello periodo de la Historia moderna del Derecho; pero solo los espíritus anacrónicos pueden pretender que se acepte en la actualidad.

## III

## *EL «PRÍNCIPE DE LA EXÉGESIS»: DEMOLOMBE*

33.— Demolombe tuvo la feliz y rara fortuna de adquirir durante su larga carrera una celebridad y popularidad tales, como no las adquirió ninguno de sus rivales más ilustres, y principalmente al que consideramos como el más grande de los civilistas franceses del siglo XIX, el decano Carlos Aubry, profesor del Código de Napoleón de la Facultad de Derecho de Estrasburgo. Esta fama y popularidad se perpetuaron después de la muerte del decano de la facultad de Derecho de Caen. Hace poco aun, en virtud de una tradición existente entre los juristas formados en la Escuela de Demolombe, se otorgaba al maestro el título de «príncipe de la ciencia de Derecho civil», que Merlin dejó vacante; como si, al igual que los poetas, los juristas tuvieran también necesidad de un «príncipe» para realzar su prestigio. Es más exacto ver en Demolombe al «príncipe de la Exégesis», ya que en la época de este, la ciencia del Derecho civil encontró su expresión en la doctrina y método de la Escuela de la Exégesis. Sea de ello lo que fuere, nadie discute ya, que desde hace algunos años se anuncia la decadencia de una gloria que según sus contemporáneos sería eterna. En tanto que sometido a la prueba de una sana crítica científica, el nombre de Aubry, unido al de su colega y colaborador, Carlos Rau, se afirma más y más como destinado a dominar el siglo último en la Historia francesa de la ciencia del Derecho civil, el de Demolombe pierde prestigio; parece que el juicio de la historia» le es desfavorable[29].

34. — Jean Charles Florent Demolombe nació el 3 termidor año XIII[30], siguiendo así, con un año de distancia, a Aubry y a Rau, nacidos respectiva-

---

[29] El mismo año de la defunción de Demolombe, la Academia *de* legislación de Tolosa convocó a un concurso, para 1889, sobre un estudio de sus obras. Como ningún trabajo se presentó, el tema se repitió en el año 1891. El resultado fue el mismo. Las reflexiones que esto inspiró al relator de Laportiére, Maestro de la Barra de Tolosa, son interesantes porque indican sin altibajes, que por lo menos, en su opinión, el estudio propuesto no podía ser sino una apología de Demolombe: «El año de 1891, decía, fue para nuestros concursos un año estéril, Roma no lo hubiera señalado con una piedra blanca. ¿Se debe a la falta de temas *propuestos? No* puedo creerlo y vosotros compartiréis mi opinión, cuando sepáis que invitamos a los concursantes del premio municipal a que nos enviasen un *Estudio sobre las obras de Demolombe.* Demolombe es, entre los comentadores del Código Civil, el más rico en explicaciones y el más sabio en sus soluciones. Su método es luminoso y su discusión siempre completa y precisa. Fácilmente se remonta a las fuentes romanas y consuetudinarias, sin desdeñar la opinión de la jurisprudencia, que es el derecho pretorio de la actualidad. Para el profesor, el magistrado, el abogado, Demolombe será siempre un guía estimado por su profunda ciencia y su razón maravillosamente ponderada. No es que su obra incompleta no haya sido un aliciente por la limitación misma del trabajo que debió realizarse; su nombre suscitaría una falange de apologistas. Sin embargo, lamento decirlo, la obra de Demolombe no ha inspirado a nadie. Consolémonos, señores, de esta deserción, pensando que su causa no es la indiferencia de nuestros doctores, sino la dificultad ciertamente exagerada de la tarea». *Recueil de législation* 1891-92 p. XLII. El tiempo ha demostrado que la abstención de concursantes tenía una causa distinta de la indicada por el relator. La nueva generación de doctores, que hubiera podido emprender el trabajo propuesto por la Academia de Legislación, estaba muy cerca de Demolombe para que pudiera hacer un estudio crítico de su obra; ahora bien, sus tendencias estaban muy alejadas de las del Maestro muerto, para poder hacer una apología de él; esta se hizo, pero por los contemporáneos de Demolombe, que no satisfacían el requisito de la edad para tomar parte en este concurso. Comp. Jouen, *Eloge de Demolombe; Discours de rentrée des Facultés de Caen* 1887. Vaugeois, *Rapport au Conseil général des Facultés et au Conseil académique de Caen;* Toutain et Zevort, *Discours prononcé aux obseques de Demolombe* (*Rentrée solennelle des Facultés de Caen,* 1887); *Inauguration du monument élevé a Caen a Demolombe.* 5 août 1905 (Discours de MM. Laisné des Hayes, Exupére Caillemer, Bourdillon, Galopin, Jamet, Lacoste, Round et Le Page) Caen 1905, Chaix d'Est-Ange, *Le Moniteur Universel* 1856 p. 1415; 1860 p. 1319. Ch. Giraud, *Rapport sur le prix biennal décerné a Demolombe. Séances et travaux de l'Académie des sciences morales et politiques,* 1879, t. 112 p. 394-399. O. Gréard, *Notice sur la vie et les travaux de* M. *Demolombe,* ibid., t. 129 p. 111-115. Detourbet, *Etude sur les Principes de droit civil français de* M. *Laurent.* Revue pratique de droit français t. 45 p. 133-154; el autor de este estudio, como sabemos, con motivo de la obra de Laurent, hace una comparación entre los grandes civilistas franceses del siglo XIX. Aun podíamos citar varios informes sobre los diversos Tratados de Demolombe, en los cuales se manifiesta una profunda admiración por el autor; pero tales informes, por lo regular, carecen de apreciaciones generales sobre la obra de Demolombe, y se reducen a la discusión puramente exegética de ciertas teorías de este, edificadas también exegéticamente Comp. Mourlon, *Revue pratique de droit français,* t. 9, p. 241; Vernet, *ibid.,* t. 14, p. 101; *Revue critique,* 1876 p. 711.

[30] Los biógrafos de Demolombe se complacen en insistir sobre la coincidencia de su nacimiento con la aparición del Código civil (comp. Jouen, loc. cit., 1-19). En esto puede verse

mente el 1.° mesidor y el 14 termidor del año XI. Profesor suplente de la Facultad de Derecho de Caen en 1827, profesor del Código Napoleón en 1831, fue nombrado decano de la Facultad en 1853. Murió el 21 de febrero de 1887, «colmado de honores y distinciones, considerado por sus admiradores como el heredero más glorioso de los grandes jurisconsultos de que se enorgullece la ciencia francesa»[31]. De todas partes recibió honores y testimonios de admiración. Obtuvo un raro éxito, como profesor de Derecho. Su curso atrajo un auditorio de prácticos y letrados, que desde hacía tiempo había abandonado las bancas de la Escuela. «Para oírlo, se reunían no solo los estudiantes, los jóvenes doctores de la Facultad, sino también lo más notable de la Villa de Caen: Abogados, litigantes, magistrados, todos, aun los más elevados, consideraban como un honor escuchar al maestro»[32].

Por ello la Dirección de Instrucción Pública consideró pertinente llamarlo, en 1856, para que ocupara una de las cátedras del Código de Napoleón de la Facultad de París, no para brindarle una esfera de acción más amplia, sino para evitar que se estacionara en la gloria adquirida[33]. Pero Demolombe rechazó esta proposición, como lo hizo en 1862 respecto de un puesto de consejero en la Corte de Casación y en 1878, del de Procurador general ante la misma Corte. El decano de Caen manifestó siempre una predilección señalada hacia una vida retirada y apasible; se consideraba muy poco accesible a la contra-

un ejemplo del exceso de cándida admiración en el cual cayeron ciertos contemporáneos de Demolombe. Un trimestre separó el nacimiento de Demolombe, de la ley del 30 ventoso año XII. Pero si se quiere ver en esto la acción del destino, es necesario no olvidar que Aubry y Rau nacieron en el año XI, cuando se elaboraban las leyes constitutivas del Código civil, y que Marcadé y Laurent precedieron a todas viniendo al mundo en el año X. Digamos, si se quiere, que el Código civil surgió rodeado de sus futuros y más ilustres comentadores; pero si en ello pretende verse un horóscopo, sería en favor de Aubry y Rau; solo ellos nacieron verdaderamente con el Código civil, Marcadé y Laurent lo precedieron, Demolombe lo siguió.

31 Charmont et Chausse, *Les interpretes du Code civil.* Livre du centenaire du Code civil 1904 t. I, p. 160. Con esta frase terminan estos autores la severa apreciación que hacen de la obra de Demolombe, considerada desde el punto de vista científico.

32 Laisné des Hayes, *loc. cit.*, p. 8. Jouen, *loc. cit.*, p. 49.

33 A este respecto citaremos el testimonio del Inspector general Laferriére; pero comenzaremos advirtiendo que si en el fondo de su pensamiento Laferriére solo quiso referirse a Demolombe, dio a la forma de su juicio una amplitud que no se ha señalado bien. En efecto, parece que en su apreciación sobre el decano de Caen engloba a toda la provincia. «Es tiempo, decía en 18 58, al hablar de Demolombe, de separarlo de sus éxitos de anfiteatro de provincia; su talento nada puede ya ganar allí, es preciso que venga a fortificarse nuevamente, en París, en la Escuela de la precisión simple y fuerte». Comp. Greard, *Loc. cit.* p. 115. Laferriére no podía ignorar que en el mismo momento enseñaban en la Facultad de Derecho de Strasbourgo, dos maestros, el decano Aubry y el profesor Rau, cuya obra se hacía notable por una precisión, que no ha sido superada hasta hoy. Tampoco podía ignorar que en esa misma Facultad de Caen se escuchaba a un jurista singularmente vigoroso, rival de Demolombe en el método y conceptos, el profesor Bertauld, futuro Procurador general ante la Corte de Casación. Comp. Barbier, M. *Le Procureur général Bertauld.* Audience de rentrée de la Cour de Cassation du 3 novembre 1882.

dicción y aun a la simple discusión, para aceptar funciones que lo hubieran mezclado en el movimiento político y social de su época; se encerró, pues, en el fondo del país normando, su patria adoptiva, en su dignidad de sabio, universalmente admirado, practicando una modestia compasada y distante; no podía ser de otra manera ante los honores que se le prodigaban, como también y sobre todo, ante los testimonios de sus pares que lo proclamaban como el primer jurista de su tiempo, y ante los homenajes de sus rivales, obligados a reconocer que, con razón o sin ella, tal era la opinión dominante.

35. — Los juristas contemporáneos que no tuvieron la ventaja de iniciarse en la ciencia del Derecho bajo la dirección de los maestros formados en la Escuela de Demolombe, no podrán nunca medir el respeto, casi religioso, con que hace quince años aun, se pronunciaba este gran nombre en las Facultades de Derecho. En virtud de un procedimiento, inconscientemente renovado, de los emperadores Teodosio II y Valentiniano III, había surgido una nueva ley de las citaciones, basada en el comentario del Código civil, con el tiempo, la opinión jurídica formó una jerarquía con los principales civilistas del siglo XIX, y no es temerario afirmar que, por lo que hace a la mayoría de los representativos de la ciencia del Derecho civil en las Facultades, Demolombe ocupaba el lugar reservado antiguamente a Papiniano, por la ley de las citaciones. Era la época en que se acostumbraba, al enseñar Derecho civil, hacer malabarismos con las controversias y nombres; la explicación del texto menos importante del código civil, valía al auditorio la exposición imperturbable de un grupo de sistemas; por lo menos, había tres, dos absolutos y en sentido diametralmente opuestos, separados por un sistema intermedio o conciliador. Después de esta exposición demasiado escolástica, de la cual ningún detalle pasaba inadvertido venía por fin el momento en el cual el maestro debía elegir entre estos sistemas; dos elementos esenciales, en el fondo íntimamente unidos, dictaban la elección: la intención del legislador y las autoridades. Era entonces cuando se podía medir la autoridad del nombre de Demolombe; nos parece aún oír, a nuestro maestro de Derecho civil, declarar sin ambages, que solo la aceptación incondicional de la doctrina del jefe de la Escuela podía preservar a nuestros espíritus jóvenes del peligro de la confusión de sistemas, y mantenerlos dentro de la ortodoxia pura, de la religión del código civil.

Por otra parte, alguna vez se había trazado, por un jurisconsulto moderno, un panegírico siquiera semejante al que hizo el profesor Jouen al morir Demolombe, y que pronunció ante las Facultades de Caen reunidas. Desde cualquier punto de vista justifica la opinión que hemos atribuido a todos los que de cerca o de lejos se unieron a la Escuela de Demolombe. «En Demolombe, —decía Jouen—, Francia perdió al más grande de los jurisconsultos del siglo... Es necesario que el alma del maestro esté siempre presente en esta Facultad que por tanto tiempo vivificó con su palabra, método y genio... Demolombe ya no existe; pero permanecerá siendo nuestra guía y modelo, y vivirá eternamente entre nosotros, pues representa nuestra tradición». En rigor, podríamos atenernos a estos extractos del discurso de Jouen, para conocer el grado de admiración que un discípulo es capaz de profesar a su maestro. Sin embargo, dado nuestro fin, añadiremos algunas frases más significativas del mismo elogio. «Carlos Demolombe, (Jean Charles Florent), —decía Jouen— nació en La Fére (Aisne), el 22 de julio de 1804. En este año, el 30 ventoso año XII, (21 marzo 1804), se codificaron las leyes civiles que habían sido votadas, sucesivamente, durante los años XI y XII. Así pues, el mismo año vio nacer, a la vez, al Código civil y a quien debía ser su más ilustre intérprete. Una gran obra y un gran hombre... Señores, en este discurso solo puedo esforzarme por presentaros un esbozo imperfecto de los caracteres principales de la obra inmortal de Demolombe. Además de él, otras personas escribieron sobre el Derecho civil libros de gran valor, y los nombres de Merlin, Toullier, Duranton, Troplong, Demante, Marcadé y su sabio continuador Paul Pont, Valette, Colmet de Santerre, y Laurent han pasado y pasarán a la posteridad. Pero en medio de estos monumentos de ciencia jurídica, se eleva más alto aun la obra de Demolombe, como las obras de Pothier se elevan sobre todos los comentarios de los autores que escribieron sobre el antiguo Derecho. ¡Pothier!, ¡Demolombe!, aquél es el precursor del Código civil, pues este se inspiró, en gran parte, en sus obras, Demolombe es la encarnación de nuestro Derecho civil, si puedo expresarme así; es casi la ley viva, comentándose a sí misma. ¡Qué gran semejanza entre estos jurisconsultos por excelencia! Igual método, igual claridad, igual seguridad de juicio, igual honradez de conciencia. Los dos eran sencillos, sin ambición, no tuvieron en su vida más que un solo objetivo: sus caros estudios jurídicos, y un deseo ardiente único, que los demás aprovecharan sus estudios. No solamente eran sabios; ambos, y este es el más bello elogio que se les puede dirigir, son vulgarizadores de la ciencia. ¡Pothier es el Demolombe del antiguo Derecho! ¡Demolombe es el Pothier del Derecho actual!».

No se puede ser más grandilocuente. No obsta que el fondo del pensamiento del orador sea voluntario y reflexivo, pues este solo se explica por una corriente de opinión firmemente establecida. Nunca el profesor Jouen se hubiera atrevido haciendo un elogio tan desmesurado, sin saber que con ello traducía un sentimiento general, o por lo menos, el sentimiento de los numerosos discípulos del maestro desaparecido. Por lo demás, el decano Vaugeois, sucesor de Demolombe, se expresaba en la misma forma: «Jurisconsulto y escritor, decía, Demolombe, señores, pertenece a la ciencia francesa, siendo quizás, en Europa, el intérprete más acreditado de nuestros días... La gloria que conquistó, al publicar una obra comparable solo a las de Cujas, Dumoulin y Pothier nunca apartó sus miradas de las ambiciones más modestas del maestro, que enseña». Por último, el profesor Toutain, en el discurso pronunciado en las exequias del ilustre decano, resumía los caracteres distintivos de su obra, en dos términos: una obra clásica y popular: «Clásica, declara, a los ojos de sus colegas, que nunca se apartan de las soluciones que propone, con la más grande reserva. Clásica ante las Cortes de Justicia que de ella toman, frecuentemente, los principios más seguros. Popular entre los estudiantes, abogados, doctores, etc., que a cada instante se sienten dichosos de recurrir a ella, a la que consideran como su mejor auxiliar».

Los testimonios que acabamos de mencionar provienen directamente de la Facultad de Caen. Pero podemos precisar y confirmar su alcance, con otros, provenientes de distintas y mejores fuentes. En efecto, Charles Giraud, encargado, en 1879, de presentar al Instituto el informe sobre la atribución del gran premio bienal, propuso que se otorgara, como se hizo, a la obra de Demolombe. Giraud decía: «En el dominio del Derecho, y en la época contemporánea, se coloca a la cabeza de las producciones del espíritu francés, la obra de Demolombe». Jouen, que se complacía reproduciendo en su discurso el anterior párrafo, también hubiera podido recordar, entre tantos otros, el que emitió un año antes Detourbet, abogado general de la Corte de Amiens, y al cual nos hemos referido. También Detourbet pretendió formar una jerarquía de los jurisconsultos franceses del siglo XIX, y situar con relación a ellos, el lugar de Laurent en la ciencia del Derecho, reservando, sin vacilación, la primacía a Demolombe: «Nadie desea, con más pasión, decía, como el que escribe estas líneas, ver terminado el magnífico edificio levantado por Demolombe; ni nadie profesa una admiración tan sincera como la mía, por aquél a quien se ha llamado el Pothier moderno». Respecto de Laurent, añadía: «Si no lo colocamos a la cabeza de esta pléyade de jurisconsultos franceses, (que constituyen nuestras glorias nacionales, a los cuales reivindicamos con patriótico orgullo, y pudiendo considerar a la personalidad de Demolombe como la más notable e ilustre), Laurent, por lo menos, estamos seguros que desde un principio conquistó un lugar eminente al lado de sus célebres rivales».

36. — Hay causas exteriores, que contribuyeron, independientemente de su obra, a rodear el nombre de Demolombe con una deslumbrante aureola. Entre ellas, el número considerable de discípulos del maestro que ocuparon cátedras en las Facultades de Derecho. No hubo ninguna Facultad que tuviera mayor población escolar, que la de Caen durante la administración de Demolombe. Debemos agregar que el eminente decano sabía «condenar al exilio» a aquellos discípulos que por su carácter o sus obras hubieran podido hacerle sombra. Un testimonio de lo anterior lo encontramos en esa especie de evocación con que termina el discurso que E. Caillemer pronunció al inaugurarse el monumento a Demolombe: «Ilustrísimo Maestro, exclamó el decano Caillemer, no quisisteis que fuese vuestro colaborador en Caen; sin murmurar y con deferencia me incliné ante vuestra resolución. Pero en las cátedras lejanas que sucesivamente ocupé, continué siendo vuestro fiel y reconocido discípulo». Finalmente, todos sus colegas pertenecientes a una generación más joven que la de Demolombe, siempre consideraron a este como su maestro, aunque no hubieran sido sus discípulos; sobre esto, escuchemos otra vez a Caillemer: «No buscaba, dice, las manifestaciones ardientes de la multitud, sino al contrario. Recordad su vida retirada en su gabinete de trabajo; casi inaccesible; sus grandes paseos por los fosos de San Julián, durante los cuales

iba solo. Apenas si consagraba, durante las tardes, algunos momentos a respetables magistrados, al Presidente Bernard, al consejero Lentaigne, sus fieles comensales, que lo entretenían con su vida judicial y cuya experiencia práctica aprovechaba».

37.— ¿Cómo es posible, dada la característica de la personalidad de Demolombe, y los triunfos que conquistó en vida, que su obra se haya ensombrecido tan rápidamente? Nada es más fácil de explicar. En efecto, Demolombe fue, sobre todo, un abogado; sin exageración podemos decir que su obra y su vida misma no fueron sino un gran alegato. Sería suficiente que se tratase de un alegato, en el sentido ordinario de la palabra, pues los alegatos desaparecen con el recuerdo de las causas que los motivaron. Pero es más, los diversos capítulos del Tratado de Demolombe no constituyen sino una serie de alegatos de la época, que, por otra parte, son esencialmente artificiales. Demolombe alega constantemente sobre un objeto imaginario, ante un tribunal imaginario y contra un adversario imaginario[34]. Ni el entusiasmo que

[34] Su biógrafo Jouen nos ha revelado sin duda, que en el mismo terreno de la consulta, Demolombe no supo tener el sentido de los hechos y utilizó la experiencia de los demás. En verdad, la confesión de Jouen no engrandece la memoria del Maestro; citemos el pasaje completo: «Cuando se habla de las obras de Demolombe, —dice—, el pensamiento se dirige desde luego hacia ese monumento jurídico indestructible, que constituye su obra principal. Sin embargo, es necesario no olvidar las sabias disertaciones jurídicas con que enriqueció la *Revue critique de la jurisprudence,* que fundó en 1851. También es necesario no olvidar sus *consultas,* que tenían autoridad en toda Francia, y que eran, según la expresión de Tontain, un acontecimiento en el Palacio de Justicia, y que debían reunirse en una publicación, según el deseo expresado en el sincero y emocionado discurso que pronunció Guernier, entonces bastonero, en las exequias de Demolombe. Demolombe no fue litigante, no quiso serlo. Su salud no le hubiera permitido esas emociones inseparables de la lucha cortés, pero apasionada de la audiencia; y por otra parte, la vida absorbente del Palacio de Justicia no le hubiera dejado el tiempo necesario para la preparación de su obra. Pero si Demolombe no litigó, nada de lo que concernia a la barra le era extraño. ¿Qué guía más seguro podía encontrarse cuando se trataba de mantener las tradiciones del orden, qué jefe más firme y autorizado para hacer respetar los derechos de la barra, qué bastonero más consagrado, para presidir la conferencia de los estagitarios? Demolombe era el tipo del abogado digno de este nombre, estudiaba con imparcialidad y con escrupuloso cuidado el negocio o la cuestión sobre la cual se le preguntaba su opinión ¡y su decisión era conforme a su conciencia, sin dejarse influir por ninguna consideración extraña! Sus consultas, eran verdaderas sentencias, no siendo inútil recordar la forma en que se preparaban y deliberaban. Compenetrado de la idea de que la práctica es auxiliar indispensable de la teoría, con Demolombe colaboró uno de sus colegas, que además era abogado postulante. Cada uno adquiría conocimiento del asunto, los dos se comunicaban sus impresiones; entonces, Demolombe, que nunca decidía a la ligera y sin haber considerado maduramente todos los puntos de vista de una cuestión, remitía la discusión para el día siguiente. Después de concluir, arreglaban unidos el orden de la solución y los argumentos, juntos la redactaban, modificándola y retocándola, y Demolombe le daba su forma definitiva. ¡Preciosa colaboración, señores, para quien se fortificaba así al contacto y dirección de Demolombe! Colaboración honorable tanto para quien la pedía, como para el Maestro que se dignaba proporcionarla! El primer colaborador de Demolombe fue Trolley predecesor de Toutain en la cátedra de Derecho administrativo. Era un abogado de méritos indiscu-

llega a sugerir, ni el estilo coloreado en el que vierte su pensamiento, pudieron velar o menguar el carácter facticio de su exposición. Sus admiradores comprendieron esto poco después de su muerte, y en vano han tratado de disminuir el mérito de Aubry y de Rau, exaltando los de Demolombe[35]. Lo menos

tibles, de una claridad maravillosa, y de una delicadesa profesional irreprochable; profesor eminente, autor de un Tratado notable de Derecho administrativo. A la muerte de Trolley, el colaborador de Demolombe fue quien es, indudablemente, el primer abogado de nuestro foro, quien une a la verdadera elocuencia, la ciencia jurídica más elevada y la conciencia más recta; quien tiene, a la vez, un carácter y un talento superiores. No necesito deciros que su nombre es Carel».

35 Jouen se esforzó por combatir el alcance sintético y el método científico de Aubry y Rau para exaltar en seguida las extensas explicaciones y el método exegético de Demolombe: «Me falta, escribe, señalar dos rasgos distintivos de sus obras; Demolombe quiso ser y ha sido completo». «No ignoro», dijo en su prefacio, la especie de prevención que reina en ciertos espíritus contra los libros de alguna extensión»; tal prevención empero no lo detuvo y con razón. Ser breve y completo, señores, son dos cualidades diferentes, cada una de las cuales tiene su mérito, pero que no pueden ir juntas. Demolombe prefirió la amplitud y la riqueza en sus explicaciones a la brevedad que no formula sino la quinta esencia de las ideas y que descuida, por razón natural, no solo muchas aplicaciones de los principios, sino también y sobre todo, la reproducción del trabajo de espíritu al cual debe uno entregarse para llegar a reconstruir todos los elementos de las deducciones formuladas. Hizo de sus obras una mina fecunda, que puede explotarse sin esfuerzo. Estudió el Derecho civil hasta en sus menores detalles, y reconstituyendo en un lenguaje vivo, en un orden admirable y con una claridad sin igual, todos los elementos del trabajo intelectual que lo llevó a su conclusión, pone la ciencia al alcance de todos, de los que quieran aprender el Derecho y de los jurisconsultos que quieran profundizarlo. El segundo carácter que me queda por señalar en las obras de Demolombe, es el orden que siguió en la explicación del Código civil. Convencido como todos los espíritus verdaderamente científicos que la clasificación es la única manera de poner en relieve los principios, Demolombe no se reduce a seguir el orden de los artículos. Nadie como él ha aplicado mejor el método dogmático, tan superior a la Exégesis de los textos. Pero se cuidó de alterar el orden del Código y escrupulosamente trató, en el lugar que Ocupan, las diferentes materias del Derecho civil. ¡Demolombe tuvo mucha razón! ¡Cuántos inconvenientes presenta ese sistema dogmático exagerado, que obliga al lector, cuando quiere consultar una obra sobre un tema qué el Código civil trató por completo en un solo lugar, a buscar la explicación en dos y, a veces, en tres partes de un volumen, y aun en volúmenes diferentes! Demolombe, deseando con justa razón, que su obra fuese a la vez doctrinal y práctica, evitó ese error de un jurisconsulto alemán, Zachariae, profesor de la Universidad de Heidelberg, quien al escribir un libro de gran valor sobre el Código civil, sustituyó el orden del Código por una división muy diferente, que creyó más lógica, y que, en el fondo, para la enseñanza del Derecho, tiene inconvenientes considerables. El libro de Zachariae, fue un libro meramente doctrinario, una síntesis elemental del Derecho civil. Dos profesores de esa vieja Facultad de Strasbourgo, que era nuestra, tanto por derecho como por el corazón, dos alsacianos, por consiguiente dos franceses, dos jurisconsultos eminentes, que más tarde fueron llamados a la Corte de Casación, dos hombres que honran a la vez a la enseñanza del Derecho y a la magistratura, tuvieron la idea de completar, con notas substanciales, la obra de Zachariae, rectificando, en dichas notas, las opiniones que les parecieron erróneas, completando las explicaciones del texto; tratando las cuestiones controvertidas, y de esta obra puramente teórica, hicieron una obra práctica, mediante la indicación exacta de la doctrina y de la jurisprudencia. Más tarde, Aubry y Rau, conservando el orden de Zachariae, refundieron completamente el texto y lo substituyeron por el suyo, de manera que, actualmente, esa

que puede decirse, según nuestra opinión, sobre la obra de Aubry y Rau, es que semejante tentativa podría ser excusada a raíz de la desaparición de Demolombe; pero, actualmente, nadie podría comprenderla. El ilustre profesor de Caen se complació con un género que entusiasmó a su contemporáneos; pero olvidó, por completo, que en los dominios del Derecho solo pasan a la posteridad las obras de alcance científico, es decir, las que adquieren una técnica serena e impersonal.

## IV

## *EL FILÓSOFO DE LA ESCUELA DE LA EXÉGESIS: TROPLONG. OPINIÓN DE SUS CONTEMPORÁNEOS SOBRE SU OBRA*

38.— Creemos que los *Prefacios* de los diversos tratados de Troplong, ameritan que se otorgue a este el título de «filósofo» de la Escuela de la Exégesis. Además, esos *Prefacios* decidieron, ante sus contemporáneos, el éxito de la obra, acelerando su publicación. Citamos el testimonio de un jurista eminente de la época de Troplong, Boivin Champeaux, Procurador general en la Corte de Caen, que consagró un estudio, ya antiguo, pero lleno de interés, a dichos prefacios, titulado: *Considérations genérale sur les Préfaces des oevres de M. Troplong,* 1876[36]. Con razón se han comparado estos Prefacios con la obra del célebre

obra considerable en la ciencia, se llama y es, en realidad el *Curso de Derecho civil francés,* según el método de Zachariae, por Aubry y Rau. Es imposible, cuando se aprecian las obras de Demolombe, olvidar la de Aubry y Rau. Esta no es rival de la de Demolombe. Ni de cerca ni de lejos se parece a esta. La obra de Aubry y Rau es la síntesis por excelencia. Los principios son formulados en una palabra. Las controversias resumidas, y los sistemas adversos, indicados sin explicación. A veces se encuentra la afirmación de una deducción discutida sin argumentos en su apoyo. Las soluciones, generalmente excelentes, a veces son paradójicas. Pero, también, ¡cuánta precisión y cuánto vigor! Cada frase lleva, y en una linea se encuentra todo un sistema, toda una teoría. Agrego que el estado de la doctrina y de la jurisprudencia se expresa con gran cuidado. La obra de Aubry y Rau no daña a la de Demolombe, como esta no daña a la de aquéllos. Si queréis recordar el conjunto de una materia y recordar casi de un golpe las grandes líneas y dificultades del tema, leed a Aubry y Rau. Y todas las veces que podais no descuideis ni una ni otra de las dos obras. Ambas se completan mutuamente. Pero el Curso del Código civil de Aubry y Rau no enseñará el Derecho a quien solo lo sabe imperfectamente. Para comprenderlo, para aprender el alcance de un libro tan conciso en la forma y la idea, es preciso ser casi un jurisconsulto. El curso del Código civil de Demolombe está al alcance de todos, del que quiera aprender el Derecho y del que lo sabe. ¡Qué elogio más bello puede hacerse de un libro de Derecho!» Después de lo anterior Jouen dice que la obra de Demolombe se ha convertido en clásica. Lo que hemos dicho en párrafos anteriores del carácter clásico de la obra de Aubry y Rau, nos dispensa de insistir sobre la ausencia del mismo en el Tratado de Demolombe: Esta es, esencialmente, la expresión subjetiva de las tendencias oratorias y sentimentales de una época; no tiene estabilidad y serenidad, únicas cualidades que confieren a una obra el carácter clásico.

36 El autor de este estudio, que se encuentra en un discurso de ingreso a la Corte de apelación de Caen se expresa así: «La revolución de 1830, aunque realizada en nombre de la legalidad, no dio desde un principio la señal del renacimiento de los estudios jurídicos. Los alumnos inscritos para seguir los cursos eran frecuentemente solicitados por los llamados

Portalis: *De l'usage et de l'abus de l'esprit philosophique au XVIII siècle* Al mismo tiempo, después de elevarlo al plano de los más grandes jurisconsultos de la

---

exteriores. «El estudio requiere calma y recogimiento, decía recientemente el arzobispo de París, sufre por las agitaciones exteriores». Ahora bien, cuando el Gobierno de julio hacía sus primeras armas, no había semana en que la efervescencia popular, fomentada por las sociedades secretas y animada por los debates borrascosos de las Cámaras, no descendiese a la plaza pública. Según el testimonio de Guizot, el alboroto era flagrante y continuo. Los mismos anfiteatros de la Escuela eran invadidos, y Rossi era obligado a abandonar su cátedra. Las gentes prudentes, espectadores alarmados de estos desórdenes, se lamentaban de la facilidad con que una fraccción de la opinión pública perdonaba a sus autores y se decían entre sí: «El Derecho huye». Por estos días, fue cuando el librero Charles Hingray vio un día entrar en su casa a un desconocido, que llevando un rollo de papeles en la mano, venía a proponerle que imprimiera y editara un libro de Derecho. Este audaz era joven aun, alto, de felices proporciones y llevaba la cabeza un poco caída, como la espiga madura y llena de que habla Montaigne. Sus rasgos eran menos notables por su regularidad que por la expresión de fuerza y de voluntad de que estaba animado. Su acento girondino, y en sus ojos brillaban todas las llamas del espíritu francés que denunciaba su origen. Era un magistrado. Había pasado, y esto me autoriza a hablaros de él después de otros que lo han hecho elocuentemente, había pasado, digo, por vuescra jurisdicción, substituyendo a Alençon; pero permaneció aquí el tiempo necesario para hacerse apreciar, de aquéllos que lo conocieron de cerca, como el padre de uno de nuestros colegas, el presidente Collas. Después de haber vivido en Córcega algunos años vino a Francia como Presidente de la Corte de Nancy. Me refiero a Troplong. Hingray sufrió la seducción de la persona; ¡pero era comerciante! observaba la dirección del espíritu público para dirigir conforme a ella su negocio y vacilaba arriesgarse en una empresa tan audaz. Subordinó, se dice, su concurso a la opinión de un jurisconsulto eminente, Persil, que pronto recibiría los sellos. Este leyó el manuscrito y animó al editor. Esa obra fue «*Privilèges et Hipotheques*», que se publicó en tres volúmenes durante el año 1833. Ya conocéis el subtítulo: «*Derecho civil explicado según el orden del Código, obra que continua a la de Toullier, pero en la cual se adopta la forma más cómoda del comentario*». Troplong anunciaba así que este tratado no era el único terminado. En efecto, el *Commentaire de la prescription* en cuatro tomos, y el *De la Vente,* en tres, se entregaron al público antes de terminar el año 183 3, Venta, prescripción, hipotecas, forman una vasta trilogía, en cuyos círculos se hallan expuestos, discutidos y resueltos los más graves problemas relativos a la propiedad. La sensación fue considerable y el éxito rápido. La Escuela y el Palacio de justicia por lo regular divididos, se unieron en un vivo sentimiento de sorpresa y de aprobación. La misma prensa periódica detuvo un instante su atención de las luchas heroicas que sostenía el Ministerio y de la famosa querella literaria entre los clásicos y románticos, para repetir, con sus cien bocas, el nombre, hasta ayer obscuro y en lo adelante célebre, del modesto magistrado de provincia, y en el momento que se le creía muerta, la ciencia del Derecho entra en una era de rejuvenecimiento y fecundidad, cuyos frutos recogemos actualmente. ¡Cómo Troplong, que no tenia a su disposición ni cátedra ni tribuna, llegó a cautivar en esta forma, a la opinión pública y a triunfar de su indiferencia! Uno de sus medios había sido colocar al principio de cada uno de sus comentarios, como un pórtico que servía al mismo tiempo para decorar, y apoyar al edificio, una introducción espaciosa, donde, rompiendo la coraza de las fórmulas, y suprimiendo la parte técnica de las discusiones, —a riesgo de granjearse la critica que un día le hizo el viejo Berryat de Saint-Prix, de hacer romances so pretexto de hacer Derecho—, exponía claramente tanto a los profanos como a los iniciados, las grandes teorías que deben, apoyadas unas sobre otras, reglamentar armoniosamente en una sociedad bien organizada, las relaciones de los individuos que la componen. La tentativa era audaz pues la mayoría de los lectores no se detiene a leer los prefacios; sin embargo,

antigüedad, se ha afirmado que gracias a sus conocimientos de la historia y de la filosofía, Troplong desempeñó, en la interpretación del Código civil, el papel de Portalis en su elaboración[37]. Dufour dice al respecto: «Portalis, hablando como legislador, decía: interroguemos la historia, ella es la física experimental de la legislación. Troplong, procediendo como jurisconsulto, supo hacer de la historia la física experimental de la jurisprudencia. Al mismo tiempo la Filosofía del Derecho encontró en él un adicto fiel... en la historia de la Filosofía del Derecho su trabajo señala una época».

39. — A raíz de la muerte de Troplong, su biógrafo Dufour (Troplong, *Son oevre et sa méthode*, 1869) planteaba, en los mejores términos, la cuestión de saber qué juicio daría la historia sobre la obra de Troplong[38]. Concluía dicien-

---

Troplong triunfó con este método; por ello, acordándose siempre de su feliz principio, permaneció siempre fiel a ese método. En su última obra de Derecho, publicada cuando había alcanzado fortuna y renombre, parece que su introducción es la parte que revisó con más cuidado y solicitud. Quisiera, durante algunos instantes, entreteneros con esos prefacios en los cuales se distingue, con toda su inspiración, la originalidad de Troplong. Aparecieron a intervalos más o menos alejados, bajo regímenes muy diferentes; sin embargo, están unidos con un lazo común e inspirados por una convicción perseverante. Se observa en ellos el fondo de un respeto grave y sincero por las grandes concepciones que el espíritu humano ha depositado en los monumentos de legislación y en los libros de los jurisconsultos de todos los tiempos y de todos los países; pero en cada página encontramos la expresión de una admiración profunda y de una preferencia patriótica por el estatuto que rige a la sociedad francesa. *Considérations genérales sur les Préfaces des OEuvres de* M. *Troplong,* Caen 1876. V. además: Dufour, *Troplong, son oeuvre et sa méthode.* París, 1869.

37 Su defensa del Código civil, dice Dufour, nos es conocida. Un escritor contemporáneo, hablando del segundo Imperio, dijo de Troplong que habia sido un Portalis sin el Código civil. Encontramos allí el lenguaje de la polémica, superficial y pasajera como ella. Hablando propiamente, el Código civil no es obra ni de Portalis, ni de ningún otro; es obra de todo el mundo. Fue la disputada victoria de la Francia moderna, sobre la Francia antigua. Pero la historia, cuando haya sucedido a la crónica, dirá de esta conquista que si Portalis nos ayudó a hacerla, Troplong a conservarla. Pues el Derecho francés, en su última fórmula ha sido atacado con tanta vivacidad, como antiguamente lo fueron las costumbres, primera expresión del Derecho nacional. A ejemplo de Dumoulin, Troplong levantó su voz para defenderlo. En una serie de discusiones fuertes, vivas, repetidas, puso en relieve los principios que le sirven de base, probó su fidelidad al principio democrático que domina la escena moderna, al mismo tiempo que su respeto por las tradiciones respetables, mostró en fin, su lado liberal, equitativo, humano. De esta manera hizo penetrar en los espíritus la idea de que el Código civil es, verdaderamente, la expresión más feliz de la ley que convenía a nuestras costumbres, a nuestra sociedad, al estado de nuestra civilización; proporcionó asi a sus adversarios la ocasión de quererlo menos, y a sus partidarios nuevas razones para amarlo más. Le ganó amigos en todas partes».

38 «Hace algunos meses, declara, hubiera tenido que detenerme aquí. Troplong estaba aún en plena marcha; no había nada que concluir. Pero el primero de marzo último (1869), se extinguió de repente su gran inteligencia, enriquecida por tanto estudio. Por primera vez, desde hace cincuenta años, su mano laboriosa descansó, helada por la muerte, dejando sin terminar su monumento. *Pendent opera interrupta!...* ¡Esta obra ininterrumpida, sostenida durante mucho tiempo por el crédito de su autor, actualmente se encuentra aislada sin más apoyo que ella misma! Y con ese sentimiento de curiosidad que nos es propio y que

do que la ciencia del Derecho, que estaba reconocida a los más grandes jurisconsultos de los tiempos antiguos «por haber sido los representativos de una idea imperecedera, cuya grandeza los había sostenido, tales como Dumoulin, Cujas, Domat, Pothier... conservará también la memoria de Troplong porque fue digno émulo de estos, hasta donde lo exigían las necesidades de su tiempo; émulo de Dumoulin, en su defensa del Código civil de Cujas, en su método; de Domat, por sus miras filosóficas; de Pothier, por sus esfuerzos en favor de la propagación de la ciencia del Derecho».

En verdad el biógrafo no desconocía las críticas dirigidas a la obra de Troplong. Pero, a pesar de ellas concluía, como hicieron después respecto de Demolombe los admiradores de este, que fue el primer jurisconsulto no solo de su época, sino también de los tiempos modernos[39].

---

desea sobrepasar los secretos del tiempo, se ha preguntado ya. ¿Qué será de ella? Después de haber ejercido sobre la jurisprudencia de nuestra época tan indiscutible influencia, ¿cómo será juzgada en el porvenir? Cuestión delicada, quizás temeraria, que no osaría plantearme a mí mismo si tuviera que resolverla. Sin embargo, es evidente que a nadie se le puede ocurrir, y mucho menos a mí, fijar desde hoy el lugar que ocupará Troplong entre los iurisconsultos. Esto corresponde a la posteridad, cuyos juicios no siempre están de acuerdo con las opiniones contemporáneas. Pero aunque seria prematuro tratar de resolverla actualmente, no nos está prohibido examinarla, agitarla aunque no sea sino para advertir los títulos que Troplong podrá hacer valer el día de la sentencia definitiva. Así, únicamente en estos términos, continuaré hablando: «Mi opinión, diré con Montaigne, declara la medida de mi vista, no la medida de las cosas».

39 «Troplong, dice su biógrafo, vio, durante más de cuarenta años, sus obras en todas las manos, su autoridad universalmente reconocida, su mérito proclamado por todas las opiniones. No es que hayan faltado, como se sabe, críticas a su obra; tampoco es que hayan estado mal fundadas. Es imposible que trabajos tan vastos no presenten puntos vulnerables. Yo mismo, después del estudio que acabo de hacer de la obra, puedo señalar algunos. Pero, ¿qué importan esas imperfecciones de detalle, inseparables a toda obra humana? Son tachas ligeras que se pierden entre la grandeza del conjunto. Se han hecho libros enteros contra Cujas y sus contradicciones, y estas diatribas hubieran caído en la nada desde hace mucho tiempo, si como el musgo que ataca la base de los grandes monumentos, no nos hubieran llegado, a la sombra del mismo Cujas. Troplong presenció también, la crítica ardiente a su obra, pero ninguna crítica la conmovió; permaneció firme en sus líneas principales, mostrando así que encierra un principio de vitalidad que la asocia al trabajo incesante de los espíritus y la sostiene por mucho tiempo al nivel de sus nuevas conquistas. Por esto la opinión pública, que no es injusta por mucho tiempo, maravillada por estos repetidos testimonios de un talento que crecía sin cesar, ahogó bajo su admiración durable los recuerdos de una crítica pasajera. Hace ya veinticinco años, un hombre que no prodigaba vanamente sus elogios, Marcadé, afirmaba que Troplong era «el gigante de los intérpretes del Código»; y un magistrado ilustre, reconocido por su talento, pudo llamarlo en su presencia y sin halago, «el primer jurisconsulto de los tiempos modernos». Por mi parte estoy convencido de que estos juicios contemporáneos serán confirmados por la historia. No es que toda la obra de Troplong esté destinada a sobrevivirle por completo; si tal pensáramos nos forjaríamos una ilusión. La jurisprudencia, repito, es una ciencia que marcha. Las leyes cambian; los intereses se modifican, los puntos de vista se desplazan, las dificultades vuelven a presentarse cuando ya se creían resueltas; nuevas dificultades surgen al lado de las que se extinguen, y también algunas soluciones que deben terminar todo. El comentario práctico de una ley, como el Código de Napoleón, es

## V

## *EL POLEMISTA DE LA ESCUELA DE LA EXÉGESIS: MARCADE; CONTRADICCIÓN ENTRE EL HOMBRE Y SU FE, EN LA DOCTRINA EXEGÉTICA*

40.— Los primeros estudios de Víctor Napoleón Marcadé se hicieron en el seminario, y su primera intención fue dedicarse al estado eclesiástico. Es necesario insistir sobre la causa que le impidió seguir su primera vocación, pues la naturaleza de aquella, muestra la influencia que la Escuela de la Exégesis ejerció sobre todos los grandes juristas del siglo XIX. En efecto, Marcadé se inclinó ante la doctrina de la Escuela de la Exégesis, aunque temía, sobre todo, no aceptar en todo su rigor la doctrina católica. Marcadé, cuya vida entera estuvo dominada por la preocupación religiosa y cuyo vuelo místico es innegable, como lo demuestran sus *Etudes de science religieuse*[40], se adhirió al catolicismo liberal. De aquí sus vacilaciones para abrazar de una manera definitiva el estado eclesiástico en razón de los ataques de que fue objeto esta tendencia, en su persona, durante su juventud. El mismo consignó su confesión en el prefacio de sus *Etudes de science religieuse,* siendo conveniente que reproduzcamos algunos párrafos de esta confesión; repetimos que no solamente aclara la fisonomía personal de uno de los más ilustres juristas del siglo XIX, sino también que revela el poder que tuvo la Escuela de la Exégesis en el mundo científico de esa época.

«Después de haber publicado hace varios años, en un diario, —escribe Marcadé—, una parte de las reflexiones que entregamos hoy al examen del público y, sobre todo, de los jóvenes, tuvimos que resistir vivas críticas y rudas agresiones en sentidos diversos. En tanto que los católicos a quienes consideramos dignos de toda estimación, pero a los cuales creemos más escrupulosos que preparados, nos acusaban de lesionar la pureza de la doctrina evangélica, al aceptar las ideas liberales, que estiman incompatibles con aquella, los par-

---

un trabajo que debe hacerse cada treinta años. El de Troplong no estará al abrigo de la caducidad inexorable. Poco a poco se verá envejecer bajo el peso del tiempo, y desprenderse de más de una de aquellas partes que actualmente constituyen su ornamento, como acontece con la encina, según dijo Lamartine, «como la encina alrededor de sí ve caer sus hojas marchitas». Pero el. árbol mismo, aunque despojado de sus verdes adornos, queda en pie, sostenido por sus potentes raíces. El libro también vivirá por sus grandes páginas que la filosofía ha marcado indeleblemente; por sus partes históricas que ya no se harán de nuevo, porque no podrían hacerse mejor; en fin, por ese método, qué deberá imitársele para superarlo. Troplong tendrá la gloria de que será necesario robarle sus armas para vencerlo».

40 El título completo de la obra, que se publicó en 1847, es el siguiente: *Études de Science religieuse expliquée per l'examen de la nature de l'homme,* conteniendo, con un prefacio histórico y filosófico: 1.° los principios de Teodicea y el establecimiento de la misión divina de la Iglesia; 2° un examen demostrando el acuerdo íntimo de la razón y de la fe, del liberalismo y del cristianismo; 3° Misceláneas terminadas por la crítica del juicio sobre Voltaire, su filosofía y la revolución en la Historia de los Girondinos.

tidarios de un liberalismo que quisiéramos reinara en todas partes, pero que nos parece infundado sin los principios cristianos, nos acusaban de destruirlo, al cimentarlo en dogmas y principios que, en su opinión, lo conducen en retroceso. Así, en tanto que quisimos contribuir con nuestras débiles fuerzas, a que marcharan juntos y hacia un fin común, los dos campos, cuya reunión, ordenada por la verdad de las cosas, sería tan preciosa para el porvenir de nuestra Francia y de la humanidad; en tanto que queríamos contribuir en alguna forma, para violentar esta fusión de ideas, inevitables en sí, y que tarde o temprano se realizará, porque sin duda alguna es deseo de Dios; en tanto que queríamos hacer comprender a los católicos, que las ideas cristianas conducen tanto al liberalismo como a sus consecuencias forzadas; y al hombre liberal, que su sistema solo está basado lógicamente si descansa en las ideas cristianas, hemos tenido, no siempre, pero sí a menudo, el dolor de que ambos nos rechazaran y de que se obstinarán en conservar, el primero, un principio despojado de su consecuencia, el segundo, la consecuencia separada del principio; uno y otro, y sobre todo, el primero, se alejaban de nosotros diciendo; «No eres sino un nuevo Lamennais».

41. — Sea de ello lo que fuere, polemista en el terreno dogmático, Marcadé debía también encarnar este papel en el seno de la Escuela de la Exégesis. Pero, en el dominio del Derecho, el ardor crítico y combativo de Marcadé tomó otro sesgo, pues en este el autor aceptó un dogma y lo consideró como absolutamente intangible. Este dogma no fue otro, como veremos en las citas de los capítulos II y III, que la doctrina y el método exegéticos en todo su rigor y pureza más absoluta. Aunque Marcadé se negó a ver «el error en el solo hecho de que no se aceptara íntegramente el dogma católico, en cada página de su obra califica de erróneas las opiniones *contrarias* a la suya. A todo instante se trata de los «errores» de Toullier, de los «errores» de Duranton, etc. Este dogmatismo acervo debía dañar a la obra de Marcadé ante la Historia, y reducirla, en los espíritus, a una obra de simple polémica, esto fue lo que aconteció. El éxito triunfal que obtuvo, por lo menos en la práctica, al publicarse su Tratado y en vida del autor, después de su muerte se debilitó rápidamente, hasta extinguirse. Es de lamentarse esto, pues la forma de la obra de Marcadé no excluye, por completo, una ciencia jurídica profunda y contiene soluciones que, aun actualmente, dan la clave de muchas dificultades de interpretación del Código civil.

42. — Este aspecto de la obra de Marcadé no nos interesa por el momento; nos proponemos aquí, ante todo, poner de relieve lo que caracteriza a esta gran figura exegética, y lo que tiene de más noble; tenemos en consideración más a la Escuela de la Exégesis a la cual perteneció, contribuyendo excesivamente a realzar su brillo, que al hombre mismo. Es preciso cuidarse de ver simplemente en el que calificamos de polemista de la Escuela, un espíritu apesadumbrado y áspero. Los móviles más elevados inspiraron siempre a Marcadé en todas las controversias exegéticas que sostuvo; es más, solo se

inspiró en un móvil: el culto a la verdad. En efecto, en este culto se manifiesta el misticismo profundo que siempre dominó a Marcadé. Un extracto de su libro: *Études de Science religieuse* convencerá al más prevenido[41]; en cierta forma nos presenta a Marcadé en éxtasis, ante la verdad divinizada. Además, no tenemos en consideración los vuelos místicos que nos revela el mencionado libro de Marcadé. Únicamente señalaremos la parte final de dicho libro, en la cual se muestra en una verdadera comunión con la esencia misma del catolicismo, comunión que Marcadé encuentra en el amor[42].

---

41 Marcadé escribe: «Hay en el orden moral una cosa a la cual todo hombre aspira desde el fondo de sus entrañas, como el viajero de la tierra extraña por su patria, como el soldado en el campo de batalla por su hogar, como el pobre marinero en el seno del océano por su adorada familia. Todos, sin distinción, fuertes y débiles, sabios e ignorantes, jóvenes y viejos, todos, llevamos en nosotros el deseo profundo de esa cosa, porque todos estamos destinados a ella. Tal cosa es la Verdad. ¿Veis ese niño cuya inteligencia apenas recibe su primera explicación? Va a colmarnos con sus preguntas; ¡no se expresa sino por el Cómo y el Por qué!... El niño, sin comprenderlo aún, tiene necesidad de la Verdad. ¿Veis esa familia del pueblo, reunida alrededor del hogar, en una tarde de invierno? ¡Cómo escucha con avidez a la nieta que lee o al abuelo que cuenta una historia!... El hombre del pueblo no siempre lo sabe, pero tiene necesidad de la Verdad. Y aquel hombre, encanecido por el estudio, que veis entrar por las tardes en su casa, después de sus trabajos científicos del día, ¿creeis que inmediatamente va a tomar el reposo de la noche?... No, va a pasar largas horas aun buscando la Verdad. Todos tenemos necesidad de la Verdad. El hombre, cualquiera que sea, no puede hacer que no haya en él una inteligencia, no puede hacer que esa inteligencia no tenga hambre; no puede hacer que la comida de esa inteligencia no sea la Verdad. El hombre tiene necesidad de la Verdad, y cuando la aprende y abraza, experimenta una indecible alegría, se siente dichoso: le sirve de reposo. ¡Ved esa inmensa asamblea, reunida alrededor de un hombre, que mantiene su atención pendiente de sus labios! Vedla aplaudir de alegría y agitarse convulsivamente bajo la palabra, mirada y gesto de aquél a quien escucha. ¿Cómo es posible que ese ser indeleble y débil conmueva a tantos hombres? ¿Por qué ejerce sobre ellos tan magnífica influencia? Es que ha sabido descubrir, después hacerla penetrar vivamente en sus almas, alguna pequeña parte de la Verdad... ¡Oh!, no, el hombre no vive solamente del pan; sino también de la Verdad, de esa palabra que se escapa de la boca de Dios. El hombre no es solamente ese cuerpo formado de materia, que como todo lo que es materia, solo se sostiene por el socorro incesante de las sustancias materiales; el hombre es, sobre todo, alma, sustancia espiritual, que no se nutre sino de pensamiento y sentimiento, es decir, por la comprensión y amor a la Verdad que recibe de Dios: *Non in solo pane vivit homo; sed in omni verbo quod procedit de ore Dei.* ¿Y qué es, pues, la Verdad, para ser tan bella y potente, grande y fuerte? ¡La verdad! Es la Belleza y Potencia misma, la Grandeza y Fuerza por esencia; es la Justicia, la Sabiduría, la Ley Suprema, el Orden universal, es la Vida, es Dios. ¿Cómo, pues, podría no aspirar el hombre a ella con toda su naturaleza, puesto que es su principio necesario y su inevitable fin? Por consiguiente haremos bien en no escapar a esa ley moral de nuestra naturaleza; así como el cuerpo no podría existir sin pan, el alma no puede pasarse sin el pensamiento; la verdad es esencial al hombre».

42 «El catolicismo, dice, es el amor, y por esto debe comprenderse, cómo esas vírgenes abandonan todos los goces de esta vida, para dedicarse a intruir a las huérfanas, para rogar, en el fondo de su corazón, por sus hermanos o para prodigar a los enfermos los más repugnantes cuidados. Debe comprenderse a esos hombres que dejan una brillante fortuna, una bella posición en el mundo, para ir por los desiertos, y unirse más intimamente a su Dios, meditar más profundamente, y explicar a los demás las grandes verdades de la

43. — Como se advierte, es imposible conciliar en Marcadé al hombre con el jurista y su le exegética. En electo, en los dominios de los dogmas religiosos, Marcadé vacila, distingue y finalmente trata de consolar su alma atormentada, refugiándose en un misticismo profundo; por el contrario, en el terreno puramente humano Marcadé acepta el dogma de la Exégesis, en toda su extensión y con incomparable fe; la doctrina y el método de la célebre Escuela

salvación. Estos eran eminentemente católicos; amaban a su Dios y a sus hermanos. El mundo dice que eran locos y tiene razón sin saberlo, pues el amor es una locura... ¿No es un misterio de locura la reparación de la humanidad por Jesús? Un Dios que ama al hombre hasta revestir la forma humana y morir en un patíbulo entre dos fascinerosos. ¡Un Dios! ¡Oh! Tal amor era sublime, debía escandalizar al mundo... y ¿no es la locura, la locura del amor la más alta perfección que un hombre puede alcanzar? ¿Tiene razón el que ama?... ¿Es que razona la abnegación? ¿Razonaban esos soldados de nuestra República que veíamos, sin pan y sin calzado, correr gozosos ante el fierro y fuego del enemigo, y caer en los campos de batalla gritando con entusiasmo: ¡Viva Francia!? Eran locos, locos de amor de la gloria, por la abnegación a la patria; y su locura les conquistó la inmortalidad, al mismo tiempo que salvó a nuestro país. Que el mundo, con su razón fría, desprovista de sentimientos, y por esto mismo truncada y contra la naturaleza (pues una cabeza sin corazón no es más que un hombre con corazón sin cabeza) fije límites matemáticamente precisos al amor de Dios para el hombre, del hombre para Dios y del hombre para sus hermanos, a fin de que quede en ridículo cuando vea sobrepasados sus límites; el católico sabe que la medida del amor, es amar sin medida: *Modus amandi, amare sine modo* Así pues, esa ley cristiana tan rudamente atacada, que se ha considerado como invención del hombre, extraña o contraria a nuestra naturaleza, a nuestras necesidades, a los atributos de nuestro ser, a las enseñanzas de nuestra razón, la hemos estudiado en sus principales puntos, en aquellos que, sobre todo, nos eran presentados como más absurdos o ridículos, y he aquí que siempre lo hemos encontrado en nuestro propio interior, como la expresión de nuestros más necesarios sentimientos, y de nuestras necesidades más íntimas. Escrito en el fondo de nuestros corazones, nació con nosotros y crece con nosotros. Es esa luz de que habla el evangelista, que vino a alumbrarnos en el momento mismo de nuestra llegada a este mundo: *Erat Lux vera quae illuminat omnem venientem in hunc mundum.* Cuando se ofrece a nosotros, ese catolicismo que no se sabe comprender, no es un extraño el que se nos presenta, sino un buen amo que vuelve a sus dominios, como decía también San Juan: *In propia venit;* es un amigo que viene a encontrar a sus amigos perdidos, un padre que busca a sus hijos que el error aleja de él; y estos hombres, que rehusan oír su voz, han sido criados por él, alimentados en su mesa, son los suyos: In Propria venit et sui cum non receperunt. Lejos de que la fe cristiana esté en contradicción con la razón, es su perfeccionamiento; el cristianismo es el racionalismo completado por la revelación divina; y la razón reducida a sí sola, es el pedestal sin la estatua, la piedra de espera y el edificio inacabado. Abracemos, pues, ese catolicismo tan sencillo y sublime, tan grande y fácil de comprender; seamos católicos, amemos. Amemos a Dios, fuente de todo bien, y cumplamos su ley, amemos a todos los hombres, hijos del mismo padre, proclamemos por ellos y por nosotros esas magníficas ideas de Libertad, Igualdad, Fraternidad, tan poderosas para procurarnos la gloria y la dicha de todos, y si un día (que Dios nos libre de él, pero todo nos dice que debemos temerlo bajo este reinado innoble del dinero y de la corrupción), si un día ese profundo malestar del pueblo, que el egoísmo de algunos aumenta más y más, llama sobre nuestra Francia nuevos trastornos, nuevas perturbaciones, podremos, por lo menos, llamarnos inocentes y dar testimonio de no haber contribuído en nada a las desgracias de la patria». V. Sobre Marcadé: Paul Pont, *Notice sur Marcadé,* Revue critique de législation, 1854.

constituyen, para él, la verdad. ¿Qué escuela científica puede vanagloriarse de haber ejercido una influencia tan irresistible sobre los espíritus más elevados?

## VI
## *FR. TAULIER: UNA FIGURA DELIBERADAMENTE DOCTRINARIA Y RACIONALMENTE ÍNTEGRA*

44.— Las citas de la obra de Taulier son las que menos hemos hecho como demostrativas de la doctrina y métodos de la Escuela de la Exégesis. En este lugar solamente deseamos llamar la atención sobre esa original figura que con deliberada intención se obstinó por presentarse, en Derecho civil, como exclusivamente doctrinaria y racionalmente íntegra, aun cuando no desconoció ninguno de los elementos constitutivos de la ciencia del Derecho, como lo demuestra su estudio titulado: *Des progrés de la jurisprudence en France,* publicado en 1838, y también las declaraciones contenidas en el prefacio a su *Theorie raisonnée du Code civil,* a que nos referiremos más adelante. Pero Taulier siempre pensó que el comentador del Código de Napoleón debía, en cierta forma, sujetarse al «espíritu puro», y con fundamento en la razón, permanecer en comunión con él, descartando o destruyendo, en caso necesario, todo lo que fuese un obstáculo para llegar a él.

45.— Este concepto del papel del jurista es tanto más demostrativo del imperio de la doctrina exegética sobre Tauber, cuanto que este estuvo íntimamente ligado al movimiento social de su tiempo como Alcalde de la villa de Grenoble, demostrando ser un eminente administrador; sociólogo ante la letra y en el sentido práctico del término, dotó a Grenoble de una institución célebre. *La Association alimentaire,* que le valió las aprobaciones de los filántropos y economistas. Nada sería más curioso que establecer un paralelo entre Taulier el comentador del Código Napoleón, tal como se mostró en su *Theorie raissonnée du Code civil* y Taulier, el hombre de progreso social, tal como se revela en su obra: *«Le Vrai livre du peuple, ou le Riche et le Pauvre: histoire et tableau des institutions de bienfaisance et d'instruction primaire de la Ville de Grenoble,* 1860. Fr. Taulier no debía ser excluido de la galería de los más ilustres representativos de la Escuela de la Exégesis. Al hacerlo, Charmont y Chausse dieron, en el *Livre du Code civil* un cuadro singularmente incompleto de los intérpretes del Código de Napoleón[43].

[43] Comp. Exupère Caillemer, *Frédéric Taulier, sa vie et ses oeuvres* 1806-1861, París, 1874.

# CAPÍTULO II

# DOCTRINA DE LA ESCUELA DE LA EXÉGESIS

46. — La exposición de la doctrina de la Escuela de la Exégesis, es decir, de su concepto sobre los elementos constitutivos de la ciencia del Derecho civil, se encuentra principalmente, en los *Prefacios* a las obras de sus representativos. Algunos de estos prefacios son célebres, constituyen, como hemos dicho, verdaderas profesiones de fe, caracterizadas por un dogmatismo intransigente e impregnadas de la convicción más profunda en la virtud regeneradora de la nueva Escuela. Desde este punto de vista citaremos, a título de ejemplo, algunos extractos del prefacio ya olvidado actualmente, que Taulier, profesor de la Facultad de Grenoble, colocó al principio de su *Theorie raisonnée du Code civil;* esta obra fue escrita en 1840, en pleno apogeo de la Escuela Exegética. Contiene algo así como un canto de partida; visiblemente los recuerdos históricos de la tierra del Delfinado animan al autor; en otro dominio, parece que está bajo la impresión de entusiasmo y de resolución que provocó, medio siglo antes, la Asamblea de Vizille, rompiendo con el pasado e iniciando la Revolución francesa.

Taulier cree, con toda su alma, en la regeneración de la ciencia del Derecho civil por la Exégesis: «El libro que emprendo, escribe, es el resultado de una convicción ardiente. Quiero restituir a la ciencia del Derecho civil el carácter de pureza que la hace bella; quiero mostrarla en lo que tiene de primitivo, de íntimo y fecundo, haciendo su estudio más atractivo y fácil para los espíritus no iniciados, y ofreciendo a los conocedores el conjunto de sus elementos, cuya claridad constituye su potencia, y cuya sencillez, su profundidad... Fuente para estudiar, fuente para fortificar, cuadro para recogerse, tales son las tres fases sobre las cuales he concebido y por las cuales se revela la utilidad de mi obra... *De joven comprendí la necesidad de vivir con mi siglo...* Me he esforzado por ser sencillo, natural, veraz, y poco espero de esa torturadora habilidad que no es sino engañoso esfuerzo del espíritu y estéril riqueza... Lejos de mí el pensamiento de proclamar una independencia absoluta y de substituir las verdades admitidas por sueños caprichosos. En todas las cosas amo el progreso, pero el progreso racional, reflexivo, sucesivo... que no inspira ni la ambición, ni la impotencia, sino el amor de lo bello y verdadero; que tiene piedad por los sistemas decrépitos, pero que los ama como nobles ruinas, como tipos preciosos de comparación entre lo que fue, lo que es y lo que será; el progreso, en una palabra, cortés en sus ataques, leal en sus deseos, moderado en sus esperanzas, fundador y conservador. ¡Basta ya de modestias! Cuando un hombre afirma con todo su espíritu, que no existe el progreso, ¿quién puede creerlo?»

Así pensaba la Escuela de la Exégesis. ¿Cuál era pues esa doctrina tan nueva, tan progresista, tan científica, por la cual sentía una fe absoluta? Varios rasgos la caracterizan y la única dificultad que se experimenta, es la elección de las fórmulas que los traducen, en la enumeración de los mismos, según las obras de la Escuela.

47.— I. *El culto al texto de la ley.* El primer rasgo distintivo, el rasgo fundamental de la Escuela de la Exégesis, es *el culto al texto de la ley* o, mejor dicho, el culto a la ley, substituido por el culto al Derecho; para ella el Derecho positivo debe ser la preocupación dominante, es decir, exclusiva, del jurisconsulto, y el Derecho positivo se identifica por completo con la ley. Los juristas que se consagran al estudio de] Derecho moderno, y especialmente del Derecho civil, deben, pues, partir de los textos del Código de Napoleón, y situarse rigurosamente en el campo de acción de este Código. La situación la resumió Bugnet diciendo: *«No conozco el Derecho civil, solo enseño el Código de Napoleón.* Todo el sistema, contenido en esta frase, fue ampliamente desarrollado por los ilustres paladines de la Escuela. Los Códigos, escribe Laurent, no dejan nada al arbitrio del intérprete, este no tiene ya por misión hacer el Derecho: el Derecho está hecho. No existe incertidumbre, pues el Derecho está escrito en textos auténticos. Pero para que los Códigos presenten esta ventaja, es preciso que los autores y magistrados acepten su nueva posición. Con gusto diría que deben resignarse a ella. Sin embargo, se cometería un error con ver en él una especie de abdicación o de decadencia... No es verdad que el papel de los jurisconsultos se encuentra reducido; solo que no deben tener la ambición de hacer el Derecho al enseñarlo, o aplicarlo; su única misión consiste en interpretarlo... A ellos no les toca el trabajo de legislar, sino al poder legislativo. La consecuencia es evidente: haciendo el Derecho, los autores y los magistrados usurparían al Poder que la Nación soberana ha investido con esa atribución»[1].

«Mi divisa, mi profesión de fe, declara Demolombe, es la siguiente: *¡Los textos ante todo!* Publico un *Curso del Código de Napoleón.* Tengo, pues, por objeto, interpretar, explicar el Código de Napoleón mismo, considerado como ley viva, como ley aplicable y obligatoria, y mi preferencia por el método dogmático no me impedirá tener siempre, como base, los artículos mismos de la ley»[2]. Mucho antes de Demolombe, al día siguiente de la promulgación del

---

[1] Laurent, *Cours élémentaire de droit civil,* t. I, préface, p. 9.
[2] Demolombe, *Cours du Code Napoleón,* t. I. préface p. 3.

Código de Napoleón, Proudhon expresaba la misma concepción con fina ironía: los textos, y no otra cosa, tal debería ser, según él, la divisa del jurisconsulto. «La unidad de legislación establecida por el Código de Napoleón, escribía, es una ventaja inestimable para Francia; pero, para obtener su goce pleno, debemos tener cuidado de desprendernos de muchos prejuicios antiguos»[3]. Estos prejuicios no eran otros, según el jurisconsulto del Franco-Condado, que la tendencia a recurrir al antiguo Derecho o al Derecho romano, para explicar el Código de Napoleón. ¡Para qué, decía, esta tendencia!, solo puede dañar a la ciencia del Derecho[4]. Solo los textos del Código importaban a Proudhon, los textos en estado puro, abstracción hecha de toda mezcla: «Es en el Código de Napoleón donde debe estudiarse el Código de Napoleón, repite. Compararlo con los otros códigos que lo han seguido, para compenetrarnos de él, compararlo con él mismo, enseñándolo a los demás, tal es la tarea que nos hemos propuesto llenar»[5].

---

3 Proudhon, *Cours de droit français*, t. I. préface, p. XII.

4 Proudhon se expresa así: «Los autores de esta inmortal obra, inspirándose a veces en el Derecho romano, en las disposiciones más sabias de nuestras antiguas costumbres, y otras en sublimes concepciones, crearon reglas que se habian escapado a los legisladores anteriores; no es, pues, ni la tradición del Derecho romano, ni el producto del Derecho consuetudinario, ni una ley nueva en todas sus partes, sino un cuerpo enteramente nuevo, compuesto de las máximas más sabias, unas, nuevamente concebidas, otras, ya consagradas por la experiencia, todas coordinadas con método y encadenadas en un sistema conveniente a nuestro estado político actual. Si ante el sello más o menos fuerte que este Código ha recibido, sea del Derecho escrito, o de nuestras costumbres, fuera permitido comentarlo por el Derecho romano, o por las costumbres, sin estudiarlo con cuidado en el espíritu que le es propio, tendríamos pronto tantas jurisprudencias diversas como provincias hay en Francia, porque cada una tratarla de adaptarlo a sus costumbres y mezclar con él sus antiguos prejuicios». *Op. cit.* Prefacio, p. XIII.

5 Proudhon: *op cit.* prefacio, p. XIV. Taulier no piensa en forma distinta a Proudhon: «Debo, dice, señalar una funesta tendencia a la acumulación de todos los géneros en una misma obra. Los autores que han explorado hasta hoy el Código civil, complican a cada instante, sus doctrinas con las del Derecho romano, del Derecho consuetudinario, de la antigua jurisprudencia y de la jurisprudencia moderna; invocan todos los tiempos a la vez, y consultan simultáneamente todas las fuentes, convirtiendo en auxiliar las inspiraciones más diversas. Esta mezcla de ideas, actualmente a la moda, provoca incertidumbre en los espíritus, produce pesadeces fatigosas a los que saben el Derecho, descorazonan a quienes no lo saben; quita a los principios su claridad, exponiéndolos a perecer, pues los principios son la sabia del Derecho, y la sabia muere a menudo a causa del lujo mismo de la vegetación. Sin embargo, cada género es en sí eminentemente útil y puede dar los frutos más preciosos para la ciencia, pero a condición de que esté completo. Ahora bien, un género no puede ser completo, si no está aislado. Que unos se dediquen exclusivamente a comparar las instituciones civiles de los romanos con las instituciones actuales; que las estudien en su espíritu y en los detalles que sirven de forma al espíritu mismo, que otros se esfuercen por reducir a un sistema de unidad los principios de las costumbres; que revelen su conexidad con los principios admitidos actualmente; de estas relaciones profundas, conscientes brotarán las más vivas luces... Por lo que a mí hace, era atraído por el género racional debido a la naturaleza misma de mis funciones, y uniéndome a este género he querido hacer un libro que fuese un homenaje a los principios. Expongo, pues, la ley considerada en su individualidad actualmente viva; olvidando el Derecho romano, la antigua jurisprudencia y la jurisprudencia moderna, explico por sí misma, la ley que aplico». Taullier, *Théorie raisonnée du Code civil,* T. I. Prefacio, pp. 6 y 9.

48. — II. — *El predominio de la intención del legislador en la interpretación del texto de la ley*—. La fórmula con que termina el párrafo anterior, nos lleva al segundo rasgo distintivo de la doctrina de la Escuela exegética, rasgo eminentemente ligado al primero, pero que es necesario separar, con un buen método, si queremos conocer el alcance y acción de esa Escuela. Según ella, el Derecho positivo únicamente está contenido en los artículos de los códigos; pero puede ser que los textos no hablen de ellos mismos; mejor dicho, si solamente se consideran en sí mismos, son susceptibles de que les sean atribuidos los sentidos más opuestos. ¿Se permitirá al jurista aplicarlos a su manera, de conformidad con las transformaciones y las necesidades del estado social? Es lo que acepta Saleilles y su Escuela[6]. Por el contrario, la Escuela de la Exégesis respondió formalmente a esta cuestión científica, en sentido negativo. Según esta, *un texto no vale nada por sí mismo, sino únicamente por la intención del legislador que se considera traducida por aquél;* en realidad el Derecho positivo se estructura en esta intención; y esta es la que debe buscar el jurista más allá del texto.

Tal es el segundo rasgo distintivo de la Escuela de la Exégesis, que se ha revelado con más frecuencia y considerado como la piedra de toque que sirve para clasificar a los autores dentro, o fuera de esta Escuela. Tal importancia es exagerada; solo debemos ver en este carácter uno de los que dan a la Escuela Exegética su fisonomía particular; no la constituye por sí solo. Por otra parte, conviene notar que, contrariamente a lo que a veces se ha dicho, aunque inconscientemente, el valor atribuido a la intención del legislador en el sistema exegético, no pertenece solamente al método, sino que constituye una cuestión de fondo; ante ella nos encontramos en presencia de un elemento constitutivo de la doctrina de la Escuela de la Exégesis y no únicamente de su método. El método exegético se reduce, esencialmente, como todos los métodos, a la exposición y ejecución, según un plan preconcebido, de la doctrina de la Escuela, y esta doctrina consiste, como hemos dicho brevemente, en la concepción que la misma Escuela tiene de los elementos constitutivos del Derecho, es decir, de su objeto, fuentes, principios y directrices que emanan de esas fuentes. Ahora bien, la Escuela considera la intención del legislador como la fuente suprema del Derecho positivo; es cierto que los medios empleados para descubrir esta intención pertenecen al método; pero la intención considerada en sí misma, forma, esencialmente, parte integrante de la doctrina debido a que el papel que se le hace desempeñar termina por identificar, en gran parte, la substancia del Derecho positivo con las manifestaciones de la voluntad del legislador.

Todos los partidarios de la Escuela de la Exégesis lo han expuesto con toda claridad así. Pero sobre este punto no conocemos una exposición tan magistral como la presentada por el decano Aubry, en su discurso inaugural en la Facultad de Derecho de Estrasburgo, en 1857: «Para no extender los límites de este discurso, decía, debo contentarme con presentar un simple esbozo de la enseñanza del Código de Napoleón. Permítaseme decir algunas

[6] Comp. *L'Oeuvre juridique de Raymond de Saleilles,* París, 1914.

palabras para señalar el espíritu que ha presidido esta enseñanza. Todos los que han observado la marcha de la doctrina y de la jurisprudencia, desde la promulgación del Código hasta nuestros días, debieron haberse sorprendido de la gran timidez de sus primeros pasos y de la excesiva audacia de sus nuevos procedimientos. Al principio, los autores y tribunales se atenían casi exclusivamente a los textos. Reina la letra y a veces agobia el espíritu. Sin embargo, lentamente el estudio atento de las fuentes y de los trabajos preparatorios, condujo a un entendimiento más sano y más juicioso de las disposiciones legales; se aclaran los principios, se forman las teorías, y el espíritu de la ley ocupa en sus explicaciones el lugar que legítimamente le corresponde; de esta manera se han logrado grandes progresos en esa sabia dirección. Desgraciadamente, el bien y la verdad, raramente se encuentran sin estar mezclados, con el mal y el error. ¡A cuántos desvaríos y a cuántas desviaciones no ha dado lugar una interpretación temeraria o audaz! Se han descartado formas saludables y protectoras, considerándolas como un yugo inútil so pretexto de espiritualismo. Se han sacrificado los textos positivos y las reglas más veraces del Derecho, a consideraciones equívocas y sin provecho. En una palabra, frecuentemente y sobre todo en los últimos años, espíritus impacientes, preocupados más por interpretar la ley a su arbitrio que por buscar el verdadero sentido de ella, han sobrepasado los límites asignados a la interpretación. *Los profesores, encargados de impartir a nombre del Estado la enseñanza jurídica, tienen por misión protestar, mesurada, pero firmemente, contra toda innovación que tienda a substituir la voluntad del legislador por una extraña.* Estamos lejos de rechazar las ideas nuevas en razón de su novedad misma. Pero, para nosotros, es un derecho y un deber no admitirlas sino después de haberlas sometido al filtro de la crítica, y rechazarlas, sin importar su origen, cuando después de un examen maduro las juzguemos contrarias a las sanas doctrinas. *Toda la ley, tanto en su espíritu como en su letra, con* una extensa aplicación de sus principios y el más completo desenvolvimiento de sus consecuencias, *Pero solo la ley,* tal ha sido la divisa de los profesores del Código de Napoleón. Sus alumnos han sido conducidos en esta vía de conservación progresiva»[7].

Era difícil presentar, bajo la forma de un sistema mejor coordinado, la tesis de la intención del legislador como fuente del Derecho positivo. El decano Aubry, en colaboración con Rau, había expresado ya la misma concepción en el *Curso de Derecho civil* que les debe la ciencia francesa[8]. antes y después de

---

[7] Sesión de Apertura de las Facultades de Strasbourgo, 1857, informe del decano Aubry.

[8] Aubry y Rau, *Cours de Droit civil français,* 4ª ed. T. I. p. 130. «Es posible esta interpretación de la ley, —dicen estos autores—, en dos hipótesis distintas: 1° cuando la redacción empleada por el legislador no presente en sí misma un sentido claro y completo, sea en razón de la significación más o menos vaga de los términos, o en razón de una construcción más o menos viciosa; 2° cuando no obstante que su redacción presente un sentido claramente determinado, no exprese exactamente el pensamiento del legislador. En el primer caso, la interpretación es absolutamente necesaria; en el segundo, es legitima, por lo menos, en tanto que su objeto sea investigar el verdadero pensamiento del legislador con

ellos se había practicado y se practicó la misma doctrina. A este respecto nos limitaremos a exponer algunas citas: «La ley está constituida por la voluntad del legislador, escribía Demante. El espíritu del legislador es para nosotros un guía tan seguro, que con frecuencia debemos hacerlo prevalecer sobre sus términos, en el sentido de que no debemos admitir todas las consecuencias autorizadas por la letra de la ley, ni, sobre todo, rechazar las que no resulten de ella clara y necesariamente»[9]. «Delvincourt, después de expresarse en el mismo sentido, estima que si no se trata de una verdad de razón, y por lo mismo eterna, cuando menos, de una verdad tradicional, que puede invocar en su favor la autoridad de Domat. «Es al espíritu y no a la letra, dice, a lo que debemos atenernos y, en consecuencia, debemos considerar como contrario a la ley, no solamente todo lo que lesione su espíritu y letra, sino también lo que lesione únicamente al espíritu que encierra la letra. Frecuente y vigorosamente be combatido esas interpretaciones judaicas, que parece introducir el uso, y que por completo hacen a un lado la intención manifiesta del legislador, para atenerse únicamente a la letra de la ley, destruyendo el espíritu de conjunto que une todas sus partes»[10].

---

el fin de llegar a la exacta aplicación de un texto legal, sin atacar este mismo pensamiento restringiendo o extendiendo arbitrariamente su alcance. Comúnmente se llama interpretación gramatical la que tiene por objeto determinar el verdadero sentido de un texto obscuro o incompleto, recurriendo para ello a los usos de la lengua y a las reglas de la sintáxis, se opone a ella, la interpretación lógica, y dentro de esta expresión, comprendemos todos los demás procedimientos interpretativos». Si nos referimos con detenimiento a las concepciones de Aubry y Rau, respecto del papel de la intención del legislador, es con objeto de demostrar que es fundada la observación que hicimos con anterioridad. Aubry y Rau aceptaron como base de su obra la doctrina de la Escuela de la Exégesis; solamente que repudiaron su método. Pero de esta suerte se ha revelado, sorprendentemente, la influencia del método en la elaboración de una obra científica; se ha demostrado que de hecho y como consecuencia de su mismo método, los dos profesores de Strasbourgo escaparon a la estrechez de la doctrina exegética y a sus molestas consecuencias, desde el punto de vista científico.

9 Demante, *Programme d'un Cours de droit civil,* T. I. p. 14. Apoyándose en esta idea, el autor añade: «El Espíritu del legislador no se manifiesta únicamente por el preámbulo de las leyes, por los discursos de presentación o por la discusión del proyecto; se le encuentra, sobre todo, en el conjunto de las disposiciones que componen la misma ley, o también al comparar una ley con otra, según la mayor o la menor analogía entre las materias. Sobre todo, debe recomendarse esta última práctica por lo que hace a las leyes que, como los diversos títulos de nuestros códigos, forman entre sí un solo cuerpo de legislación». Op. cit. T. I. Prefacio p. 15.

10 Delvincourt, *Cours du Code Napoléon*, préface. Véase en cl mismo sentido, Du Caurroy, Bonnier et Roustain, *Commentaire théorique et pratique du Code civil*, préface, p. II. «En cuanto al Código mismo, no es únicamente su texto, el que hemos estudiado. La ciencia de las leyes supone una verificación exacta de todos los hechos que pueden explicar o indicar la intención del legislador. Estos hechos se encuentran en gran parte en los documentos conocidos con el nombre de «trabajospreparatorios», y, principalmente, en las discusiones del Consejo de Estado y en los cambios de redacción adoptados de acuerdo con las observaciones del Tribunado. Estos documentos han sido objeto de una escrupulosa investigación de nuestra parte, y cuando mediante este procedimiento hemos reconocido

49. — Tal parece, según los extractos que acabamos de reproducir, que es la voluntad real del legislador, la que más allá del texto, pretende descubrir la Escuela de la Exégesis; y que así comprendió el espíritu de la ley y la misión del jurisconsulto. Pero si nos atenemos a esta opinión, de una manera absoluta, no tendríamos una visión completa y exacta del segundo rasgo distintivo de la doctrina exegética. Esta solo exige, en toda circunstancia, para una sana elaboración del derecho, que se descubra la intención real del legislador; hay para esto una buena razón, consistente en que el legislador no siempre ha expresado una voluntad adecuada a la dificultad considerada, o, quizás, que no ha expresado correctamente la voluntad que lo animó, siendo imposible inferir esta. Es verdad que Laurent no puede aceptar esta hipótesis[11]; pero

el espíritu del legislador, *no* hemos vacilado en hacerlo prevalecer sobre una redacción inexacta. De esta manera hemos llegado a varias explicaciones que, aunque nuevas, nos parece que obtienen, de su propia fuente, un carácter de certidumbre indiscutible». —De la Bigne de Villeneuve et enry, Eléments de droit civil, t. p, *46:* Cuando el texto de la ley es perfectamente claro y preciso, al grado de que no presente ni obscuridad ni equívoco, debe ser aplicado a la letra, aun cuando dicha aplicación no sea conforme a los principios generales del Derecho o a la equidad. Solo hay un caso en el cual el interprete está autorizado para separarse del sentido literal de la ley; cuando se prueba que no obstante haber hablado claramente, el legislador dijo otra cosa distinta de lo que quería decir. La interpretación que en ese caso se atuviera al sentido literal de la ley será una interpretación judáica». Proudhon, *op. cit.* t. I. *Préface* p. IX: «La ciencia del Derecho no consiste únicamente en el conocimiento de los diversos artículos de la ley: un hombre podía saber el Código entero de memoria y no ser sino un mediocre jurista..., en tanto que quien comprende las ideas directrices y el encadenamiento de los principios que el legislador ha querido establecer sobre cada materia, conoce verdaderamente el Derecho, ya que puede aplicarlo a todas las cuestiones que se presenten...; es la consecuencia de los principios conformo a los cuales el legislador pretendió encadenar las disposiciones particulares que es necesario señalar». Estas citas unidas a las reproducidas en el texto, muestran muy bien que, con variedad de fórmulas, los adeptos de la Escuela de la Exégesis ven la fuente del Derecho positivo, considerado desde el punto de vista de la ley, no en el texto mismo, sino en la intención que ha presidido a su redacción. Por conocido que sea este hecho, nos ha parecido necesario demostrar su existencia, mediante citas tomadas en cierta forma al azar. Veremos, al tratar el tercer rasgo distintivo de la Escuela de la Exégesis, que el elemento intencional en la ley es tanto más importante cuanto que la Escuela rechaza cualquiera otra fuente de Derecho positivo distinta de la ley. Todo se encadena así, rigurosamente, en esta doctrina.

11 Para Laurent, los textos de la ley únicamente, son oscuros por culpa de los autores. Escribe: «Parecía que el Código civil, redactado en términos claros y precisos, daría al Derecho una bas fija e inconmovible. Sin embargo los intérpretes se quejan de que todo es incierto... Los intérpretes hacen mal en quejarse, pues si el Derecho ha llegado a ser un mar de dudas, ellos son los culpables. Si tuvieran más respeto por el texto del Código, no habría controversias. El texto nos ofrece principios ciertos, y todo se convierte necesariamente en incierto, tan pronto como se separa uno de ellos. Vanamente se ha establecido una Corte de Casación para mantener la autoridad de la ley y la unidad de su aplicación. La Corte que debería, más que ninguna otra, permanecer unida a la ley, tiene bruscos cambios en su jurisprudencia, y esto es una prueba evidente de que nuestra ciencia no tiene principios ciertos, y de que no los tendrá sino cuando el respeto por la ley sea la regla invariable de sus decisiones. Hasta entonces no, dejaremos de ver cambiar sus principios

como esto es una realidad, los partidarios de la Escuela han caído de la «intención real» en la «intención supuesta»: «Marcho, dice Taulier, en prosecución del descubrimiento de lo que la ley ha querido ser, a fin de saber lo que es; con el faro que alumbró necesariamente al mismo legislador, trato de penetrar en el fondo de su voluntad escrita para robarle su sentido y su alcance más íntimo, de la misma manera que se sorprende el secreto de un ser vivo en su palabra y aun en su silencio. Revelo las cuestiones más graves que nacen de los textos, me esfuerzo por mostrar su verdadero origen y por situar la lucha en su verdadero terreno; me pregunto cómo hubiera decidido el mismo legislador, para ser consecuente con sus otras voluntades o para no ir contra la naturaleza general de las cosas; de esta manera trato de pasar de lo conocido a los desconocido»[12].

Sería conveniente saber en qué elementos debe uno basarse para determinar la voluntad presunta del legislador. Ciertos representativos de la Escuela de la Exégesis no se apuran por tan poco. Tal es el caso de Demolombe, cuya doctrina, en verdad, muestra cierta desenvoltura. «Interpretar, dice, es descubrir, dilucidar el sentido exacto y verdadero de la ley. No es cambiar, modificar, innovar; es declarar, reconocer. La interpretación puede ser más o menos ingeniosa o sutil, puede, a veces, atribuir al legislador intenciones que no tenía... mejores o menos buenas, pero nunca debe tener la pretensión de haber inventado; de lo contrario, no sería ya interpretación»[13]. La intención presunta del legislador será, pues, según Demolombe, una pura cuestión de palabras, o si se quiere, una cuestión psicológica; se reducirá a un estado de alma en el jurista; con tal de que se persuada, de que investiga el espíritu del legislador, poco importa que no lo alcance, si respeta la forma. Sin embargo, como es necesario trazar una línea de conducta al jurista, Demolombe considera que la mejor solución es ver la intención presunta del legislador en una jurisprudencia bien definida, es decir, admitir que de hecho la jurisprudencia cuando es definida, traduce el espíritu de la ley. En verdad, el decano de la facultad de derecho de Caen rodea su confesión de reticencias; pero su conclusión es característica. Júzguese por estas palabras: «Siempre he deplorado, dice, esa especie de divorcio que se nota, a veces, entre la teoría y la práctica y esos desdenes recíprocos que tan mal testimonio dan de una y otra... Nada es tan necesario y deseable como su alianza, para conservar a la ciencia del Derecho su carácter esencial, para mantenerla en su camino, para dirigirla, en fin, hacia el objeto asignado a sus esfuerzos, hacia su fin de aplicación útil, posi-

---

según los de cada autor, y a los tribunales, juzgar según los favores de la causa». Atacando a Pont, Laurent añade: «Pont trata de materialista la interpretación que se apoya en la letra del Código; prefiere el espíritu de la ley y ha llegado hasta a poner en lugar de la voluntad cierta del legislador, una voluntad que no es la suya. Esta es una tendencia malísima. Descuidar el texto es terminar necesariamente en la incertidumbre y en el error». Laurent, *op. cit.* t. I, Prefacio, pp. 74, 109, 110.

12 Taulier, *op. cit.*, t. I. préface.

13 Demolombe, *op. cit.*, t. I, p. 135.

tivo y práctico... Nunca dejaré, pues, de mencionar a la doctrina y, *sobre todo,* a esa parte animada, diría, casi dramática, de la legislación, *a esa viva vox juris civilis, a la jurisprudencia...* Reivindicaré la autoridad de los principios en todas partes donde sean desconocidos, aunque una jurisprudencia irrefragable consagre juicios que en mi opinión no sean correctos. *Lejos de mí, sin embargo, la presuntuosa ambición de derrumbar tal jurisprudencia. Guardando sus convicciones de jurisconsulto, es preciso saber, en el fondo, como en todas partes, aceptar los hechos realizados*[14].

Lejos de nosotros, a nuestra vez el pensamiento de querer generalizar la opinión de Demolombe sobre el valor de la jurisprudencia como representativa, en la Escuela de la Exégesis, de la voluntad del legislador. Es verdaderamente muy extraordinaria, muy servil hacia la jurisprudencia. Al expresarla, Demolombe confundía completamente el papel del jurisconsulto con el del abogado, o sobre todo, con el del abogado cuidadoso de ganar su pleito únicamente en el terreno práctico y contingente. Uno de los más dignos y eminentes representativos de, la Escuela de la Exégesis, Duranton, a pesar de reconocer el apoyo que puede proporcionar la jurisprudencia, para revelar el espíritu de la ley, se niega a inclinarse ante ella y concederle un poder absoluto de decisión, sin criticarla[15]. El hecho es que, si contrariamente a una opinión sosteni-

---

[14] Demolombe, *op. cit.* t. I, Préface, p. VI.

[15] «A partir de la nueva legislación, escribe Duranton, la jurisprudencia, después de haber flotado en una larga incertidumbre, se estableció sucesivamente y con lentitud, por la aplicación frecuente de las reglas nuevamente consagradas. Veintitantos años del Código civil imprimen ya a la nuestra, en un gran número de casos, un carácter de fijeza, queen cierta forma le da fuerza de ley escrita; por ello, raramente, he desconocido esta importante autoridad cuando resultaba de varias decisiones conformes, y, sobre todo, cuando esas decisiones emanaban de la *Corte,* especialmente encargada de mantener la uniformidad en la aplicación de los principios, y a la cual la naturaleza de sus funciones le ha hecho dar el título de Corte reguladora... Lejos de mí, sin embargo, el pensamiento de que el intérprete de la ley deba siempre considerar como base de sus soluciones una decisión judicial y que, en cierta forma, solo pueda pensar en virtud de una sentencia. Se despojaría así de su carácter, traicionaría su misión, abdicando de su noble independencia, sin la cual el jurisconsulto y, sobre todo, el profesor a encargado especialmente de señalar los atentados cometidos contra los principios, no pueden llenar su honorable mandato. Pero entre los escollos, igualmente peligrosos, de una deferencia ciega y de un desdén soberbio, existe un camino trazado por la razón y que he querido seguir, para llegar a un fin más seguro, a un resultado más positivo y ventajoso». Duranton, *Cours de droit français,* t. I. Prefacio, p. VI. La elevada conciencia de Duranton está totalmente en este pasaje. Las ideas que encierran contradicen felizmente tanto la sumisión excesiva de Demolombe hacia la jurisprudencia, como el desdén profesado en su contra, principalmente, por Taulier. Este último escribe: «En cuanto a la jurisprudencia de las sentencias, que es la ciencia relativa del Derecho, es decir, la ciencia en sus relaciones con los caprichos de los hechos, y cuya complaciente intervención en las obras teóricas no podia censurar lo bastante, puede muy bien ser sometida a un análisis razonado; con esta multiplicidad de opiniones contradictorias, podemos encontrar, si no un sistema, por lo menos una tendencia; si no verdades combinadas, por lo menos una moralidad, una especie de armonía. Que alguien se dedique a una paciente descomposición de las sentencias relativas a las diversas partes del Código

da en la época contemporánea[16], no se considera a la jurisprudencia como fuente propia del Derecho positivo, sus decisiones no pueden ya valer más que por los motivos que la justifican. Por sí misma, la jurisprudencia no tiene ningún título por el que pretenda encarnar el espíritu de la ley; vale científicamente, lo que valen las opiniones de la doctrina.

La Escuela de la Exégesis buscó también otro contenido a la voluntad presunta del legislador; creyó encontrarla en los precedentes históricos. Cuando el legislador no ha expresado su voluntad, dice, se ha referido a la solución anteriormente consagrada en la materia. Aubry y Rau, sobre este tema, dicen: «Todas las disposiciones tomadas del antiguo derecho o del derecho intermediario, deben explicarse de acuerdo con las fuentes de que dimanaron. En caso de duda sobre la intención del legislador, debe presumirse que quiso ser fiel a la legislación anterior. Sin embargo, no debe recurrirse a los antiguos principios que ni expresa, ni implícitamente, fueron recordados por el Código de Napoleón, y tampoco debe olvidarse la influencia que ejercen las innovaciones de este Código, sobre las disposiciones que no modificó expresamente»[17]. Con esta restricción encontramos la prudencia característica de Aubry y Rau, que dio a la Escuela de la Exégesis su forma más clara y elevada; ponen en guardia a los juristas contra el abuso de la solución histórica, y les recuerdan, (viendo en ciertos casos, por su parte, la intención presunta del legislador en esta solución), el artículo 7 de la ley del 30 ventoso año XII. Esta prudencia no fue imitada por todos los adeptos de la Escuela de la Exégesis; su fe en la rectitud de la solución histórica se ha traducido, particularmente, por la importancia reconocida a las opiniones de Pothier[18]. En verdad mucho se repi-

---

civil, y entonces la doctrina podrá asociar a la vida que le es propia y que se compone de elementos generales, racionales, invariables, las tendencias y armonía de la jurisprudencia». Taulier, *op. cit.* t. I. p. 8. En el fondo Taulier entrevio perfectamente la función de la jurisprudencia, y esto es lo que hace inexplicable su desdén hacia ella en la elaboración del Derecho positivo.

16 Lambert, *Etudes de droit commun législatif. La fonction du droit civil comparé,* 1903. *Droit coutumier contemporain. Du contrat en faveur des tiers,* 1893. Comp. Gény, *Méthode d'interprétation et sources en droit privé positif,* 1899, 2e. éd. 3 vol. 1918. Respecto a las opiniones emitidas sobre el papel actual de la costumbre, véase Valette, *Du rôle de la coutume dans l'élaboration du droit privé positif actuel, thèse,* Lyon, 1907: Duguit, *Traité de droit constitutionnel,* 2e. éd. 1920.

17 Aubry et Rau, *op. cit.,* t. V, p. 133.

18 Nada más significativo, en verdad, desde el punto de vista de la doctrina de la Exégesis, que el culto consagrado a Pothier. La Escuela agotó, respecto de este, todas las fórmulas de la adulación; a lo más puede encontrarse un precedente de este género en los elogios discernidos a Napoleón por sus legistas en el curso de la elaboración de los Códigos, sea como preámbulo o como conclusión de los discursos pronunciados en el seno de las Asambleas legislativas. Citaremos, en apoyo de nuestra aseveración, algún decisivo testimonio particular. Escuchemos primero al Procurador general Dupin, en su *Dissertation sur la vie et les ouvrages de Pothier,* París, 1827: «No pretendo hacer un elogio de Pothier; si lo pretendiera, se me diría con razón, ¿lo alabas? Pero, ¿quién lo critica?... Pothier reunió toda la gloria: la barra, la magistratura, la Escuela, la ciencia, le disciernen, igualmente, todas sus pal-

tió que este había guiado a los redactores del Código de Napoleón y que, en consecuencia, era conveniente su intervención cada vez que se encontrara uno ante la presencia de una duda sobre su intención. Aun hace pocos años era una fórmula corriente, por ejemplo, decir que el *Traité des obligations de Pothier* es el mejor comentario de las disposiciones del Código civil, relativas a los contratos y obligaciones[19].

mas entrelazadas. Al comenzar esta noticia, experimento un sentimiento mezclado de temor y respeto; temor, de no dar sino una idea imperfecta de aquél cuya vida pretendo trazar, y cuyos trabajos trato de analizar; de respeto, como si fuera a hablar de mi maestro, pues Pothier fue también el mío; y lo será de todos los hombres que quieran dedicarse al estudio de sus inmortales obras... A la muerte de Pothier su reputación era tan elevada que tal parecía que era imposible que aumentara. Pero había trabajado para la posteridad; aun le estaban reservados otros honores. Hay un pequeño número de autores privilegiados que han impreso, de tal manera, en sus obras el sello de la razón, que han sido considerados como legisladores y sus escritos aceptados como leyes. Las obras de Pothier no han sido recibidas como leyes; pero obtuvieron un honor semejante; pues más de las tres cuartas partes del Código civil han sido literalmente extractadas de su Traite... Lejos de reprochar esto a los hábiles redactores del Código, debe alabárseles por ello. En efecto, ser plagiario pertenece, sobre todo al legislador, y si el oficio de los grandes jurisconsultos es preparar, solicitándolas, mejoras en la legislación, el deber del legislador es no imaginarse cosas nuevas que no tengan en su favor el sello de la experiencia, sino pedir al pasado todas las reglas que han obtenido el asentimiento general y a las cuales la jurisprudencia, algunas veces, ha recurrido por mucho tiempo antes de que se conviertan en leyes... Pero el error que cometieron, respecto a Pothier, los redactores del Código civil, es no haberle rendido, en su *Discours préliminaire,* el tributo de elogios que se merece; no haber confesado a los ojos de Francia lo que debían a sus obras y no haberse conducido respecto a él como los escritores privados que temen, al citar a otros, aparecer como plagiarios, y no como legisladores, cuya gloria es dar buenas leyes, no importa de donde las hayan tomado. De cualquiera manera, los contemporáneos saben, y la posteridad no olvidará, que el Código civil, en lo que tiene de mejor, ha sido hecho con las obras de Pothier, como antiguamente el Digesto fue compuesto con los extractos de los Papinianos, Paulos, y Ulpianos. Sus obras son, pues, el intérprete más seguro de nuestras nuevas leyes; y tendríamos un excelente comentario del Código civil, si al pie de cada uno de sus artículos, se pusieran los pasajes correspondientes de Pothier». El deseo de Dupin fue realizado al publicarse la obra de Fenet: *Pothier analysé dans scs rapports avec le Code civil et mis en ordre sous chacun des articles du Code,* París 1826 (Véase sobre este punto, la nota siguiente). El deseo de Dupin fue escuchado, sobre todo, por toda la Escuela de la Exégesis, tanto por sus fundadores como por sus defensores contemporáneos; a continuación daremos pruebas complementarias de esto. Aqui solo diremos que a fines del siglo XIX la autoridad de Pothier aun era tal, que cuando Demolombe murió, en 1887, colmado de años, de honores y de gloria, sus apologistas no encuentran para su obra elogio más bello, que el de compararla a la de Pothier. Principalmente en la sección de apertura de las Facultades de Caen, en 1887, los colegas de Demolombe usaron de esta comparación con exceso. Demolombe es, para el profesor Jouen, «el Pothier de los tiempos modernos»; «¡Pothier! ¡Demolombe!, exclama... ¡Pothier es el Demolombe del antiguo Derecho! ¡Demolombe es el Pothier del derecho actual!» A su vez el decano Vaugeois compara los dos nombres en términos equivalentes, aunque más mesurados, *Discours de rentrée des Facultés de Caen,* 1887.

19 «Los vastos conocimientos del inmortal jurisconsulto de Orleans, escribe Fenet, nos legaron Tratados sobre casi cada materia de Derecho francés, y, sus obras, consideradas justamente como la colección de jurisprudencia antigua más completa, han colocado el

Pero, como la interpretación histórica es susceptible de faltar, fue necesario a la Escuela de la Exégesis, buscar la voluntad presunta de la ley en su objeto y en sus consecuencias. En otros términos, los exégetas decoraron con el nombre de voluntad del legislador, lo que en realidad era ya, con anterioridad, la interpretación científica moderna. Pero, con cuánta reserva recurren a este supremo procedimiento. júzguese por la siguiente declaración de Aubry y Rau: «Los principales medios de la interpretación lógica son los siguientes: 1.° la comparación del texto por interpretar, con las demás disposiciones legales relativas a la misma materia, o a materias análogas; 2.°, la investigación de los motivos, o del objeto de la ley en los trabajos preparatorios a su redacción, o en

---

nombre de Pothier por sobre todo elogio. Es verdad que algunas de sus obras han perdido su utilidad con el cambio de legislación, que otras solo en parte lo han conservado; pero la mayoría de ellas se aplican diariamente y se consideran como el mejor y el más seguro comentario de nuestro Código civil... Basta con mostrar toda su importancia para convencerse de la influencia que deben tener sobre la interpretación de nuestras leyes modernas, cuando se trata de esclarecer los puntos dudosos». Fenet, *op. cit.* p. II. Valette, a su vez, dice: «En cuanto al libro II, consagrado a las obligaciones y principalmente a los contratos o convenciones, casi no hemos encontrado, en los cuatrocientos artículos de que se compone, nada que no se pueda extraer de nuestras antiguas obras de jurisprudencia, principalmente de las de Pothier... Por tanto, no debe asombrarnos que sobre muchas materias diferentes —principalmente sobre propiedad, sucesiones, donaciones entre vivos, testamentos, contratos y obligaciones—, las antiguas obras de autores franceses, como las de Pothier, los antiguos artículos de costumbres y ordenanzas, y en fin, innumerables textos de jurisconsultos romanos, sirvan aún diariamente en nuestras Escuelas para la interpretación del Derecho civil». *Mélanges,* t. I. pp. 479, 488. Apoyándose en estas palabras, el decano Vigié exigía, con motivo del centenario del Código civil, una edición histórica de este: «Tomemos de Valette, —decía—, dos comprobaciones formuladas por él, cuya exactitud es conocida generalmente, y que se han convertido para todos en la verdad absoluta... Con gusto veríamos que se publicara, sobre todo por las necesidades de la enseñanza, un Código civil histórico donde al pie de cada artículo se reprodujeran y clasificaran en orden cronológico, los textos que le sirven de origen (leyes romanas, costumbres u ordenanzas, citas de autores antiguos) y los textos de las leyes que han completado, modificado o abrogado cada artículo. Semejante trabajo presentaría al alumno el cuadro de la legislación francesa en sus diversas épocas; y, ¿quién podría temer que tal trabajo pudiera dañar al buen renombre del Código *Livre du Centenaire du Code civil,* t. I. p. 40. Troplong fue uno de esos raros exégetas que osaron combatir la autoridad de Pothier: «Hay, declara, muchas personas que creen que el mejor comentario que se pueda tener sobre el Código de Napoleón se ha encontrado casi con anterioridad a él y que existe por completo en las obras de Pothier. Este prejuicio (no podría servirme de otra palabra) no me ha impedido entregarme con ardor a mi empresa. El éxito que le espere depende de causas diversas de las que no soy buen juez; pero no admito que no sea oportuna. A pesar del mérito superior de Pothier, no le fue dado trazar los limites de la ciencia. Entre su siglo y el nuestro se colocan cuarenta años de regeneración social, que han hecho surgir nuevos intereses y Códigos que los consagran. El progreso, que existe en todas partes, ha penetrado también en una revolución que, si pudo hacer muchas ruinas, por otra parte, fue también una época de creación o de perfeccionamiento. Ahora bien, tratándose de las teorías, a menudo tan opuestas a las que les precedieron, no podríamos prescindir de los intérpretes contemporáneos. Pensemos bien en ello. El Código no siempre ha vivido de prestamos. Es original también y sus profundas innovaciones deben ponernos en guardia contra el anacronismo». *De la vente,* préface, p. 2.

el Derecho anterior; y 3.°, la apreciación de las consecuencias a que conduciría una aplicación extensiva o restrictiva del alcance de la ley. Los anteriores procedimientos no tienen el mismo valor y sus resultados no son de igual certidumbre. El más seguro, sin discusión, es el primero. En cuanto al último, solo debe recurrirse a él con gran reserva, y considerarlo, únicamente como decisivo, cuando conduzca a rechazar una aplicación de la ley que produjera una iniquidad manifiesta, o que supusiera, de parte del legislador, una inconsecuencia flagrante... El procedimiento más seguro es interpretar el Código civil por el Código mismo»[20].

Las múltiples citas que acabamos de hacer demuestran que la intención del legislador atormentó a los representativos de la Escuela de la Exégesis, hasta el grado de ver en ella un verdadero dogma que, a lo menos en su forma, convenía respetar de la manera más absoluta. De aquí el carácter facticio de la doctrina de esta Escuela.

50. — III. — *El carácter profundamente estatista de la doctrina exegética* —. Del culto al texto de la ley y de la intención del legislador, se desprende, implícita pero indudablemente, un aspecto frecuentemente inadvertido, en la doctrina de la Escuela de la Exégesis, que constituye su tercer rasgo distintivo: *su carácter profundamente estatista.* Que no se nos diga que de hecho, los juristas de la Escuela de la Exégesis no eran estatistas, pues sus sentimientos íntimos importan poco, debido a que solo su doctrina interesa. Así como Savigny, al fundar la Escuela-histórica alemana, preparó la doctrina estatista que dominó y domina más que nunca a la ciencia jurídica alemana, si las tendencias del espíritu francés se hubieran prestado, nuestros exégetas habrían preparado al Derecho público vías puramente estatistas. *En efecto, la doctrina de la Escuela de la Exégesis se reduce a proclamar la omnipotencia jurídica del legislador, es decir, del Estado, puesto que independientemente de nuestra voluntad, el culto extremo al texto de la ley y a la intención del legislador coloca al Derecho, de una manera absoluta, en poder del Estado.*

No debe creerse que lo anterior sea un resultado puramente inconsciente e indirecto de la tesis exegética. Los representantes de la Escuela, por lo menos algunos, comprendieron claramente cuál era la consecuencia última de su doctrina y deliberadamente la aceptaron. Algunos se proclamaron incondicionalmente estatistas y así se exhibieron. Tal es el caso del decano Blondeau y de Mourlon. El primero no vaciló en proclamar, ante la Academia de Ciencias Morales y Políticas reunida, que «la ley debe ser actualmente la única fuente de las decisiones jurídicas», que, «si hay duda o insuficiencia en la ley, por lo que a él hace, desecha las luces de la conciencia o de la razón»; llegó hasta decir que «si el juez se encuentra en presencia de una ley ambigua o de leyes contradictorias, escapándosele el pensamiento del legislador, tendrá motivos tan poderosos para abstenerse como para actuar y considerar esas leyes como

[20] Aubry et Rau, *op, cit.,* t. I, pp. 130, 134.

no existentes, y por lo mismo, para rechazar la demanda»[21]. La fe de Blondeau en la previsión y en la ciencia del legislador lo lleva hasta protestar contra el artículo 565 del Código civil, que autoriza al juez a recurrir a «los principios de la equidad natural». «Los redactores de nuestros códigos, escribe en su Crestomatía, se mostraron poco consecuentes al autorizar al juez a fallar ciertos casos, según los principios de la equidad, después de haber declarado solemnemente que las leyes solo son obligatorias en virtud de su promulgación. (Véase Art. 565, C. Civ.)»[22].

Mourlon es más explícito; a pesar de ciertas reservas, prácticamente proclama la infalibilidad del legislador: «Para el jurisconsulto, para el abogado, para el juez —escribe—, un solo Derecho existe, el Derecho positivo... Se define como el conjunto de leyes que el legislador ha promulgado para reglamentar las relaciones de los hombres entre sí... En efecto, las leyes naturales, o morales solo son obligatorias en tanto que han sido sancionadas por la ley escrita. Las demás no son materia de Derecho, y el juez que se apoyara en ellas para motivar sus decisiones, sobrepasaría los límites de sus facultades. Solamente al legislador pertenece el derecho de determinar, entre las numerosas y algunas veces tan controvertidas reglas del Derecho natural, las que son igualmente obligatorias... *Dura lex, sed lex;* un buen magistrado humilla su razón ante la de la ley, pues está instituido para juzgar conforme a ella y no de ella. *Nada está sobre la ley,* y es prevaricación el eludir sus disposiciones so pretexto de que no se encuentran de acuerdo con la equidad natural. *En jurisprudencia no hay ni puede haber mayor razón ni mejor equidad, que la razón o equidad de la ley*. Desgraciadamente, en la práctica, esta regla no *es* bien comprendida. ¡Todos los días vemos a los jueces tratar por medio de vanas sutilezas de las soluciones del Derecho positivo y pervertirlo a fuerza de equidad! ¡Estos son malos jueces!»[23].

El decano Baudry-Lacantinerie no está alejado del pensamiento de Mourlon. También a él le parece insoportable la idea de que el juez pueda dudar de la bondad de la obra del legislador. «*Dura lex, sed lex*», escribe como Mourlon. Su conciencia puede estar en reposo, pues si la decisión que dicta conforme a la ley es inicua, la mancha recae sobre el legislador. El juez está instituido para juzgar conforme a la ley y no para juzgar de la ley. Su sabiduría debe inclinarse ante la ley», D Argentré, con su franqueza bretona, decía: «*Stulta sapientia quae vult lege sapientior esse*». Baudry-Lacantinerie estaría dispuesto también, en su fuero interno, a adherirse a la opinión de Blondeau cuando el legislador no ha previsto un caso; de todas maneras, si acepta entonces que el juez puede fallar, no deja de admitir que el juez se transforma en legislador; de aquí sus facultades: no es ya exclusivamente juez. «Hay un inconveniente —dice—, en permitir al juez que falle según la equidad cuando

[21] *Séances et travaux de l'Académie des sciences morales et politiques* 1840-41, p. 450.

[22] Blondeau, *Chrestomathie,* préface, p. XII.

[23] Mourlon, *Répétitions écrites sur le Code civil,* t. I. pp. 3, 6, 59.

la ley es muda, *consiste en que se le transforma en legislador; a falta de ley, hará una para el caso particular que se le somete.* Sería aún más inconveniente obligar ere estos casos al juez a remitirse al poder legislativo, es decir, a solicitar de este poder la ley que constituiría la regla de su decisión futura; y, como dice Portalis, «entre dos males, el legislador debió escoger el menor». Por una contradicción muy singular, Baudry-Lacantinerie declara que, siendo la independencia del legislador más grande que la del juez, «su arbitrio es más temible que el del juez»; en estas condiciones, el honorable decano concluye que debería evitarse transformar al legislador en juez», pues este resultado es más grave que el de «transformar al juez en legislador»[24].

De cualquiera manera, este razonamiento no nos presenta la tesis estatista de la omnipotencia del legislador bajo un aspecto que asegure confianza. Felizmente, el profesor Valette nos tranquiliza, declarando que el legislador tiene el cuidado de prever con anterioridad todas las hipótesis y todas las dificultades; *al lado del dogma de la infalibilidad del legislador proclamado por Mourlon, Valette coloca en cierta forma el de su presencia real en la universalidad de la vida social.* Se ha legislado tanto, sobre todo desde hace setenta años, escribe, que sería muy asombroso encontrar un. caso que permanezca por completo fuera de las prescripciones legislativas». Por lo mismo, que no se pronuncie la palabra equidad ante el profesor Valette; él solamente conoce el Derecho positivo, y el Derecho positivo es una pura emanación del poder del legislador: «El Derecho positivo es —afirma— el conjunto de reglas establecidas en cada sociedad por la autoridad pública, y cuya observancia ella misma garantiza. Estas reglas son el verdadero objeto de la enseñanza del Derecho... La equidad es algunas veces el sentimiento de un Derecho abrogado y que permanece en las costumbres (antiguo Derecho positivo), o el sentimiento de un Derecho cuya creación es deseada (Derecho positivo del porvenir); *a veces, también, es una especie de suplemento del Derecho positivo actual, aunque difícilmente se comprende cómo una legislación un poco avanzada podría olvidar ciertos deberes exteriores y positivos*[25].

51.— Con lo anterior hemos expuesto lo suficiente para demostrar hasta qué grado la Escuela de la Exégesis revistió un carácter estatista. Por otra parte, es justo agregar que algunos de sus partidarios trataron de atenuar este carácter. Tal es el caso del decano Morelot, quien, en 1836, escribía en su *Dictée d'un Professeur de droit français:* «Debo, sin duda, dar a conocer el Código civil a los jóvenes que siguen mi curso, y para cumplir este deber frecuentemente necesito llamar la atención de mis discípulos sobre la letra misma, y sobre el orden aparente de los numerosos artículos de que se compone; pero pienso que, sobre todo, es necesario inculcar en su espíritu esos principios que ningún legislador puede desconocer impunemente; familiarizarlos con un cuerpo de doctrina casi independiente del Derecho variable. En una palabra, quisiera que fuesen jurisconsultos no obstante los cambios que pudieran sobrevenir en las leyes y en la

[24] Baudry-Lacantinerie, *Précis élémentaire de droit civil,* t. I, pp. 50-51.
[25] Valette, *Cours de Code civil,* t. I, pp. 3-4, 34-35.

legislación misma. Si por azar, las compilaciones del Imperio y de la restauración fuesen un día enteramente abrogadas (lo que no consideraría como una desgracia, dadas las circunstancias en que nos encontramos), ¿sería necesario que comenzasen nuevamente sus estudios? Guardémonos de hacer consistir la ciencia del derecho en el conocimiento de reglas arbitrarias, incompletas, incoherentes, o de textos incorrectos, equívocos, imprudentemente mutilados o sutilmente corregidos una y más veces, con fines opuestos y que a menudo no tienen entre sí más liga que la que resulta de pertenecer a la misma serie de números»[26].

El carácter mutable del Derecho positivo y su absorción por la ley, es decir, por el Estado, son así claramente señalados por Morelot. Más tarde el decano Ch. Beudant, que en su enseñanza representa el punto medio entre la Escuela de la Exégesis y la Científica, debía ir aún más lejos, considerando llanamente a la costumbre como una fuente de Derecho positivo. «Para completar el estudio de las fuentes del Derecho positivo, del derecho actual, —declara—, falta, después de haber señalado las que forman lo que se llama el Derecho escrito, decir algunas palabras del Derecho no escrito. Es la costumbre, de la cual se ha dicho que es el Derecho, satisfaciéndose a sí mismo por una especie de instinto superior; es aquella parte del Derecho que se forma lentamente, por la práctica, por el asentimiento tácito, sin la intervención de los poderes públicos; que se implanta e impone por la tradición. La costumbre introduce reglas que terminan por ser tan obligatorias como la ley propiamente dicha. Si dejamos las apariencias para considerar el fondo de las cosas, surge la diferencia, apenas perceptible, entre el Derecho escrito y el consuetudinario. En efecto, siempre se ha considerado al poder público como representante del pueblo; directa o indirectamente, es siempre el asentimiento popular el que introduce reglas obligatorias; las consagra directamente en la costumbre, indirectamente en la ley; bajo estas dos formas, se encuentran siempre soluciones convenidas y consentidas... La ley y la costumbre son la misma cosa, bajo formas diferentes, y es natural que la costumbre, cuando es implantada y general, sea obligatoria como la ley... En los tiempos modernos, con el sistema, ya antiguo de codificar las leyes, de decretarlas en forma tal que asegure a los interesados una estabilidad y seguridad completas, la existencia de la costumbre al lado de la ley escrita sorprende mucho más. Sin embargo, si el Derecho escrito tiene de ordinario la parte más considerable, si la importancia práctica de la costumbre ha disminuido, el Derecho no escrito no ha desaparecido... En resumen, aun en el sistema de las leyes codificadas, la costumbre tiene un lugar que le es propio»[27].

---

26 Morelot, *Dictée d'un professeur de droit français*, 1835, pp. 17-18.

27 Ch. Beudant, *Cours de droit civil français*, publicado por su hijo Robert Beudant, Introduction, pp. 60-61. El autor hace notar que «por la extensión de la autoridad reconocida al derecho consuetudinario puede medirse el grado de influencia, y fuerza, que tiene en la opinión pública de un país en una época determinada. Inglaterra, donde la opinión es tan preponderante y fuerte, no tiene, dice, sino un derecho consuetudinario, y solamente pone en movimiento el aparato legislativo tratándose de las grandes reformas y deja que la práctica haga el resto». *Ibid.* p. 61.

Mucho antes de Ch. Beudant, uno de sus antecesores en la Facultad de Derecho de París, Oudot, filósofo del Derecho como él, había protestado en el terreno científico, contra esa asimilación del Derecho positivo a la ley, y contra la tendencia de los exégetas a inclinarse sin discusión ante la misma: «Toda legislación positiva, decía, no es sino un ensayo progresivo de la distinción entre lo justo y lo injusto, por el esfuerzo de los gobernantes. ¿Consideran los gobernados que este ensayo es imperfecto? Sitúan entonces, no en el pasado, en la edad de oro imaginada por los poetas, sino ante ellos, en el porvenir, la imagen de un Derecho más puro, e invitan al legislador a formularlo... ¿Es deseable este antagonismo entre la razón de los gobernados y la del legislador? ¿Llenan los primeros una misión útil, criticando la obra del segundo? Sí; con tal de que el pensamiento que se opone a la ley positiva no olvide la modestia que conviene a su peligrosa pretensión. Medid, pues, vuestras fuerzas, vosotros que proponéis nuevas reglas sobre lo justo y lo injusto. Pero después que hayan sido medidas, honor a vosotros si las ponéis en acción. El legislador necesita vuestros claros consejos. Es hombre y no puede pretender la infalibilidad. Sed empero más audaces que él en presencia de las numerosas causas que lo hacen necesariamente tímido»[28].

Citamos este pasaje de Oudot, no solo porque descubre el error estatista de la Escuela de la Exégesis, sino también porque demuestra que su mismo autor, profesaba un profundo respeto al poder del legislador; por ello aconseja toda clase de precauciones a los que se deciden a atacar su obra. Oudot, sin embargo, no deja de poner las cosas exactamente en su lugar, como más adelante veremos. Pero Oudot era impotente para detener, por sí solo, la corriente estatista que arrastraba a los exégetas. Mucho antes de él, un autor en quien, a primera vista, puede asombrarnos una declaración de esta naturaleza, el marqués de Vareilles-Sommières, decano de la Facultad Católica de Derecho de Lille, decía: «El artículo 6 del Código civil, en su sentido literal, aceptado por la Escuela, es de una insigne falsedad: 1.° En tanto que supone que hay leyes que no interesan ni al orden público, ni a las buenas costumbres; 2.° en tanto que declara que los particulares pueden derogar ciertas leyes. Es verdad que no todas las leyes interesan a las buenas costumbres, y sobre este punto no tenemos nada que decir. *Pero todas las leyes interesan al orden público y no se puede derogar ninguna ley.* Derogar una ley por las convenciones particulares, es, si se habla francés, estipular válidamente cláusulas contrarias a ella; establecer un estado de cosas que prohibe; en una palabra, desobedecer impunemente a la ley. No negamos absolutamente que esto sea posible y que se produzca. Lo negamos en nombre del buen sentido, en nombre de la evidencia. Lo que el legislador quiere, se impone a todos los súbditos. Siempre que haya desacuerdo entre la voluntad del soberano, que es la ley, y la voluntad de los particulares, debe prevalecer la ley, y no unas veces la primera y en otras la segunda; decir que la voluntad de los particulares puede en numerosas oca-

[28] Oudot, *op. cit.*, p. 64-65.

siones prevalecer sobre la del soberano, es aceptar un cambio tal en los papeles que asombra y rebela a la razón; es tanto como admitir la contradicción consistente en que el *mandamiento* del legislador solamente es un *deseo* o un *ruego,* que humildemente dirige a aquellos de quienes es jefe»[29].

52.— IV *El carácter ilógico, al mismo tiempo paradójico de la doctrina de la exégesis en cuanto a la existencia y función de la noción de derecho.* —La profesión de fe a que nos referimos en el párrafo anterior nos *extraña* a priori, en un jurista de la talla del marqués de Vareilles-Sommières, quien no es de los que asignan al Derecho un origen terrestre. *Pero tocamos así un cuarto carácter de la Escuela de la Exégesis, carácter que es ilógico y paradójico.* En efecto, todos los adeptos de la Escuela de la Exégesis proclamaron su fe en la existencia de un principio superior de derecho, en otras palabras, su creencia en la noción de derecho, que sería la representación, en nosotros, de la esencia del derecho; sin duda sería necesariamente invisible por su naturaleza misma, pero no por ello dejaba de ser real y de formar una de las piezas constitutivas de la organización misma del mundo moral, en oposición al mundo físico. *Ahora bien, no obstante aceptar la doctrina metafísica de la noción de derecho, los exégetas persistieron en su doctrina estatista de la omnipotencia del legislador.*

De todas maneras, debe reconocerse, desde el principio, que esta decisión es lógica en algunos de los representativos de la Escuela de la Exégesis. Tal es el caso, a pesar de las apariencias contrarias, de los teóricos católicos, a la cabeza de los cuales se encuentra el marqués de Vareilles-Sommières. Para estos juristas el Derecho terrestre no existe sino en función del Derecho divino; al elaborarlo el legislador no obra en virtud de un poder propio, sino que cumple la misión que le ha confiado Dios. «Desde el punto de vista de su origen, las leyes se dividen, —escribe de Vareilles-Sommières—, en divinas y humanas; las primeras son aquéllas que vienen inmediatamente de Dios; las segundas, son las dictadas por los hombres, en virtud del poder que Dios les ha dado, natural o sobrenaturalmente. En Dios, el derecho de obligar a los hombres tiene su fundamento, no solo en la omnipotencia, como se ha dicho, ni tampoco en la superioridad de su naturaleza, como también se ha afirmado, ni en su carácter de creador, sino juntamente en la omnipotencia y suprema sabiduría. En el hombre, el derecho de ordenar se funda únicamente en la soberanía misma de Dios. Así, en cierta forma, todas las leyes vienen de Dios, y como lo recuerda León XIII en su encíclica *Libertas,* obedecerlas es siempre noble, pues no se inclina uno sino ante la más justa y sublime autoridad: la de Dios. Y por esta razón él mismo llama dioses a los que ha comunicado ese derecho de gobernar y juzgar de los hombres, porque es un derecho que solo es natural en él»[30].

[29] De Vareilles-Sommières, *Des lois d'ordre public et de la dérogation aux lois,* París, 1899, pp. 9, 60, 61.

[30] De Vareilles-Sommières, *Les Principes fondamentaux du Droit,* 1899, pp. 18-19. En el mismo sentido, Lucien Brun, *Introduction a l'étude du Droit,* 1879. Périn, *Les lois de la société chrétienne,* 1876.

He aquí al legislador deificado, en cierta forma, por el marqués de Vareilles-Sommières; es evidente que con semejante punto de partida, la doctrina de la Escuela de la Exégesis es inatacable en el terreno abstracto; decimos en el terreno abstracto, porque es inútil añadir que de hecho, de Vareilles-Sommières, estuvo lejos de inclinarse siempre ante la pretendida infalibilidad del legislador; pero aquí nos encontramos en el terreno de los principios, y, a este respecto, el razonamiento del autor es de una lógica impecable.

53.— Lo mismo sería del razonamiento de los representativos de la Escuela de la Exégesis, en general, si se hubieran adherido a la noción divina del Derecho, considerada desde el punto de vista de una religión determinada; pero no es así; se adhirieron, lo que es muy diferente[31], a la noción metafísica del derecho tal como la habían concebido la Revolución francesa y los redactores del Código civil. En estas condiciones difícilmente hubieran podido escapar, en la elaboración del Derecho positivo, a la voz imperiosa de esa noción trascedente que rige el desarrollo del Derecho, fijándole su orientación general y que es susceptible de encontrarse en desacuerdo con la obra del legislador. Ahora bien, ¿qué aconteció? Algunas citas lo mostrarán. A pesar de reconocer, en principio, la existencia de un elemento supremo del Derecho, todos los representativos de la Escuela de la Exégesis aceptaron la omnipotencia del legislador.

Esto que es incomprensible, vicia profundamente el conjunto de la doctrina de la Escuela. Así, ya vimos con qué firmeza Aubry y Rau se adhirieron a la doctrina exegética, aceptando que la fuente del Derecho positivo estaba constituida por la ley, considerada desde el punto de vista de la intención del legislador. Ya reprodujimos, también, la célebre profesión de fe, pronunciada en la sesión de apertura de la Facultad de Derecho de Estrasburgo, de 1857, y en la cual el decano Aubry trazaba la línea de conducta a los civilistas en estos términos: «*Toda la ley, tanto en su espíritu como en su letra,* con una extensa aplicación de sus principios y el más completo desenvolvimiento de sus consecuencias, pero solo la ley». Aubry y Rau escribieron: «Residiendo el criterio según el cual se determinan los preceptos legítimamente susceptibles de transformarse en objeto de una coerción exterior, en la conciencia colectiva de cada pueblo y en el sentido moral de una nación, que se modifica según el grado de su civilización, resulta que, en opinión nuestra, el Derecho natural no constituye un cuerpo de preceptos absolutos e inmutables. *No quiere decir esto, que desconozcamos la existencia de ciertos principios absolutos e inmutables, anteriores y superiores a toda legislación positiva,* tales como, la personalidad del hombre, el derecho de propiedad, la constitución de la familia, la libertad, la fuerza obligatoria de las convenciones y la necesidad del Estado. Únicamente que nos parece imposible determinar, a priori, las reglas destinadas a organizar y de-

---

[31] Sobre este punto, J. Bonnecase, *La notion de Droit en France au XIX siècle.* Contribution a l'étude de la philosophie du Droit contemporaine, 1919.

[32] Aubry et Rau, t. I, p. 3 en nota.

sarrollar estos principios, pues dichas reglas no presentan sino un carácter contingente y variable»[32].

No se puede imaginar una contradicción de fondo más flagrante, puesto que, por una parte, Aubry y Rau reducen el Derecho positivo a la ley, y por la otra lo perciben según la verdadera concepción de la ciencia del Derecho, esto es, desprendiéndose de las contingencias sociales, bajo la influencia de la noción de Derecho. A pesar de todo, en otra parte explicamos[33] que los profesores de Strasburgo cayeron *voluntariamente* en esta contradicción aparente, porque, teniendo la noción exacta de la ciencia del Derecho, habían querido ante todo publicar un *Cours de Code Napoleón*. No sucede lo mismo respecto de los demás representativos de la Escuela de la Exégesis, quienes inconscientemente cayeron en una contradicción flagrante, al afirmar la existencia de una noción de Derecho de carácter trascendental y rígido, para no tomarla en consideración, en la elaboración del Derecho positivo. Tal es el caso de Taulier; ningún autor ha demostrado tanta fe en el Derecho natural, ¡lo que no le impidió considerar, firmemente, a la intención del legislador, como la preocupación principal del jurista![34].

---

33 J. Bonnecase, *La Faculté de Droit de Strasbourg*, p. 278.

34 He aquí algunos extractos de las largas explicaciones consagradas por Taulier al Derecho natural, es decir a la noción de derecho: «Divido inmediatamente el Derecho, dice, en Derecho natural y en Derecho positivo. El primero es el conjunto de las leyes anteriores a la humanidad y provenientes de Dios mismo. El segundo es el conjunto de las leyes hechas por el hombre y por las necesidades de la vida social. Uno es un tipo primitivo, divino. El otro, un tipo secundario, humano... Portalis, órgano de la Escuela espiritualista, en el discurso preliminar del Código civil dice: El Derecho, es la razón universal, la suprema razón fundada en la naturaleza de las cosas. Bentham, órgano de la Escuela experimental dice: El Derecho, hablando propiamente no es sino creación de la ley. Se ve el antagonismo, claramente formulado... La Escuela experimental interrogando los hechos, fundándose sobre lo que es, estudia las verdades en sí y por si mismas, independientemente de toda fuente primera y necesaria; no advierte en el Derecho sino la expresión de las necesidades de la vida, expresión formulada por el hombre, directamente y sin el socorro de un tipo original. Para ella, las tendencias naturales que Dios ha hecho no son el Derecho, sino el principio de las relaciones que el Derecho reglamentará; el Derecho es obra del hombre. Para ella, el Derecho es una consecuencia; la ciencia de lo justo y de lo injusto es hija de la voluntad humana. Dios solamente ha creado impulsos instintivos y vagas advertencias; solo la obra del hombre es real, aprehensible y positiva... El espiritualismo, por el contrario, partiendo sin cesar de Dios, para remontarse sin cesar a Dios, admite limites de lo justo e injusto, invariablemente fijados; para él el Derecho es un principio superior al hombre, la condición de su ser individual y de su naturaleza social; para él, la razón no se limita a organizar los instintos, los excluye o, por lo menos, los precede y domina; para el, en fin, el Derecho es la razón universal, la suprema razón... Acepto que los términos de Portalis dan una idea verdadera de los preceptos eternos, cada uno de los cuales aporta, al nacer, la ciencia íntima; después clasifico en orden secundario los preceptos formulados por el hombre y que solo conoce por una revelación exterior; he encontrado el Derecho natural y positivo, y el conjunto de sus preceptos constituye la ciencia de todas las leyes... Comprendiendo así el Derecho natural y el positivo, importa particularmente señalar sus caracteres. El derecho natural es primitivo, pues es inherente a la existencia de las cosas. Es

54. — Ciertos exégetas declararon también, expresamente, que al reconocer la existencia de un principio superior de Derecho, deliberadamente lo hacían a un lado negándole todo efecto. Esto es audacia, o inconciencia pura. El hecho es patente. Escuchemos a Valette: «Se han escrito, dice, volúmenes sobre lo que se llama el Derecho natural. No tenemos aquí porque entrar en las discusiones filosóficas que implica esta materia. Nos basta comprobar que se admite en todas las naciones, salvo las doctrinas metafísicas de algunos sistemas que no nos atañen, que hay reglas primordiales y superiores que gobiernan las relaciones con nuestros semejantes... Pero que estas reglas se nos revelen como ideas innatas, o solamente como sentimientos instintivos, que en seguida se transforman en ideas, es lo que pretendemos aclarar»[35]. Nos parece, sin embargo, que es esencial la cuestión de la verdadera naturaleza del Derecho; por haberla descuidado o deformado voluntariamente los juristas alemanes llegaron, en realidad, a negar el Derecho; notemos, por ejemplo, que Jellinek, antes de llegar a la concepción de que el Estado es la fuente del Derecho, comienza por declarar, en términos que recuerdan a los de Valette, que excluye de la ciencia del Derecho lo que se ha llamado Derecho Natural[36].

---

inmediato, es decir, se revela por sí mismo obligatorio para cada hombre . . Es uno y universal, es decir, común a todos los tiempos y a todos los lugares, porque se basa en la esencia misma de las cosas que en todas partes es la misma. Es uniforme e invariable, pues la esencia de las cosas será siempre lo que es. Es evidente y palpable, pues consiste, por completo, en hechos constantemente presentes al entendimiento humano y de fácil demostración, para cada uno. En fin, es benéfico para todos los hombres, pues a todos enseña el verdadero modo de ser más dichosos y mejores». Nos bastarían estas largas citas, comparadas con nuestras explicaciones anteriores sobre el rigorismo exegético de Taulier, para probar en cuantas contradicciones incurrió. Sin embargo, citaremos aún el siguiente pasaje, que se comprende menos aun, después de las declaraciones hechas por Taulier en su Prefacio, en el que anuncia que se consagrará al estudio del texto del Código civil considerado en sí mismo, aislado de cualquier otra explicación: «Si aislo, escribe Taulier, el Derecho positivo del natural, no es porque el primero pueda ser una creación arbitraria, libre en sus alcances, independiente en sus concepciones, soberana absoluta en sus resultados; por el contrario, como lo he dejado presentir, subordinado al Derecho natural, el positivo debe inspirarse en él, apoyarse sin cesar en él; debe ser el mismo Derecho natural acomodado a las necesidades sociales, a las aspiraciones, a las enfermedades humanas; reconozco al hombre el derecho de aplicar, desarrollar, reglamentar o modificar la obra de Dios, pero no el de reformar o negar a Dios mismo». Taulier, *op. cit.* Introduce., pp. 19-26.

35 Valette, *op cit.* pp. 3-4, 35-36.

36 «Para determinar las relaciones que existen entre el Estado y el Derecho, —escribe Jellinek— , es necesario tener una idea bien clara del Derecho, por difícil que sea comprender todos sus aspectos. Disponemos aquí de dos métodos. El primero considera la naturaleza del Derecho como la de una potencia independiente del hombre, teniendo su razón de ser en la naturaleza objetiva del ser; el segundo consiste en considerar al Derecho como un fenómeno subjetivo, es decir, de orden humano interno. El primer método es el de la especulación metafísica. Esta pretende reconocer la existencia del Derecho como independiente de la voluntad humana. Grotius, comprendiendo así el Derecho, decía que debería aplicarse aún en el supuesto de que Dios no existiese... No tenemos empero que ocuparnos aquí del valor trascendental de las instituciones humanas. Fiel al método observado hasta hoy, nos

55.— Conviene, sin embargo, ser justo. La Escuela de la Exégesis no negó, en su profesión de fe, toda influencia a la noción de Derecho en la elaboración del Derecho positivo; ¡pero con cuánta reserva la delimitó! Autoriza al juez a invocarla cuando la ley es muda, pues ante el silencio del legislador se considera que este quiso consagrar los principios del Derecho natural. Nótese pues, que cuando el juez, a falta de texto, se deja guiar en sus decisiones por la noción de derecho, no sufre su inspiración directa e inmediata, sino que aun en este caso obedece al legislador.

«El Juez, —escribe Marcadé—, deberá fallar siempre supliendo a la ley, principalmente, decidiendo según sus propias luces y por los principios de la razón y equidad... el artículo 5 consagra tácitamente, todos los principios del Derecho natural. Esto constituye una diferencia profunda, capital y de gran alcance entre la legislación romana y la nuestra[37]. Demante se expresa en los mismos términos. «No debe aceptarse, dice, que las leyes naturales que no han sido expresamente consagradas por el legislador de cada pueblo, estén por ello rechazadas en el orden civil. Por el contrario, hay muchas, de tal manera esenciales a las relaciones, que la naturaleza o el estado social han establecido entre los hombres, que deben ser consideradas como mantenidas siempre que no se hayan descartado por la letra o espíritu particular de la ley positiva»[38]. Sin embargo, a pesar de sus consecuencias, Marcadé y Demante solo hacen resaltar la contradicción inherente a la doctrina de la Escuela de la Exégesis, consistente en proclamar la realidad de una noción de Derecho inmutable, universal y eterna, afirmando al mismo tiempo que únicamente el legislador elabora el Derecho positivo, tanto en los textos legales, como mediante su silencio. Podríamos citar, en el mismo sentido, a muchos otros autores; nos conformaremos con señalar, de paso, a Toullier[39] y Duvergier[40], para insistir en Demolombe.

---

conformaremos considerando al Derecho desde el punto de vista psicológico, como fenómeno humano interno. Desde este punto de vista, el Derecho debe considerarse como una parte de las concepciones humanas; existe en nuestros cerebros; definir el Derecho, es establecer qué parte del contenido de nuestra conciencia debe ser llamada con este nombre». Jellinek, *L'Etat moderne et son droit,* traducción Fardis, 1911, t. I. pp. 502-503. Notemos que desde el punto de vista de la investigación de la naturaleza del Derecho, Jellinek es más generoso que Valette, puesto que consiente en estudiarlo, si no como noción metafísica, por lo menos como noción psicológica, lo que no significa que las soluciones a que llega el jurista alemán sean aceptables; a pesar de todas las argucias de que rodea su razonamiento, termina por arrojarse en la doctrina estatista, tan estimada en las Universidades alemanas.

37 Marcadé, *op cit.,* t. 1er. p. 34.

38 Demante, *op. cit.,* t. 1er., p. 9.

39 «¿Qué regla seguirá el Juez, se pregunta Toullier, en los casos dudosos donde la ley parece ser muda? Primero la equidad que es el retorno a la ley natural». Pero en seguida Toullier cambia de opinión y precisa su pensamiento por temor de que se. exagere su alcance. «En cuanto a la equidad, añade, en todos los tiempos se ha dicho que es el suplemento de las leyes, y nada es más justo y verdadero, con tal de que la equidad sea dirigida por la ciencia, pues sin ella el magistrado debe temblar de sentarse en el templo de la justicia, y

Más adelante diremos que Demolombe protestó, en vida, contra el calificativo de exégeta, antes de habérsele otorgado; el mismo Demolombe presentía que así había de ser, y sus discípulos, después de su muerte, hicieron la misma protesta. Nada demuestra mejor hasta que grado el decano de la Facultad de Caen representó al tipo puro del exégeta, que su actitud ante la función de la noción de derecho, desde el punto de vista de la ley positiva. Deliberada y conscientemente, sacrificó, por completo, la primera a la segunda, y esto en todas las hipótesis, hubiera o no expresado el legislador su voluntad, a tal punto que podemos preguntarnos legítimamente cómo, para ser lógico, Demolombe no comenzó por negar la existencia de la noción de Derecho.

«Me parece, escribe, que si en materia civil el actor invoca en apoyo de su pretensión, una *regla de Derecho natural,* no sancionada por lo menos indirecta, o implícitamente por la ley, el juez no debe concederle el beneficio de sus conclusiones. ¿Es esto decir que violará el artículo 4 y que se negará a juzgar? No, sin duda; pues por el contrario, juzgará que la demanda no es fundada. Notad bien, en efecto, que el texto parece no admitir el silencio, obscuridad, o insuficiencia de la ley... *so pretexto,* dice. Pienso, sin embargo, que no se calumnia a la ley, según las palabras de Proudhon, al acusarla de esas imperfecciones más o menos inevitables; pero, en fin, de esto resulta que el juez no puede *legalmente* pretender que *la ley* no le dé los medios de resolver la causa que le es sometida»[41]. En pocas palabras, Demolombe es conducido, a propósito de

el espíritu no hará sino perderse en la investigación de un fantasma de equidad puramente imaginario». Finalmente Toullier identifica el Derecho romano con el natural; el Derecho romano es para él la expresión perfecta de los principios que directamente proporciona la noción de derecho». «Es sobre todo en los escritos de los jurisconsultos romanos donde el magistrado encontrará guías seguros, y reglas de decisión infalibles. Este libro solo, como lo observa D'Aguesseau, desarrolla, sin dificultad, los primeros principios y las últimas consecuencias del Derecho natural. Desgraciado del magistrado que no tema preferir su sola razón a la de tantos grandes hombres, y que sin otra guía que la audacia de su genio, se halague de descubrir, en una simple ojeada, y de abarcar al primer golpe de vista, la vasta extensión del Derecho». Toullier, *op. cil.* t. I. p. 114.

40 Duvergier es aún más desconfiado que Toullier hacia la noción de Derecho: «Yo mismo he hecho notar, dice, que los jueces se erigen fácilmente en legisladores, substituyendo su sentimiento personal, que llaman equidad a la voluntad de la ley, que es el derecho, abuso tanto más peligroso, cuanto que nace de un sentimiento honorable, y que esta palabra equidad, tan vaga, tan mal definida, tiene algo que atrae la confianza y que inspira respeto». Duvergier, sobre Toullier, t. I. p. 114, en nota. Como puede verse, el término equidad sirve, en los escritos de Toullier y Duvergier, para designar la noción de Derecho.

41 Demolombe, T. I. p. 134. Dado el lugar ocupado por Demolombe en el seno de la Escuela de la Exégesis, es importante insistir sobre la incoherencia que se advierte en sus explicaciones respecto al punto que nos ocupa. Nunca han aparecido con más amplitud, la fluctuación e inconsistencia en las opiniones, como las que vigorosamente se reprochan a este autor. (Comp. Charmont et Chausse, *Livre du centenaire du Code civil, t.* L. pp. 158-160). Comencemos primero por precisar que Demolombe. como tantos otros juristas del siglo XIX, entiende por Derecho natural, no la noción de derecho en el sentido filosófico del término, es decir, como una noción demostrada por la razón, revelada por la conciencia y susceptible simplemente de orientar al legislador, de la misma manera que la noción del

la noción de derecho, a emitir una profesión de fe tan puramente estatista, como la de Blondeau, o Valette si no es mayor que la de estos.

---

bien dirige al moralista, sino un conjunto de preceptos que forman un cuerpo de leyes preexistente, y en cierta forma un código de la naturaleza. (V. sobre esta concepción, nuestro precitado estudio, *La Notion de Droit en France au XIX siècle*). Esto permite al autor jugar con las palabras y neutralizar más fácilmente la acción de la noción de derecho. Pero, no es dudoso que a pesar de ello, y contra todo, reconoce en toda su fuerza la existencia de esta noción. Al respecto encontramos en sus escritos declaraciones expresas: «Estas declaraciones me llevan, dice, a la importante división que siempre se ha hecho de las leyes en razón de su origen, división verdadera, exacta, pero que en mi opinión debe, sin embargo, apreciarse y comprenderse bien, a fin de no abusar de ella. Quiero hablar de la distinción entre las leyes naturales y las positivas, entre el Derecho natural y el positivo... Es indudable que existe cierto número de reglas profundamente instintivas, inmutables y universales, que ningún legislador humano podría desconocer impunemente... Con toda seguridad es indiscutible que las relaciones humanas no estén sometidas a cierto orden de reglas, si bien estas se fundan en los instintos primitivos y universales de la sociabilidad humana, en la necesidad misma y, como consecuencia, en las conveniencias reciprocas, en el asentimiento general y unánime de las naciones, que debe considerarse como destinadas por la Providencia suprema, a servir de lazo entre todos los hombres y entre todos los pueblos; desde este punto de vista se puede decir de esta especie de reglas, que en lo general, forman, efectivamente, el Derecho común, el Derecho natural de la humanidad». Ante tales declaraciones tenemos razón para creer que Demolombe no discutió la existencia de la noción de derecho y que se limitó a determinar su función respecto de la ley positiva. Error profundo. Equivale a afirmar su fe en el Derecho natural, para renegar de él inmediatamente; «Sin embargo, escribe, me parece imposible aceptar como jurisconsulto esas tesis abstractas, absolutas, que admiten, a priori, entre todos los hombres y entre todos los pueblos, un derecho preexistente, inmutable y universal». ¿Sabemos por qué? Porque «la historia no nos muestra en ninguna época la realización de esta teoría». «Sin hablar, añade, de la legislación romana, tan exclusiva y celosa, y que tan profundamente nacionalizó todas sus obras, nuestro antiguo Derecho francés pronunciaba algunas veces exclusiones de una dureza extrema... y esto en materias que siempre se han colocado a la cabeza de las instituciones del Derecho natural». Lo anterior equivale a decir que se acepta la doctrina de Savigny sobre el fundamento del Derecho: la omnipotencia de la costumbre nacional, la ley de la historia. Pero he aquí que Demolombe se acuerda de su admiración por la ley escrita; como casi está en una contradicción vuelve a aquella y afirma su predominio absoluto hacia, y contra todos. Efectivamente, hablar de la noción de Derecho, tratar de desprender su forma, contenido y función, ¿no es, dice, razonar como filósofo, o moralista, antes que como jurisconsulto? ¿No es mezclar y confundir varias ciencias vecinas y afines, sin duda, pero distintas a pesar de ello, y muy diferentes, que no se proponen el mismo fin y que por tanto no deben colocarse en el mismo punto de vista? Solo una cosa es buena y segura para el decano de la Facultad de Caen: la ley escrita, y ¡propiamente, el Derecho natural es el que se adapta mejor a la ley escrita! He aquí, pues, si no nos engañamos, los papeles cambiados, y que no se nos acuse de deformar el pensamiento de Demolombe: el pasaje siguiente demuestra lo contrario: «El jurisconsulto, dice, no debe atenerse á un modelo más o menos perfecto, a un tipo más o menos ideal; el Derecho natural, para él, no siempre es el mejor, ni quizás el más excelente; pero es el Derecho natural posible, practicable, realizable, el que sobre todo, se conforma y asimila mejor al espíritu, a los principios y tendencias generales de la legislación escrita; y he aquí porque pienso que siempre debe obtenerse directa o indirectamente de esta legislación escrita todas las reglas de las soluciones jurídicas» Demolombe, t. I. pp. 2-20. No insistimos más sobre este caos de afirmaciones y de principios contradictorios que abundan en la obra de aquél a quien podría

Finalmente, la contradicción que hemos presentado como cuarta característica distintiva de la doctrina exegética y que resulta de la afirmación, por una parte, de la existencia de un principio superior de derecho, y por la otra, de la omnipotencia del legislador, pone mejor de relieve el estatismo de la Escuela. Solo nos resta explicar esta mezcla paradójica de espiritualismo cierto y de positivismo puro[42]; pero el objeto limitado de nuestro estudio no lo permite; liemos expuesto la profesión de fe de la Escuela dé la Exégesis, considerada en. sí misma y en sus consecuencias lógicas e inmediatas; esto es todo. Por lo demás, no hemos llegado al fin de sus contradicciones, como lo demuestra el quinto rasgo distintivo de su doctrina, que tratamos a continuación.

56.— V. *«El argumento de autoridad» en la doctrina de la Escuela de la Exégesis.—* Si cada autor tenía el deber de atenerse al texto del legislador

---

llamarse «el príncipe de la Escuela de la Exégesis», pues en vida dominó a tal grado, a los juristas de su tiempo, qué con sus errores impidió que se hiciera sentir la acción bienhechora de Aubry y Rau, como hubiera sido deseable, respecto de la ciencia del Derecho civil; demostraremos esto en nuestro libro sobre los *Grandes Comentadores del Código de Napoleón.* Nos basta, por el momento, haber demostrado, con citas irrefutables, la contradicción inherente a la doctrina de la Escuela Exegética, contradicción que condujo a los adeptos de la noción metafísica del Derecho, de los espiritualistas, en toda la acepción del término, como Demolombe, a someter esta noción al legislador en vez de ser guía de este.

42 La explicación que no damos en este momento será proporcionada ulteriormente y, por otra parte, como hemos anunciado en la nota precedente, desde otro punto de vista. Simplemente digamos que se trata de una cuestión muy compleja, que solo puede resolverse con ayuda del método que hemos expuesto en el Prefacio de nuestro estudio sobre *La Thémis,* método, en nuestra opinión muy descuidado por los autores jurídicos y del cual hemos tratado de hacer una primera aplicación. «Este método, escribíamos, consiste en no limitarse a exponer fríamente las ideas abstractas de una época, sino en poner en primer lugar, a los hombres que las emitieron, con. sus caracteres, sus odios y sus partidos. En efecto, la historia jurídica no se diferencia en nada, de la historia política o literaria; no son los razonamientos y la reflexión los únicos factores de las teorías jurídicas; las personas, con su temperamento y sus defectos desempeñan, a veces, un papel igual en su elaboración... En definitiva, este método es correcto, pues demuestra a los. incrédulos que los jurisconsultos son hombres, que en ningún caso se han refugiado en la Torre de Marfil simbólica, que, por el contrario, siempre han vivido luchando con los caracteres y tendencias de su época». J. Bonnecase, *La Thémis,* 2a. edit. Prefacio, pp. IX-X. Todo esto es particularmente exacto por lo que hace a los principales representativos de la Escuela de la Exégesis. En todo caso, colocándonos desde el punto de vista de. nuestras explicaciones anteriores, es curioso comprobar la indiferencia de la doctrina exegética sobre el origen y razón de ser del Derecho, en presencia del movimiento filosófico que en la misma época estaba por producirse. Permítasenos recordar las inquietudes que agitaban el alma de Jouffroy sobre problemas muy vecinos al del Derecho y que se traducían en los estudios siguientes: *Du scepticisme actuel (Cours de droit naturel,* 1834, t. 1er., p. 243). *Comment les dogmes finissent* (Mélanges philosophiques, 1833, p. 1-19). *Le problème de la destinée humaine (ibid.,* pp. 297-344); *De l'organisation des sciences philosophiques,* 2e. partie, disertación que no es.sino la confesión de Jouffroy (*Nouveaux mélanges philosophiques,* 1882, pp. 81-140). Véase además, sobre el movimiento filosófico de la época: Ch. Adam, *La philosophie en France* (première moité du XIX siècle), París, 1894; Fouillée, *Histoire de la philosophie,* 12e. édit., pp. 416-135; Paul Janet, *Philosophie de la Révolution française,* 4e édit., 1892, etc..., etc...; no pretendemos aportar así, sino la indicación de obras tan conocidas como usuales, y cuyo objeto es dar vistas de conjunto sobre la evolución de la filosofía.

para resolver los problemas que eventualmente se presentaran, sería natural que los representantes de la Escuela de la Exégesis fuesen poco inclinados a profesar un gran respeto, en la elaboración de sus obras, a las de sus antecesores. Pero, y perdónesenos esta expresión: *¡nunca Escuela alguna conoció en un grado más elevado que el de la Exegética, el respeto por los precedentes y pontífices!*

En el prefacio a la quinta edición de su *Explication du Code Napoléon,* Marcadé levantó el velo que cubría el mal corruptor de la Escuela, en estos términos: «He emprendido este trabajo, —escribía—, para sustituir la autoridad de las tradiciones por el razonamiento; las ideas convencionales por ideas lógicamente apreciadas; para reivindicar, en la doctrina, el ejercicio pleno del derecho al libre examen y franca discusión. Antes decía en voz baja lo que actualmente digo en voz alta. Dejemos de creer suficientes y casi perfectas las obras que a menudo la naturaleza de las cosas ha impedido ser exactas; cesemos de confundir el mérito de los autores (que solamente debe apreciarse con relación a las circunstancias en que escribieron), con el mérito intrínseco de sus obras (que debe apreciarse en forma absoluta); conservando religiosamente a las personas la reputación y gloria que justamente han adquirido, no demos a sus doctrinas un valor que no tienen y que no pueden tener; mostrémonos muy fuertes, muy hombres, para hacer y sufrir a nuestra vez, una crítica seria e independiente. Es necesario decir que este derecho de examen y discusión, cuyo desconocimiento haría de la inteligencia una máquina productora, ha sido extrañamente comprendido y practicado. Olvidando que la verdad es una y absoluta; que el error debe ser combatido sin distinción de personas, sin considerar los títulos y cualidades de quien lo emite, y que, en todo caso, si ha de hacerse alguna diferencia, la refutación más enérgica debe dirigirse precisamente contra la posición más elevada, puesto que allí el error es más potente y contagioso que en otras partes; se ha llegado generalmente al grado de que, lejos de sacrificar los nombres propios en aras de la verdad, se sacrificaba voluntariamente la verdad en interés de aquellos; y una proposición absurda, si fuere de un hombre obscuro, se respetaba y casi triunfaba al abrigo de una gran reputación. Por lo anterior no ha faltado quien se haya escandalizado cuando he criticado audazmente la obra de Touiller y las de otros autores»[43].

Que Mareadé incurrió, en el curso de su obra, en los errores que reprochaba a los demás, es posible y hasta seguro. Pero esta circunstancia no disminuye la razón de su crítica; por otra parte, el nombre de Toullier que evoca, sintetiza, por sí solo, los razonamientos que la motivaban. Anteriormente nos hemos referido al culto supersticioso consagrado a Pothier por la Escuela de la Exégesis; manteniéndose firmemente este culto, terminó por extenderse progresivamente a los representativos modernos más

[43] Marcadé, *op. cit.,* t. II, Préface, p. XVIII-XIX.

ilustres de la Escuela; el primer beneficiado por dicho culto fue, indiscutiblemente, Toullier. En opinión de los exégetas, Pothier dio a Francia, a través de la Revolución, el Código civil: Toullier, un comentario sin errores; sus opiniones estuvieron, para la generación de su época, al abrigo y sobre toda crítica.

Se vio la prueba de lo anterior cuando *La Thémis,* en la pluma de Du Caurroy osó atacar la noción de causahabiente, tal y como la había comprendido Toullier; y también cuando Marcadé, a su vez, se permitió la misma imprudencia. Toullier personalmente respondió a Du Caurroy que no era: «sino un joven profesor que da esperanzas, pero cuyos conocimientos no están aún madurados por la meditación profunda y por esa larga experiencia en los negocios, que forman al verdadero jurisconsulto». En otras palabras, para Toullier la edad equivalía a la ciencia, añadía, en efecto, que su edad le impedía luchar con un atleta joven y vigoroso que, quizás, —decía— «no había nacido cuando tuve la desgracia, hace cuarenta años, de querer dedicarme a la enseñanza del Derecho»[44]. Duvergier reprochaba a Marcadé el haber osado recordar, a propósito de Toullier, el adagio: *Errare humanum est,* y también el no haber elogiado todas las partes de la obra de este. Irónicamente Marcadé replicó: «Combatir a cada paso a Duranton, es correcto, pero atacar la obra del príncipe de la ciencia, es decir, de Toulher, es, a sus ojos, casi una impiedad... profanar el arca santa»[45].

Para demostrar el favor de que gozaba el argumento de autoridad entre los exégetas, podríamos recordar otros hechos significativos, ya referidos, tanto en nuestro estudio sobre *La Thémis,* como en el libro: *L'Enseignement du Droit privé en France au XIX siècle*[46]; respecto de Demolombe, sobre todo, podríamos hacer lo mismo que con. Toullier, pues en la segunda mitad del siglo XIX el decano de la Facultad de Caen gozó el mismo papel dominador que el decano de la Facultad de Rennes, en la primera mitad; por lo demás, en el capítulo I indicamos (supra. Nos 33 y s.) que Demolombe, como Toullier, no pudo soportar la crítica y que igualmente tuvo innumerables admiradores. Pero es más importante precisar los resultados a que condujo, en los

---

44 Volvemos sobre esta controversia, por completo característica del estado de espíritu de los principales exégetas, que ya hemos expuesto extensamente en otras partes. J. Bonnecase, *La Thémis,* 2a. ed. pp. 330-344. Toullier, quien creía haber establecido desde el primer momento, por su sola autoridad, la noción de causahabiente a título particular, se hubiera sorprendido singularmente de haber sospechado que después de un siglo, esta noción pudo discutirse y ser objeto de un estudio original y verdaderamente científico, Laborde-Lacoste, *Essai sur la notion d'ayant cause a titre particulier en droit privé français,* tesis, Burdeos, 1916.

45 Marcadé recuerda y resume toda controversia en el Prefacio de la cuarta edición de su *Explication du Code Napoleón,* pp. XXTXXIV.

46 J. Bonnecase, *La Thémis,* 2a. édit. p. 171 y s.; p. 320 y s., *Introduction générale a l'histoire de la science du droit privé en Trance de* 1789 *a* 1830, p. 104 y s.; *L'enseignement du Droit privé en France au XIX siècle* (*Revue critique de législation,* 1914-1916).

exégetas, ese temor reverencial, o esa confianza ciega, en los predecesores, sobre todo, en algunos de ellos, los cuales personalmente cuidaban de conservar su reputación y predominio[47].

57. — El respeto a los precedentes condujo a los civilistas del siglo último, a aceptar como verdades adquiridas las construcciones jurídicas elaboradas por los predecesores, y en consecuencia, a desarrollarlas sin darles mayor importancia. Oudot describió perfectamente, desde 1846, este estado de cosas tan funesto para la ciencia. Criticando al elemento de elaboración del Derecho positivo llamado «*tradiciones del Derecho*», declaraba: «Entendemos por aquél ciertas fórmulas que los jurisconsultos componen y presentan como un resumen de las leyes... Para que un espíritu lógico pudiera deducir firmemente la solución de la cuestión menos importante de Derecho, necesitaría escalar todos los peldaños que separan esta cuestión de la primera idea de justicia. Solo a este precio encontraría un principio. Pero este trabajo es dilatado y monótono. El magistrado, el abogado, el profesor, tienen necesidad de abreviar su trabajo. ¿Qué hacen? Se detienen en mitad del camino, cuando encuentran la apariencia de una idea general, con la que frecuentemente han visto agruparse las soluciones que buscan. Del frecuente uso de esta idea, concluyen su utilidad universal. Le dan una forma concisa, pintoresca y, si es posible, impresionante, para comunicarla como un axioma a los que, como ellos, se ocupan de la jurisprudencia. Más tarde, la costumbre se apropia de tales fórmulas, como medio de economizar, entre los profesionales, el tiempo y las palabras. Así se forman las tradiciones del Derecho. Su origen, nos enseña que no constituyen principios. ¿Qué son entonces? Recursos peligrosos de nemotécnica y nada más. Y sin embargo, ¿cuántas veces no vemos a los jurisconsultos citarlos como la razón última de sus decisiones? ¡No solo la práctica se conforma con ellos; sino aun la teoría más inteligente se deja seducir, a cada momento, por la ilusión de esos pobres argumentos! Muy pobres, ¡creedlo!, pues no pueden escapar al reproche, o de ser inexactos en el fondo, o en la forma, o de constituir meros círculos viciosos»[48].

---

[47] Los partidarios de la Escuela de la Exégesis tuvieron la costumbre de demostrar una gran modestia en los prefacios de sus obras, excusándose por publicar un nuevo tratado de Derecho civil, después de tantos otros, que por lo demás, tenían cuidado de enumerar. Solamente que a veces hacían omisiones imperdonables; es así como Demolombe, en 1845, en el Prefacio a su primera edición, cita entre las «obras notables que existían ya sobre el Código de Napoleón» las de Coin-Delisle, pero olvida el *Cours de droit civil français* de Aubry y Rau, que, sin embargo, se había publicado ya completamente. Y como Demolombe reprodujo literalmente este prefacio en las ediciones siguientes, omite al mismo tiempo mencionar la obra de Marcadé, que por lo demás, comenzó a publicarse antes que la suya. Por ello, en el texto dijimos que si los paladines exégetas entendían imponer a su generación el respeto por el argumento de autoridad, algunos da ellos eran singularmente exclusivos, respecto de los demás y muy cuidadosos respectivamente, de asegurar su predominio absoluto.

[48] Oudot, *Philosophie du Droit*, pp. 80-82.

58. — Se conoce el éxito que obtuvo Gény al formular, sobre una base más amplia y científica, las mismas críticas de Oudot; Gény demostró definitivamente, con ejemplos convincentes, a qué errores conduce la aceptación de las construcciones jurídicas ya elaboradas, cuando esta aceptación se basa en los precedentes; no tenemos que insistir sobre este punto[49]. Además, mediante su impulso, los esfuerzos jurídicos se orientan en este sentido; no pasa un día sin que los jóvenes juristas y los autores de las tesis de doctorado, revelen el vacío de tal o cual construcción jurídica que se consideraba como una verdad definitiva. Señalaremos, al azar, la demostración de la falsedad de la clasificación uniforme de los herederos, legatarios universales y acreedores quirografarios, en la categoría de los causahabientes universales, es decir, de la asimilación, en el terreno de la naturaleza jurídica abstracta, de los sucesores universales y de los acreedores quirografarios. Si existió un dogma en Derecho civil, fue este; ahora bien, si hay dos categorías de personas que se oponen jurídicamente, son los sucesores universales y los acreedores[50]. ¿Cómo pudo edificarse, en estas condiciones, tal dogma? En otra parte demostramos[51] que su elaboración fue lenta, y que su origen primero se encuentra en la deformación de la *noción* de causahabiente; los grandes comentadores estuvieron indecisos, ante la identificación de la noción de causahabiente universal y del acreedor quirografario; pero a pesar de todo tendieron visiblemente a ella. Esto aconteció a Beaudry-Lacantinene, quien, en su *Précis, con* un talento reconocido unánimemente,

---

49 Gény, *Méthode d'interprétation et sources en droit privé positif*, 2e. éd. 2 vol. 1919.

50 Esta demostración se debe a Laborder-Lacoste, *Essai sur la notion d'ayant cause a titre particulier en droit privé français*, t. I., Burdeos, 1916. «En nuestra opinion, escribe el autor con razón, los acreedores quirografarios no *son* causahabientes universales. En efecto, un estudio atento de la condición de los acreedores conduce a esta conclusión. Las consideraciones que para nosotros son decisivas a este respecto y que nos han decidido a no aceptar la teoría tradicional, a pesar de la autoridad de los grandes jurisconsultos que la apoyan, son tres. Los hechos, las disposiciones legales, el razonamiento, concurren a dictar esta solución; en una palabra, la naturaleza misma de las cosas a la cual Gény, con derecho, recurre tan frecuentemente para edificar la estructura del Derecho privado positivo, reacciona de una manera irremediable contra la asimilación de los acreedores quirografarios a los causahabientes universales». Laborde-Lacoste, *op. cit.* pp. 78-80. No insistiremos sobre la demostración del autor, que en nuestra opinión es decisiva; revelaremos, sin embargo, dado el abuso que se ha hecho del razonamiento de los exégetas, la manera como el razonamiento condujo, aquí, exactamente a la solución opuesta a la aceptada por estos últimos durante todo el siglo XIX. «Nos permitimos invocar, escribe Laborde-Lacoste, un tercer argumento, un argumento de razón, o si se quiere, el simple razonamiento. Al asimilar o identificar los acreedores quirografarios y los sucesores universales, no se tiende en realidad, sino a identificar o asimilar dos contradictorios. El rasgo característico de los sucesores univerales se reduce a la obligación que tienen de soportar el pasivo del autor. Ahora bien, este pasivo está constituido por los acreedores quirografarios. En tanto que estos últimos reclaman una prestación, con objeto de romper todo lazo con su pretendido autor, su deudor, los herederos no son verdaderamente herederos sino porque están obligados por esta prestación». Laborde-Lacoste, *op. cit.* p. 87.

51 J. Bonnecase, *La condition juridique du créancier chirographaire. Sa qualité d'ayant-cause a titre particulier.* Revue trimestrielle de droit civil, 1920, p. 103-1 50.

dividió en fórmulas claras y concisas la doctrina de la Escuela de la Exégesis. Sin vacilación lanzó la célebre fórmula: los acreedores quirografarios son causahabientes a título universal. El tradicionalismo de la Escuela de la Exégesis hizo el resto; se consideró que esta fórmula traducía la doctrina de los grandes comentadores. Y como al mismo tiempo el respeto a los nombres ilustres no permitió que se discutiera este punto, los civilistas contemporáneos de Baudry-Lacantmerie y los posteriores aceptaron confiados dicha fórmula, elevándola a la categoría de un verdadero dogma, actualmente defendido aún por la mayoría de la doctrina.

Una observación análoga, podría hacerse a propósito de múltiples nociones; por lo demás, los estudios críticos sobre las mismas, no son sino la manifestación de una tendencia general, muy marcada, de la ciencia contemporánea del Derecho civil: la orientación de los estudios civilistas hacia el examen crítico de las nociones técnicas fundamentales del Derecho civil. Hemos estudiado ampliamente esta tendencia en el *Supplément du Traite théorique et pratique de Droit civil* de Baudry-Lacantinerie, tomo I. París, 1923, No. 321 y s.; tendremos que mencionarla nuevamente en el capítulo IV; en este lugar no podemos referirnos a ella con amplitud, pues mucho hemos insistido en el carácter que concluye la serie de los rasgos distintivos de la doctrina exegética.

# CAPÍTULO III

# LOS MÉTODOS DE LA ESCUELA DE LA EXÉGESIS

59. – *Enumeración de los métodos practicados por la Escuela de la Exégesis: Método exegético puro, método sintético, método mixto.* – Los representativos de la Escuela de la Exégesis recurrieron, para exponer y elaborar su doctrina, tal como la hemos presentado, a dos métodos diferentes: el *analítico* y el *sintético*. Generalmente se designa al primero con el nombre de *método exegético;* constituye el método tipo de la Escuela; en virtud de él se dio el nombre de Escuela de la Exégesis al conjunto de doctrinas y métodos a que consagramos este estudio: se partió del método para calificar la doctrina. *El método exegético puro tiene como característica reducir la exposición y elaboración de la ciencia del Derecho civil, no únicamente al Código civil, sino también al orden mismo de sus disposiciones, en todo lo que tiene de riguroso. De esta manera la justicia cuenta para sus explicaciones con un plan y un orden ya preparados: los libros, los títulos, los capítulos, las secciones del Código civil, y dentro de las secciones, el orden mismo de los artículos que forman la materia.* La obra redactada según este método es un *comentario;* en el fondo se reduce a un análisis del contenido de los diversos artículos del Código civil.

En oposición al *método exegético* se coloca el sintético, denominado por mucho tiempo «*método dogmático*»[1] por los partidarios de la Escuela de la

[1] Basta, para demostrar la inexactitud del empleo de este término, en el caso, con recordar el sentido filosófico, el sentido verdadero de la palabra dogmatismo. «El dogmatismo, escribió el filósofo Víctor Brochard, es la doctrina según la cual el espíritu humano es capaz de conocer la verdad, es decir, el ser tal como es en sí mismo e independientemente de la representación que tenemos de él; en una palabra, lo absoluto. Ser dogmático, no es únicamente afirmar que podemos alcanzar el fondo de las cosas; es creer que la verdad puede ser demostrada, derivada de ciertos principios inmutables, de tal manera que se imponen inmutablemente, invenciblemente a todo espíritu, sin dejar ningún lugar a la duda. En fin, el dogmatismo implica que la totalidad de las cosas que existen puede ser conocida y explicada. Hablar de dogmatismo parcial es no entenderse a sí mismo; el dogmatismo no es parcial sino accidentalmente. Sin duda, ningún hombre ha pretendido jamás poseer, actualmente, toda la verdad: es que nuestra inteligencia limitada no puede seguir hasta el fin la serie infinita de las aplicaciones de sus principios. Pero si el dogmatismo es verdadero, toda cosa es explicable, si no explicada; nada escapa a la ley universal inteligibilidad... «Tal es el dogmatismo puro, metafísico. Actualmente, la doctrina del

Exégesis, sin que se sepa por qué; no obstante, algunos lo denominan *método científico y racional,* reservando la calificación de dogmático para un pretendido tercer método, que en realidad no es sino una variante del exegético puro. *El método sintético, enseñado por Aubry y Rau, es verdaderamente científico; sin duda se injerta en el Código civil y considera que la primera operación de la ciencia jurídica, o sea la observación de los datos sociales, se hizo exclusivamente por los redactores del Código; quienes limitaron así las investigaciones del jurisconsulto, obligándolo a situarse dentro del conjunto de las reglas dictadas; pero una vez aceptado este punto de vista, los partidarios del método sintético no se Preocupan de las divisiones usadas por los redactores del Código, para edificar su obra: libros, títulos y capítulos; y ni siquiera tienen en cuenta el orden de los textos; aún más, examinan menos los textos tomados en sí mismos que la realidad social que recubren. En una palabra, basados en la intención del legislador, rehacen su obra según un plan racional que les permite presentar en forma original el aspecto de la vida social, objeto de la reglamentación del Código.* Quizá no elaboran ciencia pura, aunque entrevén sus elementos constitutivos, puesto que aceptan, como realizada por el Código mismo, la tarea especial de la ciencia jurídica: la observación de los datos sociales y el descubrimiento de las direcciones jurídicas que se desprenden de ellos; pero por lo *menos,* siguiendo un plan científico, tomado de la naturaleza misma de las cosas, elaboran técnica científica, en tanto que presentan los elementos constitutivos del Derecho positivo actual, tal como es impuesto por el legislador del

---

dogmatismo ha sido temperada en parte. «Primero, escribe el mismo autor, ha cesado de pretender conocer al ser en sí, a lo absoluto; los fenómenos y sus leyes constituyen el único objeto de la ciencia positiva. Además, se ha dejado de considerar como apodícticamente demostradas esas mismas leyes que dominan los fenómenos. Los sabios siempre han estado convencidos de que la naturaleza obedece a leyes y que estas leyes no cambian. Pero el conocimiento que tenemos de estas leyes puede cambiar: el sabio no tiene escrúpulos en admitir que tal ley, actualmente reconocida por todo el mundo, puede, mañana, cesar de ser considerada como verdadera, si un hecho nuevo viene a contradecirla... En una palabra, hemos cambiado la idea misma de la certidumbre. La certidumbre, tal como la definia el antiguo dogmatismo, es como un ideal, al que podemos tratar de acercarnos; aquél con el que nos conformamos es menos ambicioso. El sentido común le da el nombre de certidumbre, y tiene razón, puesto que es una adhesión plena y completa a las ideas tenidas como verdaderas. Sin embargo, no debe desconocerse que aquélla es lo que los antiguos filósofos denominaban creencia y que el dogmatismo de la ciencia moderna es, precisamente, lo que designaban, no sin desdén, con el nombre de probabilismo». Brochar, *Grande Encyclopédie,* V. Dogmatisme. Ya se tome en su noción antigua o en la moderna, el dogmatismo es, pues, no un método, sino una doctrina relativa al conocimiento. En este sentido todos los partidarios de la Escuela de la Exégesis aceptaron el dogmatismo; lo hemos visto en lo que concierne a la noción de Derecho, que consideraban como una noción metafísica y que, en cierta forma, aceptaban confiados. Pero el dogmatismo no tiene nada que ver con el método de exposición y elaboración de una doctrina jurídica, cuyos elementos constitutivos debe principiarse por plantear. Desde este punto de vista solo se puede tratar del método analítico o exegético y del sintético. El decano Glasson comprendió bien lo anterior, y con motivo de la celebración del centenario del Código civil, al pasar revista de los diversos métodos jurídicos de los comentadores del Código Napoleón, calificó al de Aubry y Rau, como método sintético y no como dogmático. *Le Centenaire du Code civil,* 1804-1904. Impremiere Nacionale, discurso del decano Glasson, p. 45.

Código civil[2]. Las obras inspiradas por este método se han calificado como *Tratados* en oposición a los *Comentarios*.

Al lado de estos dos métodos, practicados, uno, por regla general, y el otro excepcionalmente, por los partidarios de la Escuela de la Exégesis, se ha querido colocar un tercero llamado *método mixto o intermedio*, ya mencionado al decir que no se distingue del método exegético, aunque algunos de sus partidarios hayan tratado de calificarlo de dogmático, en oposición al método exegético o analítico, y al sintético. Lo que a continuación decimos demuestra que nuestra afirmación es fundada. Por el momento indicaremos en qué consiste este método. *El método exegético puro, toma la exposición de la ciencia del Derecho civil, del orden de los libros, títulos, capítulos, secciones y artículos del Código civil. El método mixto respeta las cuatro primeras reglas del método exegético; pero, por el contrario, se niega a observar en la exposición de la materia de una sección, el orden de los artículos que la constituyen; en esto radicaría su originalidad.* ¿Puede decirse, que en verdad, a priori, sea este un título para considerarlo como un método independiente? En nuestra opinión, como demostraremos, simplemente nos encontramos en presencia de una variante del método exegético. Una circunstancia muy característica lo prueba por sí sola, independientemente de cualquier otra demostración: nos referimos a la comparación de la obra de los autores que han practicado el método exegético y la de los que siguieron el mixto. El primero fue observado por Marcadé, Troplong, Demante y Colmet de Santerre; el segundo por Toullier, Duranton, Taulier, Demolombe. Ahora bien, ¿quién podría sostener que las obras de estos dos grupos de juristas presentan diferencias de métodos esenciales? Ciertamente, nadie[3]. Sea de ello lo que fuere, y a reserva de explicaciones posteriores, comencemos por consultar las profesiones de fe de los autores exégetas, para tener así una idea exacta del método exegético o analítico y del sintético.

---

2 Sobre este punto comp. J. Bonnecase, *La Faculté de Droit de Strasbourg*, p. 275.

3 El decano Glasson no se engañó. Declaraba en su discurso del centenario del Código civil: «El tiempo no me permite apreciar, aquí con todos los detalles necesarios, esas grandes obras completas o incompletas escritas en el siglo XIX sobre el Derecho privado. Los nombres de Delvincourt, Merlin, Toullier, Proudhon en los primeros tiempos; los de Duranton, Demante, Troplong a mediados del siglo; en último lugar, los de Valette, Colment de Santerre, Demolombe, honran a la ciencia francesa. Todos estos jurisconsultos, con diferentes variantes más o menos acentuadas, y exceptuando a Merlin, son ante todo comentadores del Código civil, pertenecientes a la Escuela Exegética, penetrados del mismo espíritu que Toullier, respetando escrupulosamente la ley, pero elevándose también sobre su texto mediante el estudio de la filosofía y de la historia. La Escuela sintética reunió menos adeptos, pero quizás obtuvo un éxito más brillante y, sobre todo, más duradero, gracias al talento y á la ciencia de sus dos más ilustres representativos, Aubry y Rau, por mucho tiempo profesores en la Facultad de Strasbourgo, y después Consejeros en la Corte de Casación. El plan de su obra ha sido a menudo aprobado y admirado». Glasson, *op. cit.* p. 45. El decano Glasson no acepta distinguir más que dos métodos: el exegético y el sintético.

60. – *Oposición del método exegético puro y del método sintético.* –Marcadé expone el método exegético puro, oponiéndolo al sintético, en los siguientes términos: «En el método exegético, –dice–, se sigue el texto paso a paso; se diseca cada uno de los artículos, para explicarlo frase por frase, palabra por palabra; se precisa, por el que le precede y por el que le sigue, el sentido y alcance de cada proposición y de cada término, y se hace notar su rectitud, o inexactitud, su utilidad, o insignificancia; después, cuando se ha comprendido este artículo en sí mismo, se estudia su armonía, o su discordancia con los demás artículos que a él se refieren; se deducen de él las consecuencias; se señalan sus lagunas. Cuando se ha marchado así con el legislador, siguiéndolo por todas partes, paso a paso, aun cuando haya seguido un camino errado, es entonces y solamente entonces, cuando se puede esperar haber comprendido bien su pensamiento; pues de esta manera, ya no es únicamente el resultado del Código, sino el Código mismo lo que se estudia y se hace familiar»[4].

El método analítico así comprendido, en opinión de Marcadé, es superior al método sintético o científico[5]. En el método dogmático, en el Traité –continúa– el autor sustituye sus divisiones y clasificaciones por las del Código; en lugar del camino seguido por el legislador, sigue uno diferente que puede ser más simple, más lógico, mejor, en fin, pero que tan solo por no ser el de la ley, presenta dos graves inconvenientes. El primero consiste en que, con frecuencia, se comprende mal el sentido de un artículo, cuyo pensamiento se hubiera entendido perfectamente, de haberse examinado en el lugar que ocupa, según el orden y la relación con los demás artículos, así como *la sucesión* de ideas en

[4] Marcadé, *op. cit.*, t. I. Préface, p. XV.

[5] Troplong se expresó en el mismo sentido: «La forma que he preferido en el trabajo que ofrezco al público, es la del comentario. Los numerosos lectores a los cuales se dirige una obra de Derecho, no están exentos de prevención contra este método. Toullier, Duranton y otros lo eludieron usando una forma mixta, que se parece a las interpretaciones o recitaciones que Voët, Périzius, etc... han dado sobre cada artículo de las Pandectas o del Código. Chabot, después de haber comentado el título de las sucesiones se arrepintió: su proyecto era rehacer su obra con otro plan y volver al Tratado. A menudo he oído decir: *«no se trata sino de un comentario»*. Algunos no consideran al comentario sino como un proyecto dispuesto para recibir glosas indigestas e inútiles. Otros han rechazado el comentario como destructivo de todo orden y de todo plan metódico. En fin, hay algunos que no quieren otra ciencia que la de los diccionarios. La visca de un comentario los hiela de espanto, y sus pacientes investigaciones no saben marchar sino con ayuda de la tabla alfabética. No me he dejado intimidar por estas opiniones. El comentario se presta al desarrollo de las más importantes teorías sin alejarse jamás del texto que se explica. Es el comentador el que aproxima la ley a las opiniones de los autores y sentencias de los tribunales; el que mide su valor fundado en ese texto inflexible, que es su brújula. Es él quien escudriña el pensamiento profundo que contiene cada palabra, quien, naturalmente, sin esfuerzo y sin rodeos, remonta a los orígenes y aclara por la historia los antecedentes y el nacimiento de la ley. Me complazco viéndolo sometido a esas trabas, por cuya liberación se felicita el autor de un tratado. Pues este, escogiendo con libertad un plan que lo atrae, sacudiendo el yugo de las clasificaciones admitidas por el legislador, se persuade muy fácilmente de que el terreno sobre el cual trabaja es exclusivo de él; es más inclinado a olvidar el texto que no tiene ante sus ojos y a substituir los sistemas que la ley condena por los que ha decretado». *De la vente*, Préface, p. VII-IX.

virtud de las cuales fue redactado. El segundo, en que después de prolongados estudios se llega a conocer muy bien, —supongo—, los resultados de todos los diversos artículos del Código: pero no se habrá adquirido el conocimiento de los mismos. Se sabrá que tal cosa es ordenada y que tal prohibida; pero se ignorará cuál es el lugar, cuál el número del artículo que ordena una y prohíbe la otra»[6]. Dejar ignorar el lugar y el número de los diversos artículos del Código civil, ¡qué crítica contra el método científico!

61.— *El pretendido método mixto.* —Entre estos dos métodos se coloca al mixto, que no se distingue en nada del puramente exegético considerado en sí mismo. Como sabemos, fue practicado y expuesto antes y después de Demolombe[7], sin que obste que los discípulos y admiradores de este último le atribuyan el honor de su invención, hasta el grado de apoyarse en el empleo de este método, para situar al decano de la facultad de Caen fuera de la Escuela de la Exégesis[8], siendo esta actitud, por otra parte, conforme con su propia

6 Marcadé, *op. cit.,* t. I, Préface, p. XIV.

7 Citaremos, a título de ejemplo, a Toullier y a Huc: «Mi método, declara el primero, no es exclusivamente dogmático: los tratados sobre el Código civil tienen el inconveniente grave de trastornar y aislar, de una manera muy completa, la obra del autor de la obra de la ley. No me limitaré a seguir uno a uno los artículos del Código, para hacer su exégesis; los comentarios, respetando de una manera absoluta el orden de ideas del legislador, las presentan en forma fragmentaria; el lazo que los une se borra, se ven los anillos pero se pregunta dónde está la cadena. Ocupo, pues, una posición intermedia entre el comentario y el tratado; nada he cambiado a la disposición de los títulos, de los capítulos, de las secciones; pero no he renunciado a cambiar, a veces, la serie de los artículos que componen una de estas divisiones, y, aun a aislar, aunque raramente, los párrafos de un mismo artículo, para formar un conjunto en el cual cada fracción tome el lugar que, en mi opinión lógicamente le corresponde». Toullier, *op. cit.* t. I. Prefacio, p. XIII. Taulier exponía este método en 1849. Medio siglo más tarde, se publicó la obra de Demolombe. «Para la ejecución de este plan, escribía Huc, hemos considerado que la forma de producción de la obra misma, que el orden observado en la confección del Código, aunque a veces sea defectuoso, constituye lo que podría llamarse la *fisonomía del Código civil,* que era necesario respetar las líneas de su fisonomía, y por consiguiente, estudiar las diversas disposiciones del Código en el orden mismo seguido por sus redactores, a reserva de separarse de él cuando pareciere necesario. Procediendo así, mostraremos que los artículos del Código civil casi siempre están unidos, uno a otro, por un lazo lógico suficiente para explicar el lugar relativo que ocupan. Se notará, por otra parte, que considerando cada artículo en forma tal, que únicamente se separe del texto ordinario ante vuestros ojos, en realidad lo hemos fundido en la oración de que forma parte integrante. De esta suerte hemos hecho servir a la exégesis en la elaboración de una teoría general sobre el Código civil; en otros términos, esta será nuestra originalidad, hemos querido publicar un tratado en forma de un comentario». Huc, *Commentaire théorique et pratique de Code civil,* t. I. Prefacio, p. X.

8 Guillouard se ha expresado claramente a este respecto en la *Introduction,* que inscribió, a la obra postuma de Bufnoir, *Propriété et Contrat,* publicada en 1900, por Bartin, Deschamps, Deslandres, Pillet, Saleilles y Timbal. Esta obra se reduce a la reproducción del curso de Bufnoir sobre los medios de adquisición de los derechos reales y sobre las fuentes de las obligaciones. «El estudio del Derecho civil francés, escribe Guillouard, ha sido, en nuestro siglo, sin que debamos asombrarnos por ello, objeto de métodos sucesivos: primero el método exegético; después el dogmático, pero de ideales aun tímidos que no rompen de una manera completa con los procedimientos de la exégesis, y, en fin, el método puramente

intención: «He seguido, declara Demolombe, el orden general de los títulos y libros del Código de Napoleón, distribuyendo, sin embargo, cada uno de los títulos *según* el orden que me Ha parecido mejor y más propio a la demostración y desarrollo de los principios. No quiero recordar aquí la vieja querella entre el comentario y el tratado, entre el método exegético y el dogmático. Como todas las cosas ambos procedimientos tienen sus inconvenientes y ventajas... que cada quien siga su vocación y tendencias. Es útil que la interpretación de las leyes esté sometida a estos métodos diversos; y partidario como soy de la forma sintética practicada, con medida y discernimiento, me lamentaría si la Exégesis no nos hubiera dado los buenos comentarios que le debemos»[9].

De la exposición del mismo Demolombe se desprende, con toda claridad, que este pretendido método intermedio no puede alcanzar el título de método independiente; es indudable que no se atiene al orden mismo de los artículos, pero sí al

científico y racional. Bufnoir tuvo la gloria de haber inaugurado este método en la enseñanza oral, como Aubry y Rau lo inauguraron, desde el punto de vista de las obras, en el *Cours de droit civil.* Después de la promulgación de nuestro Código civil, los primeros comentadores siguieron el método exegético y no podrían haber seguido otro. A las costumbres, a las ordenanzas reales que formaban el Derecho civil de nuestra antigua Francia, al Derecho romano que había conservado su potencia en ciertas provincias, los legisladores de 1804, persiguiendo como fin la unidad, cuya grandeza no puede desconocerse, substituyeron una codificación, pero una codificación precoz, distribuida en un orden artificial, proveniente de fuentes muy diversas, y destinada a regir una sociedad de costumbres muy diferentes de la sociedad antigua, en la cual surgieron las fuentes legislativas en que se inspiró el Código. Para reconocerlas en este laberinto, para restituir a estas leyes nuevas que, por lo menos respecto a las de orden meramente civil, eran más nuevas de forma que de fondo, era preciso aportar, en su estudio, un cuidado meticuloso, marchar paso a paso, investigar el origen de cada texto, estudiar el espíritu con que se aplicó en el pasado y el sentido con que debia aplicarse en el presente. Este estudio, fue el que realizó la Escuela Exegética, mediante un prolongado y escrupuloso trabajo, con gran ciencia y verdadero espíritu de análisis, y sería injusto no rendir homenaje a la importancia de sus trabajos y a los servicios que ha prestado al estudio de nuestras leyes civiles. ¡Cómo sería posible no admirar, principalmente en Troplong, el maestro más justamente célebre de esta Escuela, su profunda erudición, su amplitud de criterio y el encanto de sus explicaciones? Después, cuando la Exégesis propiamente dicha realizó su obra, apareció otra Escuela que comienza a liberarse del estrecho molde en que permanece encerrada la ciencia del Derecho. Es la Escuela dogmática que se unirá aún a la Exegética, por lo que hace al orden de los titulos del Código, pero que se separa de ella en lo que constituye, sobre todo, la exégesis; la discusión sucesiva de los textos, artículo por artículo. El representativo más ilustre de esta Escuela es Demolombe, quien sigue este procedimiento tanto en su *Cours de Code civil* como en su enseñanza oral, defendiéndose, con derecho, de que se le considere como perteneciente a la Escuela de la Exégesis, crítica con razón, en esta Escuela, la ausencia de método y de generalización... La Escuela dogmática cumplió también su obra y por ley natural de la evolución de la ciencia, ha venido el momento en que la enseñanza del Derecho va a poder librarse de los últimos lazos que la rodean. Es entonces cuando aparece la Escuela puramente racional o científica, que, abandonando no solamente el orden de los textos, sino también el orden de los títulos del Código civil, estudia nuestras leyes civiles en un orden armonioso, según la agrupación racional de las ideas, y no según la reunión arbitraria y a menudo poco feliz de las materias, hecha por los redactores del Código civil». Guillouard, *Introduction* a la obra de Bufnoir, *Propriété et contrat,* p. XX-XXII.

9 Demolombe, *op. cit.,* Préface, p. VII.

de las otras divisiones del Código civil, lo que solo permite a sus adeptos un simulacro de síntesis. Además, ¿no es Demolombe para la posteridad, el tipo mismo del exégeta? Solo los autores de Derecho mercantil obtuvieron resultados científicos del método mixto, porque en esta materia los hechos imperan, muy a su pesar, sobre los textos: y además porque la reglamentación no es en todos los dominios tan completa como la del Código civil y, por último, debido a que no todas las leyes mercantiles, ni siquiera las más importantes, están contenidas en el Código de comercio.

62. — *Concordancia entre el método exegético puro y la doctrina de la Escuela de la Exégesis.* — Consideramos pues, como métodos de la Escuela, al analítico o exegético y al sintético o científico. Dicho esto, conviene notar no solo que el primero fue el más favorecido por la Escuela de la Exégesis, sino también que se adapta mejor a su doctrina. Para juzgar hasta qué grado estimaban los autores exégetas este método, basta recordar que Massé y Vergé no vacilaron en disecar el *Manuel de Droit civil* de Zachariae, para ponerlo en armonía con el método exegético y tratar así de desterrar el mal ejemplo dado por Aubry y Rau.

He aquí como, según estos autores[10], Paul Pont justificaba una empresa, consagrada científicamente a un fracaso cierto: «Reflexionando en ello, escribe, nos sentiremos dispuestos a elogiar en esta nueva traducción precisamente lo que otros le censuran. El plan adoptado por Zachariae tiene quizás el mérito que le atribuyen sus admiradores. Probablemente, como lo afirman sus primeros traductores, es concebido según un orden lógico, de rigor tal, que por así decirlo, cada materia ocupa necesariamente, y por sí misma, el lugar que le corresponde. Sin embargo, humildemente confesamos que no hemos podido hasta hoy, aunque hayamos intentado hacerlo varias veces, conocer el plan y las divisiones adoptadas por Zachariae; y por esto, no nos desagrada la apreciación completamente espiritual que Vergé y Massé han hecho de ella. *No se niegan a creer,* — dicen —, que este plan y estas divisiones puedan tener su mérito y utilidad... en Alemania; pero, como se ve, aceptan esto confiados, basándose en lo que otros han dicho, y en cuanto a ellos, piensan y dicen que todo esto carece de claridad. Tal es, también, nuestra opinión: he aquí porque con gusto elogiamos a Massé y Vergé por haber sacrificado a la claridad de nuestras ideas francesas, sobre la cual la ciencia alemana, — como sabemos —, se muestra tan desdeñosa, un plan cuya economía se nos escapa, como parece haberse escapado también a los excelentes espíritus de sus traductores, y cuyas combinaciones, aunque se diga lo contrario, no nos parecen motivadas. Pero, nos apresuramos a decir que alabamos su obra, porque, en nuestra opinión, es evidente que el restablecimiento de la división tan simple y verdadera del Código ha podido efectuarse sin que el pensamiento de Zachariae se haya alterado»[11].

Así pues, recurriendo a un argumento insidioso, los partidarios del método exegético no vacilaron, para justificarlo, ¡en unir indisolublemente las tendencias jurídicas del espíritu francés, al método exegético, y este al orden y divisiones del Código civil! Afortunadamente, en la misma época, un jurista de miras más am-

[10] Massé et Vergé, *Le droit civil français* por Zachariae, t. I. préface, p. XI-XII.
[11] Paul Pont, *Revue critique de législation,* 1885, t. I. p. 559.

plias y elevadas que las de Paul Pont, el profesor Oudot, de la Facultad de París, con firmeza escribía: «El método exegético comenta las disposiciones de la ley escrita en el orden en que el legislador mismo las colocó. El método independiente permite al profesor seguir, en su comentario, las inspiraciones de la razón individual, cuando ella le revela un orden mejor. El primero es esclavo del pensamiento ajeno, el segundo, reclama toda su libertad. Planteemos una hipótesis. Si un código fuese un monumento maravilloso de lógica, que ejerciera sobre la inteligencia el irresistible ascendiente de una clasificación que desafiara toda crítica, el primer método sería el único bueno y posible. Pero, atengámonos a la realidad. Un Código no es, como toda obra de la inteligencia humana, sino la conquista actual del error de la víspera, en espera de que el trabajo de los pensadores lo perfeccionen en el futuro. Los dos métodos quedan, pues, en presencia... ¿Quién podría aprobar en el Código civil, la conservación de una clasificación envejecida por dos mil años? ¿Quién podría decir que el deber de un legislador mejor inspirado, no sería dirigir por una mejor división, la atención de los lectores y las costumbres mismas de la práctica, hacia una vía progresiva de ideas y de lenguaje? Además, estas compilaciones ni siquiera son fieles al desorden de su marcha. El legislador es el primero en olvidar las rúbricas que ha escrito a la cabeza de los libros, o de los títulos; frecuentemente coloca, bajo estas rúbricas, otras disposiciones distintas de las anunciadas. Con estos defectos notables, nuestros Códigos no pueden aspirar a la pretensión de proporcionar un tema que continuamente satisfaga los comentarios de la exégesis. La función de la doctrina es corregir la inconsistencia de las ideas. Es evidente, por tanto, que para nosotros no son motivos suficientes para convertirnos al método exegético»[12].

No obsta que Oudot mismo, y en esto estamos de acuerdo con él, reconociese que el método exegético era el único que cuadraba verdaderamente con la doctrina de la Exégesis, y esto, especialmente, en razón de su carácter estatista.

Lejos de nosotros, decía, la pretensión de concluir rigorosamente de la forma del pensamiento a su naturaleza. Hay entre los diversos espíritus tan variados matices, que tal o cual método, rebelde, en nuestra opinión, a la exposición de tal o cual creencia, puede ser útilmente empleado por los partidarios más fieles de esa creencia. ¿Por qué el método exegético no colocaría la filosofía espiritualista en sus comentarios? Nada se opone a ello. Y por otra parte, otra filosofía puede inspirar, en el Tratado, al método independiente. Sin embargo, es necesario aclarar que el primero conviene mejor al desarrollo del escepticismo materialista, que no considera al Derecho sino como una consecuencia arbitraria de la voluntad del legislador; el segundo, al contrario, es el instrumento preferido por la fe espiritualista, que cree en el Derecho natural, preexistente a la ley positiva, y que no ve, en esta, sino un ensayo de realización de ese Derecho, ensayo siempre sometido a las meditaciones de la ciencia progresiva»[13].

[12] Oudot, *Premiers essais de philosophie du droit,* 1846, p. 119-171-172.
[13] Oudot, *op. cit.,* p. 120-121.

# CAPÍTULO IV

## LA PROFESIÓN DE FE DE LA ESCUELA DE LA EXÉGESIS ANTE EL PROGRAMA DE LA ESCUELA CIENTÍFICA. EXAMEN CRÍTICO DE ESTA PROFESIÓN DE FE DESDE EL TRIPLE PUNTO DE VISTA: PRÁCTICO, CIENTÍFICO Y FILOSÓFICO. CONCLUSION: ENSEÑANZAS DE ORDEN GENERAL DERIVADAS DE LA PROFESIÓN DE FE DE LA ESCUELA DE LA EXÉGESIS

63. — Nuestro estudio, por su mismo objeto, no llega, lógicamente, a una conclusión. Desde el principio advertimos que haríamos la exposición puramente descriptiva de los rasgos característicos de la doctrina y métodos de la Escuela de la Exégesis, tal como sus mismos representativos más autorizados los habían expuesto y explicado en los *Prefacios* a sus obras. Sin embargo, con objeto de dar una forma más completa a nuestro objetivo de síntesis y clasificación, brevemente presentaremos algunas observaciones de orden muy general, que nos permitan entrever las enseñanzas científicas que naturalmente se desprenden al examinar, aunque sea superficialmente, los conceptos y métodos traducidos por la profesión de fe de la célebre Escuela, que, en el campo jurídico, simbolizará, en la historia, al siglo XIX intelectual. Quizás se nos disculpará así más fácilmente, por las extensas y numerosas citas de los civilistas exégetas, que sin temor hemos presentado al lector.

Para ello, en la *sección I* situamos la profesión de fe de la Escuela de la Exégesis ante el programa de la Escuela Científica, tal como se presenta en su forma última y en su triple base abstracta. A fin de que nuestros lectores comprendan, mediante su trabajo personal, la trama de las luchas jurídicas francesas en el siglo XIX, indicaremos sucintamente la serie de precursores, fundadores y representativos de la Escuela Científica contemporánea; en la *sección II* haremos la crítica de la profesión de fe de la Escuela de la Exégesis, desde el triple punto de vista práctico, científico y filosófico. Por último, en la III, que en realidad será la conclusión, deduciremos las enseñanzas que se desprenden de la profesión de fe de la Escuela de la Exégesis, y de las cuales debe aprovecharse la Escuela Científica.

## *SECCIÓN PRIMERA*

## *LA PROFESIÓN DE FE DE LA ESCUELA DE LA EXÉGESIS ANTE EL PROGRAMA DE LA ESCUELA CIENTÍFICA*

64. – *La distinción entre la ciencia, la técnica y el método, considerada como la base abstracta del programa de la Escuela Científica.* —En este lugar ni siquiera podemos esbozar el programa de la Escuela Científica; lo suponemos conocido (Comp. a este respecto J. Bonnecase, *Supplément au Traité de droit civil de Baudry-Lacantinerie* y sus colaboradores, t. I. Nos. 230 y s. y referencias), simplemente nos limitaremos a recordar su base abstracta. Esto basta para mostrar la oposición existente entre la Escuela de la Exégesis y la Científica.

65. — El programa de esta se basa en la triple distinción entre la *ciencia,* la *técnica* y el *método.* La ciencia es el estudio de las fuentes reales de las reglas de derecho y de sus principios; en otras palabras, el estudio de los elementos de fondo generadores de las reglas de derecho, considerados tanto en sí mismos, como también en las directrices permanentes o contingentes que de ellos se derivan en todo momento. Estos elementos son dos: *uno experimental* y *otro racional.* Es el elemento experimental el que engendra, de una manera inmediata, las reglas de Derecho, bajo la inspiración y dirección del elemento racional, cuya misión consiste en filtrar, en cierta forma, los datos del elemento experimental. Este consiste en las aspiraciones a la armonía social que derivan del medio social o de la naturaleza permanente del hombre. El elemento racional se traduce por la noción de Derecho.

66. — A las *fuentes reales* de las reglas de derecho se oponen las *fuentes formales,* y estas nos hacen pasar de la ciencia del Derecho Civil, a su técnica. Se designa por fuentes formales de las reglas de derecho a los conductos por los cuales estas reglas llegan hasta nosotros, manifestándosenos e imponiéndosenos; son la Ley y la costumbre. Las fuentes formales son parte de la *técnica jurídica,* pero no la constituyen por completo. En efecto, la *técnica jurídica* sirve para designar el conjunto de medios de cualquiera naturaleza, con los cuales se elaboran, aparecen, transforman, aplican y extinguen las reglas de Derecho; la técnica jurídica comprende también el lenguaje del Derecho, los caracteres formales de la ley y de la costumbre, las decisiones judiciales y los métodos de exposición de la doctrina; en una palabra, toda manifestación de una regla de derecho, cualquiera que sea su fisonomía, pertenece a la técnica jurídica. Se podría decir, por consiguiente, que las reglas de Derecho y las instituciones jurídicas consideradas en su expresión lógica y material, representan el elemento principal de la técnica jurídica.

67.— Al lado de la ciencia y de la técnica, el *método* ocupa un lugar en el programa de la Escuela científica. El método está constituido por las directrices que sigue el espíritu para percibir y conocer un objeto cualquiera del conocimiento humano, y llegar a poseerlo. En cierta forma existen tantos métodos como ciencias Hay, y quizás sea más exacto decir que todos los métodos se emplean simultánea, o sucesivamente en cada ciencia. Podría creerse que la idea de método está ligada de manera absoluta a la idea de técnica y que, por consiguiente, el método, en materia de Derecho Civil, pertenece esencialmente a la técnica del Derecho Civil. Pero esto es erróneo. El método desempeña su función, tanto a propósito de la técnica, como de la ciencia del Derecho Civil. (J. Bonnecase, *op. cit.* No. 238).

68.— Como puede verse, la profesión de fe de la Escuela de la Exégesis sacrificó las fuentes reales de las reglas de derecho a las fuentes formales; no elaboró principalmente, por lo menos, más que técnica jurídica. Contra esta herejía se levantó la Escuela científica.

69.— *Vista sumaria de la aparición de la Escuela científica; las dos fases de la Historia de su instauración. Primera fase 1819-1831: Atanasio Jourdan y el programa de La Thémis. Segunda fase: 1899, programa de renovación de Gény.* —La distinción entre el Derecho y la ley, es decir, la distinción entre las fuentes reales y las formales de las reglas de derecho fue revelada, desde el principio, por los representativos de la Escuela Científica. Este punto de partida los condujo, naturalmente, a hacer la crítica del Código Civil, en lugar de inclinarse ante él y reducir la tarea del jurista a descubrir el espíritu que anima sus diversas disposiciones. Desde 1812, de Lassaulx, decano de la Facultad de Derecho de Coblentz, y profesor del Código de Napoleón, en su *Introduction a l'étude du Code Napoléon,* fue el primero que fundado en esta distinción, osó criticar al Código Napoleón, que sería, para la Escuela de la Exégesis la obra maestra de técnica jurídica[1]. Aunque

[1] «Es una opinión generalmente acreditada, —declara—, la de que el orden de clasificación de materias del Código, no es sistemático. La causa de esto parece ser, principalmente, el hecho de que las treinta y seis leyes, cuya colección compone el Código *de* Napoleón, fueron decretadas y promulgadas separadamente. Sin embargo, no es difícil reconocer que estas leyes no fueron reunidas al azar y en un orden arbitrario, sino que forman un conjunto que abraza, de una manera más completa de lo que pudiera creerse a primera vista, todas las materias del Derecho privado. No obstante *que la forma de* discusión prescrita por las Constituciones del Imperio, obligaron a discutir y presentar, separadamente, los títulos diferentes del Código, a la sanción del Cuerpo legislativo, cada título se presentó, sin embargo, como parte de una ley general, cuyo proyecto existia en poder del público. La ley del 30 ventoso año XII remitió en su lugar, y en el orden que les correspondía según el sistema, los dos primeros títulos del libro III, que por circunstancias particulares se habían presentado antes que los títulos del libro II. De esta manera, el orden seguido en una ley de tan gran extensión no deja de ser arbitrario, y quienes pretenden que los sistemas pertenecen exclusivamente al dominio de la Escuela, y que no deben transportarse al dominio de la legislación, han defendido débilmente al Código de una critica grave. Si, por una parte, es verdad que el legislador debe abandonar a la enseñanza las definiciones que no comprenden al mismo tiempo preceptos legislativos, las divisiones y subdivisiones de estos preceptos, y la explicación de las relaciones que existen entre ellos (como la liga entre consecuencias y sus causas,

no fuera sino por este título, el profesor de Lassaulx merece no ser olvidado; permanecerá ante la historia como el primer representativo de la Escuela Científica. De Lassaulx estudia, sucesivamente, en su obra, el lugar que el Código de Napoleón ocupa en el sistema general de la legislación; el concepto que consti-

entre las excepciones y su regla); por otra parte, nada puede dispensarlo de presentar estos preceptos en un orden natural, y que permita aprender, fácilmente, su relación: de aquí se sigue que la ley, sin enunciar las divisiones de la Escuela, debe, sin embargo, acercarse a ellas; que, en consecuencia, en las explicaciones de los mismos principios fundamentales a los cuales remonta la doctrina en sus investigaciones, sus disposiciones deben clasificarse naturalmente y por sí mismas, en un orden sistemático, aunque esté reservado a la teoría llenar el marco en el cual aparecen como los primeros rasgos del cuadro, añadiendo a el los colores y matices. Precisamente porque la teoría no puede modificar el precepto, sino únicamente explicarlo, es por lo que el legislador ha hecho mucho por facilitar esta tarea y, en consecuencia, por poner la ley al alcance de un mayor número de personas, cuando la presenta en un orden que la teoría puede adoptar para sus explicaciones. Según estos principios, toda ley bien redactada será, necesariamente, sistemática, es decir, que aun estableciendo reglas aisladas, se separará lo menos posible del orden en el cual deben ser expuestas, si se tratase de hacerlas derivar, como consecuencias necesarias, de ciertos principios generales. Apliquemos esta observación al Código de Napoleón y examinemos si las leyes de que se compone han sido clasificadas en un orden sistemático»... De Lassaulx estaba lejos de ser hostil al Código de Napoleón. Su conclusión es importante. «Después de haber defendido, dice, al sistema del Código contra las principales objeciones, con las cuales pretendimos combatirlo, la imparcialidad nos obliga a decir que la bella idea que sirve de base a este sistema, ha sido algunas veces perdida de vista en su ejecución, y que, en nuestra opinión, se separaron, más de una vez, sin ningún motivo plausible, del orden que asignaba a cada materia de la legislación civil. Algunas de las observaciones siguientes podrán parecer minuciosas; pero rogamos a nuestros lectores noten que en materia de legislación todo es importante. Antes expresamos ya el deseo de que el Código fuese precedido de un libro preliminar, o de una parte general, que contuviese, no máximas de moral y de doctrina, como las que se encuentran al principio del proyecto de código, publicado por la Comisión, sino nociones generales sobre las personas y sus diferentes estados, sobre las cosas y sus divisiones, sobre las relaciones que pueden existir entre los hombres en sociedad, y sobre los derechos que nacen de estas relaciones, en lo referente a las cosas. Este libro preliminar hubiera ofrecido un lugar conveniente, para enunciar diferentes principios generales, que vanamente se buscan en un Código, o que en él se encuentran inopinadamente en un lugar donde no podían buscarse. No se tendría necesidad, entonces, de tratar del consejo de familia en el título de la tutela, en tanto que el del matrimonio supone ya su existencia: en verdad no se hubiera remitido le definición de la posesión al título de la prescripción, cuando que el de la propiedad reglamenta ya uno de los efectos principales de la posesión; no se habría tratado por primera vez del parentesco en el título de las sucesiones, en tanto que el título del matrimonio establece ya sus efectos; se habría, probablemente, reunido en este libro, la mayor parte de las disposiciones generales intercaladas en el II y III, así como las que se hallan dispersas en otros títulos, como los artículos 543, 530; se encontraría en él también, sin duda, una disposición sobre la naturaleza de los derechos concedidos a los hijos naturales, que no se pueden clasificar ni entre los derechos de sucesión, ni entre los créditos; por último, ciertamente se hubiera remitido al fin del Código la regla que establece, respecto de las cosas muebles, que la posesión vale título. Pero, aun abandonando la idea de un libro preliminar o de una parte general, nos parece que varias materias deberían estar en otro lugar en la distribución adoptada por el Código».

tuye la base de este Código; la mejor manera de medir el alcance de la obra Napoleónica; las relaciones que existen entre el Código de Napoleón y las instituciones orgánicas del Imperio por una parte, y las costumbres y Hábitos particulares de la nación francesa, por la otra. Esto condujo al autor a mostrar la influencia del medio social, como también de la noción de derecho, en la elaboración de una codificación; es así como, sobre todo, fue impelido a criticar el plan del Código de Napoleón; demostró verdaderamente, que el Código de Napoleón no fue elaborado científicamente; las explicaciones de Lassaulx son particularmente interesantes a este respecto; preparó el camino, con un siglo de anterioridad, a la concepción técnica que debía prevalecer en el Código civil alemán, de 1900 y en el suizo de 1907.

70. – Pero estaba reservado a Jourdan y a «La Thémis» poner mejor de relieve tanto la distinción fundamental entre las fuentes reales y las formales de las reglas de derecho, como también el alcance necesariamente limitado de las leyes y aun de las codificadas. Nos limitaremos a citar a este respecto, algunos párrafos de los estudios publicados por Jourdan en su célebre revista, los cuales por sí solos debieron haber preservado a la ciencia francesa de los abusos y esterilidad científica de la Escuela de la Exégesis. Parece que por fin la ciencia del Derecho, escribía Jourdan hacia 1820, sigue el movimiento que desde 1780 se le imprimió en Alemania. Cada día, nuestro Código civil, consagrado desde su nacimiento a la inmortalidad por una admiración ciega, sometido a las pruebas severas de la experiencia revela en su aplicación nuevas lagunas y nuevas imperfecciones; se comienza a creer que el Consejo de Estado Imperial no era un santuario donde la razón dictaba sus infalibles oráculos... una nueva era se prepara. Se vuelve ya a los autores del último siglo; no tardaremos en recurrir a los escritos de los jurisconsultos del XVI. El estudio del Derecho romano, por mucho tiempo condenado de anatema, se reanima y propaga. Tres ediciones de las Pandectas de Pothier han aparecido en pocos años. En 1804, nadie hubiera pensado publicar en Francia una historia del Derecho; tal parecía que a las voces de nuestros Solones modernos se había levantado un muro de bronce entre el pasado y el presente, y que el Código civil marcó, a la vez, el punto de partida y el límite del Derecho».

Después de haber reducido así el Código civil a su justo valor, el director de La Thémis indica, en varias ocasiones, la manera de estudiarlo e interpretarlo. No es precisamente por el camino de la Escuela de la Exégesis por el cual Jourdan orientaba a sus lectores. Es así como distinguía, por una parte, a los juristas consagrados a la práctica y, por la otra, a los dedicados al estudio científico del Derecho; respecto a los últimos, declaraba: «Cuidan un depósito de sanas doctrinas y velan por los principios de lo justo, cuya expresión deben ser las leyes humanas. Iniciados en los altos misterios de la ciencia, señalan los vicios de la legislación existente; exigen su perfeccionamiento. Son los sacerdotes del templo de Thémis... Es necesario combatir –continúa el autor–, esa tendencia perpetua de la jurisprudencia a resolverse en intereses individuales; es preciso que los jurisconsultos no degeneren en casuistas, y que, colocados, por decirlo así, en lo alto, descubran y capten a la vez, el conjunto y detalles de la ciencia, es preciso, en fin, que la razón domine todo, presida todo, reine como soberana en todas partes; nunca debe obedecer como esclava, encadenada por la forma o subyugada por las autoridades. De esta manera, bajo sus auspicios, se levantará entre nosotros una cuarta Escuela, que fortificada por la triple alianza de la filosofía, de la jurisprudencia y de la literatura, obtendrá el Derecho de sus fuentes, lo estudiará en sus monumentos y no desdeñará ni los socorros del estilo, ni los recursos de la elocuencia».

Por esta cita podemos ver cuán profundamente se diferenciaba el director de «La Thémis» de la Escuela de la Exégesis, cuyos dogmas ridiculizaba, al predicar la sana doctrina del Derecho civil. Por otra parte, a cada instante combate la admiración beata, de los juristas de su época, por el Código de Napoleón. Nada lo demuestra mejor como la crítica que hizo del *Traité des servitudes de Pardessus:* La primera edición, escribía, apareció en el período en que el Código civil provocaba en Francia una admiración exclusiva; era una obra sin defecto, era la razón escrita; y la mayoría de los jurisconsultos agotaron, respecto de esta nueva producción, todas las formas de la adulación; era la misma época en que Heineccius triunfaba en nuestras Escuelas, e introducía en la ciencia el método sintético rodeado de aplausos universales. Admiración por el Código civil, admiración por Heineccius, tal era entonces, el fondo del espíritu público en el mundo de los jurisconsultos. El *Traite de servitudes* fue escrito con esta doble influencia que se reconoce aún en la quinta edición. Así, en la obra entera, apenas si encontramos dos observaciones críticas sobre las disposiciones del Código civil, y sin embargo, pocos títulos como este, hubieran proporcionado material suficiente para un gran número de observaciones de este género. ¿Se pretendería que el jurisconsulto debe limitarse a interpretar el pensamiento del legislador, sin denunciar los defectos de la Ley? Esto sería condenar la ciencia a la esterilidad. Condenarla a un estancamiento perpetuo. No deben confundirse el derecho del escritor y los deberes de los profesores; sostener que esta crítica de la legislación sobrepasa los deberes de los jurisconsultos, sería negarles un derecho otorgado, cuyo ejercicio luminoso corresponde a los jurisconsultos; sería obligarlos a abdicar de uno de los antiguos privilegios de su profesión y olvidar que la libertad de discusión en las leyes civiles es el derecho primogénito de la libertad política... La ventaja de la ciencia, el ejemplo de los jurisconsultos antiguos, el interés por la cosa pública, todo nos enseña que para interpretar la ley es necesario juzgarla». Por último el director de «La Thémis no se conformó con enunciar, en tesis, sus conceptos sobre el Derecho civil, sobre la elaboración e interpretación de la ley, sino que, además, los aplicó a diversas materias, principalmente, a la organización del crédito inmobiliario, en un estudio que permanecerá célebre, pues se tiene la sensación de que fue escrito ayer y publicado por una de nuestras revistas jurídicas más modernas.

71 — Para la exposición del programa de La Thémis remitimos al lector a nuestro libro: *La Thémis* 1819-1831, *son fondateur Athanase Jourdan,* 2ª edición, 1914, precedida de una *Introducción générale a l'histoire de la science du droit privé en France de 1789 a 1830*[2]. Al nombre de Jourdan uniremos simplemente el de Klimrath; con razón Leferrière pudo hablar del genio de estos dos fundadores de la Escuela moderna, (Comp. J. Bonnecase, *L'Enseignement du droit privé en France au XIX siècle. Ses lacunes au point de vue scientifique; l'histoire moderne du Droit privé français; la question de son enseignement. Revue critique,* 1914). No es menos exacto que la Escuela de la Exégesis venció, en el siglo XIX, toda resistencia. Solamente en la víspera del siglo XX, en 1899, el reinado de la Escuela Científica se instauró definitivamente, gracias a la obra de Gény: *Método de interpretación y fuentes de derecho privado positivo.* Conocida es la resonancia que tuvo esta obra; cierra, con el mismo siglo XIX, la historia de la Escuela de la Exégesis. Se hubiera podido creer que la lucha estaba de esta suerte terminada; sin embargo no era así. Parece que el mismo Gény provocó un evidente desorden en el desarrollo normal del programa de la Escuela científica y en su dominio de influencia, gracias al papel atribuido por él a la técnica jurídica. Remitimos, sobre este curioso punto de historia contemporánea, que no podemos tratar en esta obra, al *Supplément au Traité de droit civil de Baudry-Lacantinerie,* tomo I. No. 249 y s. Es verdad que Gény volvió de esta manera y por un rodeo, al sistema de la Escuela de la Exégesis.

---

[2] El programa de Jourdan y de La Thémis era un programa total de renovación de la ciencia del Derecho. Se publicaron otros con pretensiones mucho menos amplias, que tendían, por ejemplo, a la transformación del estado de cosas existente, con ayuda, únicamente, de la historia. Tal fue al principio el caso de Lerminier, quien desde 1829, en su *Prefacio* a su *Introduction genérale a l'histoire du droit,* escribía: «El lector me permitirá contarle brevemente como he llegado a pensar que la ciencia del Derecho, tal como actualmente se practica en Francia, llama más que nunca ese espíritu de examen sobre su propia historia y que como nos enseña Bacon y Leibnitz, nada podria establecerse sobre ella, sin el conocimiento profundo del pasado. Al concluir mis estudios de retórica y de filosofía, y en la exaltación por la cual pasan, a los diecinueve años, los jóvenes cuya imaginación despierta, me fue necesario estudiar Derecho, ¡con cuánto tedio mezclado de desdén, abrí los cinco códigos! ¡Caer de mis sueños poéticos sobre la ciencia y literatura, a los artículos numerados del Código civil y del de Procedimientos, sin más alimento que el estudio de sus flacas y secas fórmulas sin animación y sin vida! ¡Era eso el Derecho! Entre tanto, el azar llevó a mis manos un pequeño escrito de Savigny: *De la vocación de nuestro siglo en legislación y jurisprudencia.* Sabía un poco el alemán y me puse a recorrerlo. No volvía de mi sorpresa: el autor distinguía el Derecho de la ley, hablaba del Derecho de una manera apasionada; hacía de él algo real, algo vivo y dramático, después, vehementemente criticaba la legislación y los Códigos propiamente dichos. ¡Qué! ¡la legislación y el Derecho no eran una misma cosa! ¡Los cinco códigos no constituían, pues, la jurisprudencia! Para confirmar o disipar esta sospecha volví a leer el escrito de Savigny; leí sus otras obras; y como las encontraba confusamente algo incompletas, resolví ir más adelante en mis lecturas, y, con la ayuda de Hugo y de Haubold, logré poco a poco orientarme en la literatura jurídica de Alemania». Por lo menos este pasaje de Lerminier es significativo de la oposición que la Escuela de la Exégesis encontró desde un principio, entre los buenos espíritus.

## *SECCIÓN SEGUNDA*

## *CONSIDERACIONES CRÍTICAS SOBRE LA PROFESIÓN DE FE DE LA ESCUELA DE LA EXÉGESIS, DESDE EL TRIPLE PUNTO DE VISTA PRÁCTICO, CIENTÍFICO Y FILOSÓFICO*

72.— Las pocas consideraciones críticas que son objeto de esta sección serán muy breves. Si tuviéramos que dedicarnos a un examen cuando menos poco profundo de la profesión de fe de la Escuela de la Exégesis sobre el triple terreno práctico, científico y filosófico, tendríamos que referirnos al movimiento de renovación que se produjo, a fines del último siglo, en la ciencia del Derecho. Deberíamos, en primer lugar, referirnos a la obra de Gény. Pero tal empresa nos conduciría fuera de los límites que nos hemos fijado. No podemos sino hacer un simple esbozo sintético de las críticas dirigidas a la profesión de fe de la Escuela Exegética.

73.— *Objeciones provocadas por la profesión de fe de la Escuela de la Exégesis en el terreno práctico.* —La lógica basta, por sí sola, para demostrar el carácter, a la vez *retrógrado* y simplista, de la doctrina exegética en la práctica. Al reducir el Derecho positivo a la Ley y a la intención del legislador, la Escuela de la Exégesis necesariamente lo inmoviliza, lo condena a la impotencia y, por lo menos, si atendemos rigurosamente a las reglas que constituyen el programa de la Escuela, le impide alcanzar su fin. Esto es exacto, sobre todo, en el régimen de la codificación; por lo demás, la doctrina y el método exegético únicamente pueden concebirse, con la amplitud que han revestido, en el régimen de la codificación. Sea de ello lo que fuere, obligar al mundo moderno a sufrir las disposiciones tomadas en vista de un estado social anterior, a veces en varios siglos, es condenar al Derecho positivo a ser la antítesis del progreso, puesto que, según la Escuela de la Exégesis, se considera que a falta de voluntad propia, el legislador del Código civil aceptó tácitamente como suyas, las soluciones de Pothier, las de las leyes de Justiniano y aun de las anteriores a este[3].

[3] Entiéndase que de ninguna manera pretendemos negar así la utilidad de las enseñanzas de la historia, en la elaboración de las reglas de Derecho positivo, sino únicamente atacar esa concepción simplista que consiste más en tratar de prolongar, a pesar y contra todo, la autoridad positiva de los juristas de los tiempos pasados, que en considerar los hechos históricos y su significación; proceder de esta suerte no es hacer historia; todo el mundo está de acuerdo sobre este punto.

Sin duda, es fácil descubrir necesidades permanentes en la evolución social, las cuales, a su vez, implican permanencia en las disposiciones del Derecho positivo; pero esto solo es exacto de una manera relativa. Por otra parte, los exégetas, sobre todo los del último período, se esforzaron por atenuar los abusos harto irritantes de su doctrina; únicamente que sus procedimientos solo podían tener el efecto de prolongar, artificialmente, por más o menos tiempo, el reinado de una Escuela ya condenada; tal condenación fue pronunciada de manera absoluta e irremediable por la lógica, a través de la ley del progreso: no es posible gobernar indefinidamente al mundo social con instituciones hechas para el pasado.

La Lógica no es la única en decirlo. Como veremos, el Derecho, considerado en su esencia y función suprema, habla en la misma forma. No hemos terminado aún de examinar el carácter retrógrado que presentan los principios de la Escuela de la Exégesis, en el terreno práctico. Retrógrada en cuanto al fondo, su doctrina tiene como resultado lamentable, dotar al Derecho de una forma desusada, poco propia para servir y embellecer su función social. Es una verdad experimental, un hecho perfectamente establecido, que cierto público, más o menos profano, tiende a incorporar, en definitiva y totalmente, el Derecho civil en expedientes sibilinos, cuya clave estaría constituida por fórmulas casi sagradas, transmitidas de generación en generación a los iniciados; a asignar, como último y supremo refugio, a esa fuerza social actuante que es el Derecho, la sombra misteriosa de los juzgados, ante los cuales se extiende inextricable, peligroso, casi sin fin, el simbolismo del procedimiento.

No se piense que la Escuela de la Exégesis no tiene, sobre lo anterior, ninguna responsabilidad. Antes del movimiento de reacción de fines del siglo último contra su doctrina y métodos, el Derecho civil presentábase a los que por primera vez lo estudiaban, como una cosa vieja, contrastando singularmente con la juventud siempre lozana de las demás ramas de la actividad intelectual: literatura, filosofía, o cualquiera otra ciencia y aun el Derecho público[4]. No podía ser de otra manera, pues en las Facultades, desde lo alto de las cátedras, se oía proclamar que el origen, dominio y función del Derecho se ligan rigurosamente a la intención del legislador y que tal intención en sí misma, se reduce a la voluntad y fines no solo de los redactores del Código civil, sino también de los juristas de siglos anteriores. Al oír esto se tenía algo así como la impresión de que el Derecho moderno había descendido a la tierra por intermediación de una serie de profetas, cuyos últimos aparecidos habían sido los Tronchet, los Portalis, los Bigot Préameneu, pero de los que el más grande, aquél cuya palabra dominaba todo y cuya autoridad decidía sin réplica, era, indiscutiblemente, Pothier. No podía dudarse esto al ver que el procurador general Dupin, además de los párrafos ya citados, escribía que el *Traite des Obligations* del jurisconsulto de Orleans era «*el más bello libro de Derecho que*

[4] Comp. J. Bonnecase, *L'enseignement du droit privé en France au XIX siècle* (Revue critique de législation, 1914-1915).

*haya salido de las manos de los hombres...*; una obra para todos los tiempos, de todos los países, de todas las naciones, un libro al cual la antigüedad no podría oponer sino «*El Tratado de los Deberes*» *de Cicerón, y que no tiene más superior que el Evangelio, porque el Evangelio es la palabra misma de Dios*»[5].

Felizmente no todos los juristas exégetas cayeron en este exceso de adulación. No obsta que en ciertos momentos se tenga la impresión de que la Escuela de la Exégesis se acerca a la resurrección de los dioses de la mitología y a la práctica de la idolatría, con una relativa forma humana. Se diría, según ella, que una voz interior se hizo oír a los juristas de siglos pasados; que inspiró a su vez a los redactores. del Código civil, para en seguida permanecer en silencio, condenándonos a esperar una nueva revelación. Este estado de cosas ha sido y debía ser funesto para el Derecho civil, al colocarlo, por lo *menos* en apariencia, en un antagonismo absoluto con la idea de progreso.

¿Es esto afirmar que el elemento legal no deba desempeñar un papel importante en la elaboración del Derecho positivo? Ciertamente no, pues decidir de otra manera sería ir contra la misma Constitución. Pero es necesario no perder de vista que la Escuela de la Exégesis so pretexto de investigar la intención del legislador, desconoció que toda ley, aunque forme parte de una codificación, tiene un alcance esencialmente limitado y objetivo. Limitado porque no comprende, a pesar de su fórmula abstracta, sino una categoría determinada de intereses[6]. Objetivo, porque la Ley, una vez que ha sido dictada por el legislador, constituye un ordenamiento que vale por sí mismo, tanto por su texto como por el fin social que la hizo necesaria. En efecto, toda ley es una disposición más o menos imperativa, materializada en un texto, con el fin de realizar la armonía social; objeto supremo del Derecho[7].

---

5 Dupin, *Dissertation sur la vie et les oeuvres de Pothier,* París, 1827, pp. 156-158.

6 Esto sería exacto aunque el Código civil se hubiera confeccionado íntegramente y en un solo decreto, como aconteció con las disposiciones relativas a los diversos órdenes de materias. Con mucha más razón lo es, en atención a que el Código civil se formó de varias leyes distintas reunidas por la del 30 ventoso año XII: «Ley que decreta la reunión de las leyes civiles en un solo cuerpo con el titulo de Código civil de los Franceses».

7 Por más que insistamos sobre el carácter objetivo de la ley entre tantos otros, nunca nos parecerá suficiente. Laurent tenia razón cuando se burlaba de los juristas que perseguían ese fantasma que es la intención del legislador, hasta el grado de olvidarse de la ley. Su error, como puede verse en las citas hechas, fue atribuir a la ley misma, la omnipotencia, la perfección, el radio de acción que los otros exégetas atribuían a la intención del legislador. Aunque esto sea asi, es curiosísimo comprobar, desde el punto de vista especulativo, con cuánta persistencia la Escuela de la Exégesis personificó al legislador, hasta el grado de atribuirle una voluntad y, por consiguiente, un alma, cuya tendencia debería habernos revelado cada uno de los articulos del Código civil. Independientemente de cualquiera otra consideración, para advertir el carácter ficticio de semejante concepción, basta recordar la complicada estructura del legislador del año VIII, y en la poca armonía que reinó, a veces, en el interior de cada uno de esos órganos y en los informes de los mismos entre sí: Consejo de Estado, Tribunado y Cuerpo legislativo. Es difícil, en verdad, descubrir en este todo heterogéneo la noción psicológica de intención. Si se pudiera hablar de filosofía a

Texto y objeto social son, pues, los dos factores que hay que tener en consideración al interpretar las leyes. El primero es un elemento fijo, constituido por una fórmula, cuyo sentido literal debe ser proporcionado al intérprete por la lengua del Derecho, so pena de tener que declarar inoperante la obra del legislador[8]. Parecería que este elemento, tomado en sí mismo, debería inmovilizar el Derecho positivo en su parte legal y quitarle toda elasticidad. Pero, en realidad y felizmente, se reduce a una fórmula abstracta que encierra un objeto social, el cual, como elemento móvil, conduce al jurista infaliblemente a las aplicaciones diversas y sucesivas de que esta fórmula es susceptible. La ley adquiere así su grado máximo de flexibilidad[9]; por su parte, el intérprete

propósito de la doctrina exegética, no sería exagerado ver en esta la tendencia que sirve de base a ciertas doctrinas filosóficas y religiosas, principalmente la de Ritschl: «Numerosos son, escribe Boutroux, los espíritus que tienden a colocar la religión, exclusiva o principalmente, en el sentimiento, en la vida interior, en la comunicación espiritual de las almas con Dios y a relegar a segundo término, o aun a descartar totalmente las doctrinas que hacen de ella un objeto de conocimiento teórico y que, por esto, temen encontrarse en conflicto con los conocimientos científicos. La distinción entre la fe y los credos, asimilada a la del espíritu y letra, del alma y el cuerpo, del pensamiento y la palabra, de la idea y la forma, tiene actualmente una acogida muy favorable». Boutroux, *Science et religión dans la philosophie contemporaine,* p. 219. También los exégetas se proponían purificar el Derecho positivo, hasta el grado de reducirlo a un elemento meramente psíquico: la intención del legislador, abstracción hecha de la forma que lo envuelve.

8 Por demás está decir que la lectura del texto debe hacerse en forma distinta a como se hace según el método exegético. Este, como sabemos, tenía más en consideración los artículos aisladamente, que la ley en su conjunto. De esta suerte incurrió en errores inexplicables, imperdonables en todo caso. Recordemos, en un dominio distinto al del Derecho civil, el error de la jurisprudencia, consagrado durante mucho tiempo por la doctrina, consistente en admitir la existencia de la quiebra virtual además de la quiebra declarada o propiamente dicha. La única causa de este error está en haber considerado aisladamente el artículo 437 C. Co., abstracción hecha del 440 y de todos los siguientes. Comp. J. Bonnecase, *La Faillite virtuelle,* Tesis, Tolosa, 1904. Por lo demás, en este caso, el objeto social de la institución de la quiebra podría haber salvaguardado a los intérpretes de este error, que la doctrina moderna rechaza actualmente: Sobre este punto remitimos al lector a los tratados de Derecho Mercantil de Lyon-Caen y Renault, Thaller, Percerou.

9 Con numerosos ejemplos podríamos probar de una manera decisiva, cómo, desde este punto de vista, el sistema del fin social es superior al de la intención del legislador, tan estimada por la Escuela de la Exégesis. Nos conformaremos con un ejemplo, particularmente significativo, tomado de las controversias provocadas por la reglamentación del régimen dotal, según el Código civil. Por mucho tiempo la inalienabilidad de la dote mobiliaria, consagrada por la jurisprudencia, fue discutida por la doctrina. Los Tratados de Derecho civil exponen extensamente las razones respectivas de las dos tesis. En realidad se explican por su distinto punto de partida. Fiel a los principios de la Escuela de la Exégesis, la doctrina se inspiró en la intención del legislador; ahora bien, es cierto, que en la especie, esta intención fue, en la medida en que puede ser descubierta, claramente desfavorable a la inalienabilidad de la dote mobiliaria, pues el legislador del Código civil se proponía volver a las reglas del Derecho romano (Paniol, *Tratado de Derecho Civil Francés,* t. III. Véase sin embargo, A. Colin y Capitant, *Cours de droit civil français,* t. III. p. 328-329). La jurisprudencia, por el contrario, tomó como base la concepción que hemos expuesto; consideró que la ley, una vez promulgada, se desprende del legislador, valiendo por sí misma en tanto que expresa en el lenguaje del Derecho un fin social por alcanzar. Ahora

está seguro de no desnaturalizarla, de no sobrepasar sus justos límites, teniendo cuidado, cosa relativamente fácil, de asegurar que cada una de sus soluciones corresponda, rigurosamente, al objeto social perseguido por la fórmula legal. En una palabra, todo acto arbitrario de parte del intérprete está previsto; si la ley, en sus dos elementos tangibles, tales como los acabamos de considerar, no proporciona la solución buscada, no le queda a aquél sino resignarse y acudir a otras fuentes del Derecho positivo, ya que, de lo contrario, impediría, o deformaría la evolución jurídica y, como consecuencia, el progreso social, del cual la ley es, a la vez, un aspecto y una condición. Esto es lo que no comprendió la Escuela de la Exégesis, al redactar su profesión de fe, por la sencilla razón de que redujo el Derecho positivo a las fuentes formales, y de una *manera general* a *la* técnica jurídica. Descuidó mucho los elementos, experimental y racional del Derecho, tal como los hemos descrito con anterioridad (supra, No. 64 y s.). De aquí la ausencia, en la doctrina de la Escuela de la Exégesis de todo carácter científico y filosófico, quedando entendido que usamos aquí el término científico, en su sentido estricto, es decir, como la ciencia considerada desde el ángulo puramente experimental.

74.— *Crítica de la profesión de fe exegética en el terreno científico o experimental.* —La Escuela de la Exégesis no supo comprender que con sus principios

---

bien, varios textos del Código civil emplean los términos: dote o bienes dotales, sin distinguir los muebles o los inmuebles; por otra parte, el régimen dotal tiene esencialmente por objeto la conservación de la dote de la mujer. Era, pues, racional que con el desarrollo de la fortuna mobiliaria se extendiera la protección de la dote inmobiliaria a la mobiliaria, pues sin esto, el régimen dotal no alcanzaría su objeto, violándose así la ley de su institución, por ello, no podemos menos que sorprendernos cuando Planiol, a quien tantos progresos debe la ciencia del Derecho, formula las reservas siguientes: «La razón es excelente, dice, pero únicamente en legislación. ¿Qué puede ella contra el estado actual de los textos? En realidad, la jurisprudencia se ha substituido al legislador y ha añadido algo a nuestras leyes. La inalienabilidad de la dote mobiliaria es uno de los ejemplos más notables de su audacia» (*op. cit.* t. III. p. 300). Decididamente, la intención del legislador continua espantando a nuestro siglo. Sin embargo, no por eso dejaremos de creer fundada la concepción que hemos emitido, entre tantas otras, sobre la determinación del alcance de una ley. No comprenderemos nunca que la suerte y el dominio del régimen dotal estén ligados a las disposiciones de la ley Julia, es decir, que seamos remitidos a veinte siglos atrás, cuando el régimen dotal se reduce, considerado en sí mismo, en el texto del Código civil, a una fórmula que, en el curso de los siglos y actualmente, ha permitido, respondiendo al mismo objeto, y con motivo del estado social, las aplicaciones más diversas en apariencia. La fisonomía del régimen dotal en los contratos de matrimonio de la región del Sud-Oeste de Francia es edificante a este respecto. Con anterioridad hemos dado a conocer ciertas particularidades. (Comp. J. Bonnecase, *Le féminisme et le régime dotal*, these, Toulouse, 1905; *La réforme du régime de la communauté légale et les enseignements de la pratique*, Revue trimestrielle de droit civil, 1911). Si no temiéramos abusar, podríamos completar estas indicaciones y probar, asi, en forma irrefutable, el fundamento de nuestras explicaciones. Añadamos simplemente que la tesis de la jurisprudencia sobre la dotalidad subsidiaria o representación de la dote por los parafernales es la consecuencia de la misma idea de la inalienabilidad de la dote mobiliaria: el fin social del régimen dotal, la conservación de la dote de la mujer.

llegó a privar al Derecho positivo, de todo carácter científico, y a transformarlo en un arte puramente empírico; en otras palabras, si no a negar de una manera absoluta, sí a desconocer la ciencia del Derecho. Esto es singularmente grave; con excepción de Aubry y Rau, parece que los representativos de la Escuela de la Exégesis no dudaron de que al margen de los textos de la Ley, existía la ciencia del Derecho civil, cuyos principios, se limitaban a consagrar, lógicamente, dichos textos. La renovación operada en materia científica por la Escuela Experimental y por la Positiva, no ejerció sobre la Exegética ninguna influencia; los nombres de Claudio Bernard y de Augusto Comte pasaron inadvertidos para ella, como si la ciencia, en sus elementos abstractos y fundamentales, no respondiese a una noción única; como si la ciencia en sus diversas ramas no se fundara ante todo, en una base única; los hechos, con un solo objetivo: el descubrimiento de las *leyes* que los gobiernan; y en consecuencia, como si los sabios de todos los órdenes no se prestasen un mutuo apoyo. Todo lo anterior es evidente. No apelaremos, pues, a complicadas demostraciones, para medir basta qué grado, debido al desconocimiento de las nociones de ciencia y de espíritu científico, la profesión de fe de la Escuela de la Exégesis mutilaba el Derecho civil; sobre este punto, también seremos sumamente breves.

«Después de largos titubeos, escribe Boutroux, la ciencia al fin, ha determinado su método, por una especie de selección natural. Tomó el partido de fundarse en la sola experiencia. Sin duda se trata, después de haber comprobado los hechos, de reunirlos, de clasificarlos, de reducirlos, unos a otros y de sistematizarlos. Pero este trabajo lógico debe tener como guía y control a la experiencia. Al adoptar este procedimiento de investigación, la ciencia se ha asegurado ventajas infinitamente preciosas. Comprende, por fin, lo real, que nunca estaba segura de alcanzar, cuando se limitaba a analizar y combinar los conceptos que representan a las cosas en el espíritu de los hombres. Obtiene conocimientos esencialmente utilizables en la práctica... Escapa a la eterna incertidumbre y a la infinita variedad de opiniones; se impone a todas las inteligencias, y todas sus adquisiciones, en un sentido, son definitivas»[10]. «La ciencia, dice el mismo filósofo, según una expresión corriente, se ha emancipado. En tanto que antiguamente no tenía más certidumbre que la que le conferían ciertos principios metafísicos, por medio de los cuales trataba de coordinar los fenómenos de la naturaleza, en la experiencia ha encontrado un principio, propio e inmanente, del que obtiene, sin otro auxiliar que la actividad intelectual común, tanto los hechos materiales de su obra, como las leyes con ayuda de las cuales coordina los hechos. Se sigue de aquí que, prácticamente, en su génesis y desarrollo, la ciencia se basta a sí misma y que el primer *rasgo* del espíritu científico será, en lo sucesivo, no admitir ninguna fuente del conocimiento distinta de la experiencia»[11].

---

10 Boutroux, *Science et religion dans la philosophie contemporaine*, p. 230.
11 Boutroux, *op cit.* p. 346.

«¿Cuál es, en el fondo, el espíritu científico?, concluye Boutroux. Actualmente parece establecido, que el espíritu científico, no los principios de la ciencia, no es algo dado o hecho, sino que se forma a sí mismo a medida que la ciencia se crea y progresa. Por una parte, es la inteligencia la que hace a la ciencia y esta no se extrae de las cosas, como de un compuesto químico, uno de sus elementos. Por otra parte, la obra reacciona sobre el obrero; y lo que llamamos categorías del entendimiento, no son sino el conjunto de hábitos que el espíritu ha contraído al «trabajarse» a sí mismo, para asimilar los fenómenos. Los adapta a sus fines y se adapta a su naturaleza. Mediante un compromiso se hace este acuerdo. Y así el espíritu científico no está ya, en lo adelante, en un lecho de Procusto, donde los fenómenos están obligados a clasificarse. Es la inteligencia viva y flexible, desenvolviéndose y determinándose, no sin analogía, con los órganos del cuerpo, por el ejercicio y el trabajo que la obra por ejecutar exige»[12].

Deliberadamente hemos citado sobre la ciencia y el espíritu científico a uno de los filósofos más eminentes de nuestra época[13], pues su precisión es tal, que al comparar sus ideas con la profesión de fe de la Escuela de la Exégesis, surge y aparece por sí mismo, el carácter anticientífico de esta. En efecto, si hay un elemento que los exégetas descuidaron en la elaboración del Derecho civil, es el de los hechos. Estos no existen para ellos; los textos ocupan su lugar; la ciencia del Derecho civil no tiene como fundamento la observación directa del movimiento social y de la vida real; se funda, por el contrario, en la base frágil y artificial de los textos, que a menudo son redactados apresuradamente, y amalgamados sin un plan preconcebido. Por consiguiente, los exégetas no pudieron pensar en deducir leyes, en el sentido científico del término; se atuvieron a lo que decoraron con el nombre de principios generales del Código» descubiertos con ayuda de una dialéctica más o menos artificiosa. En pocas palabras, la profesión de fe exegética simboliza al empirismo en lo que tiene de más puro, es decir, de más aleatorio.

75. – Si es verdad que la Escuela de la Exégesis distinguió esencialmente la tarea del legislador de la del intérprete, también lo es, por otra parte, que trató de edificar una obra esencialmente práctica. Creyó poder escapar así a la crítica que le hacemos; sin embargo no es así en la realidad.

---

[12] Boutroux, *op. cit.*, pp. 347, 348.

[13] Por otra parte, las nociones de ciencia y de espíritu científico han sido estudiadas en las mismas condiciones, por los filósofos del Derecho contemporáneo, como Geny, Duguit, Hauriou. Si recurrimos a los filósofos extraños al Derecho, es con el objeto de aislar a la Escuela de la Exégesis entre las Escuelas jurídicas y colocarla ante la filosofía y la ciencia consideradas en sí mismas. Uno de los grandes errores de la Escuela de la Exégesis fue creer que el Derecho positivo escapaba a la acción de la ciencia. Nuestro trabajo no ha tenido otro objeto que probar, con ayuda de algunas breves explicaciones, cuán grande fue su error, o sobre todo, recordar en una forma más o menos personal lo que tantas veces han demostrado ya otros, tan magistral y definitivamente. Véase especialmente desde el punto de vista del Derecho privado la obra de Gény. *Science et technique en droit privé positif*, París, t. I, 1914, t. II, 1915, t. III, 1921.

76.— En primer lugar, el Derecho positivo no puede ser uno para el legislador y otro para el jurista; para los dos constituye un aspecto particular, una rama de la ciencia social, la cual a su vez no es, en sus elementos últimos, sino la explicación y coordinación de los fenómenos de la vida social. Estos fenómenos son de muy diverso orden; no tenemos aquí que clasificarlos y ordenarlos jerárquicamente; el destino de la sociología, que al principio pretendió resolver el enigma de la estructura y de la evolución sociales, hizo tímidos aun a los más audaces. Pero lo que es cierto, y nos basta esto, es que la ley considerada en sí misma, es un fenómeno social, la condición necesaria del desarrollo y juego normal de los demás fenómenos sociales, especialmente de los económicos y de las relaciones que de estos resultan entre los individuos y las colectividades. En parte, el fenómeno social constituido por la ley encuentra su origen en la voluntad humana, pero no por esto deja de ser condicionado por los fenómenos económicos y por otros, que por lo demás, está destinada a regir; en otras palabras, la ley solo será sanamente elaborada si el legislador la extrae del medio social y de las aspiraciones que este traduce. Ahora bien, la Escuela Exegética se atuvo, únicamente, a la voluntad del legislador, sin preocuparse por descubrir los elementos destinados a obrar sobre esa voluntad y a orientarla. Por ello tuvimos razón al afirmar que la distinción entre el legislador y el intérprete no tiene valor. En suma, los exégetas declaran que el Derecho positivo se absorbe en la ley y que la misma ley es un producto de la voluntad del legislador. Esto equivale a decir que la ley es puramente arbitraria, porque se encuentra totalmente sustraída al determinismo científico.

77.— Pero también dijimos que la Escuela Exegética pretende, en segundo lugar, hacer una obra práctica y, en consecuencia, desinteresarse de toda discusión científica en el sentido que acabamos de atribuir a este término. Afirma que la ley ordena y que, por tanto, únicamente tenemos que conocer el significado del mandamiento. Pero, precisamente el descubrimiento de esta significación, impone una investigación científica previa. Antes de demostrarlo, conviene protestar contra la pretendida distinción entre la teoría y la práctica que, en definitiva, constituye el fundamento de la Escuela de la Exégesis; distinción, que se encuentra en casi todas las ciencias, y contra la cual debe reaccionarse enérgicamente.

Tal era el sentir de uno de los más ilustres sabios de nuestro tiempo: Pasteur; sus ideas sobre este punto tienen un alcance absolutamente general. En efecto, en una monografía, hoy olvidada, de título característico: *Quelques réflexions sur la science en France,* publicada en 1871, escribía: «Pocas personas comprenden el verdadero origen de las maravillas de la industria y de la riqueza de las naciones. No necesito para esto de otras pruebas, que el empleo cada vez más frecuente en los discursos, en el lenguaje oficial y en los escritos de todo género, de una expresión muy impropia, la de *ciencias aplicadas...* (Se Ha dicho) *que actualmente el reinado de las ciencias teóricas cede su lugar, a las ciencias aplicadas*. Nada más erróneo que esta opinión; nada más peligroso, —osaría yo decir—, que las consecuencias que pueden resultar, en la práctica, de estas palabras. No, mil veces no; no existe una categoría de ciencias a las cuales se pueda dar el nombre de ciencias aplicadas. *Hay la ciencia y las aplicaciones de la ciencia,* ligadas entre sí, como el fruto al árbol del cual pende»[14]. En forma de crítica al Gobierno de su época. Pasteur añadía: «Los poderes públicos, en Francia, han desconocido desde hace mucho tiempo esa ley de correlación que existe entre la ciencia teórica y la vida de las naciones... No existen ciencias aplicadas, sino aplicaciones de la ciencia»[15]. Por último, concluía: «en fin, desde el punto de vista al cual hemos llegado, sobre lo que se llama *civilización moderna,* la cultura de las ciencias en su expresión más elevada, es quizás, mucho más necesaria para el estado moral de una nación, que para su prosperidad material. Los grandes descubrimientos, las meditaciones del pensamiento en las artes, ciencias y letras, en una palabra, los trabajos desinteresados del espíritu en todos los ramos y los centros de enseñanza propios para propagarlos, introducen en todo el cuerpo social, el espíritu filosófico o científico, espíritu de discernimiento que somete todo a una razón severa, que condena la ignorancia, y que disipa los prejuicios y errores. Ellos elevan el nivel intelectual, el sentimiento moral; por ellos la idea divina se extiende y exalta»[16].

Dejamos a un lado, en esta cita de Pasteur, la virtud moralizadora de la ciencia, para detenernos sobre la indisolubilidad de la misma y sus aplicaciones y sobre la falsedad de una pretendida separación entre la teoría y la práctica. No tenemos que intervenir en las otras ciencias; pero lo que es cierto, es que la opinión de Pasteur encuentra su consagración absoluta en la ciencia del Derecho y, especialmente, para atenernos a nuestro dominio, en la ciencia del Derecho civil. Anteriormente indicamos que para nosotros la Ley tiene un valor esencialmente objetivo, resultante de su mismo texto, aclarado por el objeto social perseguido al dictarse dicha ley. La aplicación del texto supone conocido el objeto social y este solo puede comprenderse por el medio social y por las relaciones sociales a través de las cuales está llamada a actuarse, la institución creada por la ley. Nunca dejaremos de repetir que un texto legal es una fórmula abstracta, hecha para la vida movible; que por tanto, es necesario no discutirla fuera del medio social, so pena de no realizar su objeto y de caer en error. Esto fue, sin embargo, lo que hizo la Escuela de la Exégesis; principalmente el concepto que tuvo del Derecho patrimonial, de conformidad con su profesión de fe, es una prueba convincente. Detengámonos sobre este punto, a título de ejemplo.

Examinado, bajo todas sus fases, el único objeto del Derecho patrimonial es asignar los límites exigidos por el orden social, a la actividad de los individuos y de las colectividades, en el dominio económico; en otras palabras, da a la apropiación de los bienes y al cambio de servicios, por ejemplo, una regla

---

[14] Pasteur, *Quelques réflexions sur la science en France,* París, 1871, p. 30.
[15] Pasteur, *op. cit.,* p. 31.
[16] Pasteur, *op, cit.,* p. 32.

que los someta a condiciones tales que proporcione a los diversos interesados, todas las garantías necesarias, privando al hecho brutal de la apropiación de bienes y utilización de servicios, todo carácter arbitrario, convirtiéndolo, por lo contrario, en un elemento de prosperidad individual y de armonía social[17].

---

[17] En su *Cours d'économie politique,* Cauwes tiene cuidado, en todo momento, de señalar, en el dominio de los bienes y servicios, la correlación entre el Derecho y la Economía política. Esta preocupación termina felizmente el aislamiento establecido entre estas dos ciencias, tanto por los economistas, como por los juristas. Por ello, en el título: *Bienes desde el punto de vista del Derecho,* Cauwes escribe: «La apropiación no es un hecho instantáneo ni en su realización, ni, sobre todo, en sus consecuencias; necesita ser protegido tanto en el presente, como en el porvenir: el cultivo y el trabajo industrial deben ser garantizados, en sus diversas fases contra los actos de violencia y fraude. Tal es el deber del Poder público; si no interviniese, la posesión de los bienes seria objeto de una lucha incesante, y ninguna industria podría fundarse. La sanción legal de la posesión es la propiedad. Aunque pertenezca al Derecho privado, por definición, la propiedad es una necesidad económica. Asi, riqueza y propiedad son elementos inseparables que la lengua del derecho condensa en una sola palabra: los bienes. La sanción legal que confirma las relaciones establecidas entre los hombres y las cosas debe ser considerada, no solamente como una consecuencia necesaria del orden social, sino como una de las causas más potentes de los fenómenos económicos. Ejerce una influencia directa sobre el desarrollo de la producción y repartición de los productos. Seria imposible determinar cuál es el resultado propio de la actividad económica espontánea, y cuál el de la institución social de la propiedad. Por ello, la Economía política debe considerar a las riquezas en su doble carácter económico y jurídico, que necesariamente les corresponde en las sociedades humanas, y si hemos dado, en el capítulo precedente, una noción puramente económica de las riquezas, como veremos en este, el carácter jurídico se injerta en esta noción sin alterar su esencia. La propiedad es, pues, el aspecto jurídico de las riquezas, una institución que no tratamos de explicar en este lugar ni de defender contra los ataques de que es objeto. La consideramos como un hecho social, íntimamente conexo al de riqueza, y el único objeto de las explicaciones siguientes es indicar en qué forma se ha practicado esta institución apreciando el valor económico de cada una de ellas». Cawes, *Cours d'économie politique,* 2a. edición, t. I. pp. 164-165. Entre los juristas, Planiol hizo respecto de la Economía política, lo que Cawes respecto del Derecho. Souchon notó esto, al apreciar su *Tratado de Derecho civil,* en los siguientes términos: «Todos los que por haber estudiado Derecho y Economía Política, —escribe—, están convencidos de la necesidad de las frecuentes reacciones de cada una de estas dos ciencias sobre la otra, deben, con anterioridad, regocijarse de un éxito cierto, consistente en que el autor no es partidario de una limitación celosa entre las diversas ciencias sociales. Tiene un vivo sentimiento de las necesidades en que se debate el movimiento contemporáneo del Derecho... Al hablar de la propiedad cree que no debe abordar el problema jurídico, sin recordar, aclarándolas luminosamente con datos históricos, las grandes querellas que se elevan alrededor de la cuestión social y, esto, en un Tratado de Derecho civil, es una innovación que quizás pueda parecer audaz a los tradicionalistas fogosos, pero que absolutamente es sintomático, de un precioso movimiento de ideas, que nosotros debemos señalar. De la misma manera, al recordar los principios jurídicos del usufructo o de las servidumbres reales, Planiol sabe siempre unir las consideraciones de práctica económica a las de la teoria jurídica y este método es una garantía de lo que será la obra, cuando el autor trate esos puntos del Derecho, que, como la teoría de las obligaciones y la de las hipotecas, están ineludiblemente dominadas por principios de orden económico» Souchon, *Revue d'économie politique,* 1900, pp. 328-329. Véase además, Alfred Jourdan, *Des rapports entre le droit et l'économie politique,* París, 1885. C. Perreau, *Cours d'économie politique,* París, 1914, t. I, pp. 8 et suiv.

Por consiguiente, el Derecho del patrimonio se basa, esencialmente, en los hechos económicos y el jurista encargado de aplicarlo, fracasa necesariamente en su labor, si no tiene los ojos constantemente puestos en el progreso de la Economía política y en sus principios. Ahora bien, ¿qué aconteció con los métodos y doctrina de la Escuela de la Exégesis? Se estableció una separación absoluta entre la Economía política y el Derecho, cuya responsabilidad corresponde, principalmente, a los juristas, pues si los economistas no deben descuidar la acción refleja de la legislación sobre la evolución económica, el intérprete del Derecho patrimonial no debe perder de vista un instante, que tritura la forma económica y que sus soluciones solamente tendrán alcance duradero si no la hace deliberadamente a un lado. Sin embargo, esto fue lo que aconteció. Basada en los textos, las nociones económicas de bienes, servicio y valor, se desdoblaron en patrimonio, derechos reales, derechos de créditos y quién sabe en cuántos más. Estos términos, a su vez, no tardaron en erigirse en entidades objetivas; en abstracciones dotadas de realidad, dotadas de caracteres propios y de atributos absolutos; en pocas palabras, la teoría de los universales, resucitada por la voluntad del legislador en forma de nociones constitutivas del derecho patrimonial, floreció, nuevamente, sobre los restos de la Economía Política[18].

Los inconvenientes de esta concepción fueron gravísimos; demostraron adonde conduce, prácticamente, el desprecio a la ciencia. Olvidando su alcance social, los exégetas hicieron de los diversos derechos, y, principalmente, del de propiedad, un instrumento de vejación; la máxima *summum jus summa injuria* les pareció resultar del artículo 544 del Código civil y el propietario pudo permitirse todos los actos que traducen el sedicente carácter exclusivo de su derecho, aunque no tuvieran ninguna utilidad para él, y fueran, a la inversa, perjudiciales para los terceros. Fue necesario, que la Escuela científica, dirigiendo su atención sobre el alcance social del ejercicio del derecho de propiedad y sobre su función económica, elaborara la doctrina del abuso de los derechos, para desterrar los efectos desastrosos de una interpretación, que se gloriaba de conocer el texto y de realizar una obra práctica, pero que ignoraba la ciencia.

Lamentables, fueron también, las consecuencias de la elaboración, sobre una base puramente escolástica y artificial, de las nociones de patrimonio, derecho real y derecho de crédito. El razonamiento puro se dio libre vuelo; se perdieron de vista las realidades económicas que estos términos traducen, y con ello se comprometió el crédito individual; en efecto, durante todo el reinado de la Escuela de la Exégesis, la condición jurídica del acreedor quirografario fue indefinida; no se supo ver que así como el derecho real, el de crédito tiende, frecuentemente, aunque en una forma indirecta, menos a la obtención de un servicio propiamente dicho, que a la apropiación de bienes; que por

[18] Sobre este punto, Gény, *Método de interpretación* y *fuentes en Derecho privado positivo*, precitado.

consiguiente, no hay, en realidad y en todos los casos, una diferencia total y absoluta entre el derecho real y el de crédito; que es necesario considerar que simplemente constituyen medios técnicos diferentes, de consolidar las adquisiciones de bienes y las prestaciones de servicios; que en definitiva, el acreedor quirografario no se distingue, de manera absoluta, de los adquirentes a título particular y que debía, en consecuencia, hasta donde sea posible, gozar de las mismas garantías, porque, como ellos, forma parte de la gran categoría de causahabientes a título particular. «Verdad económica, error jurídico, dirá de semejante solución la Escuela de la Exégesis; sí; en la realidad económica, el acreedor tiene derecho, respecto de su deudor, a cosas fungibles determinadas en cantidad y calidad, por tanto, a un objeto determinado en el sentido ordinario del término, al igual que el comprador de un mueble o de un inmueble a la entrega de este; pero, en la realidad jurídica, el acreedor no tiene, en suma, sino un derecho sobre una masa abstracta, sobre una universalidad jurídica que se llama «patrimonio», en tanto que el comprador tiene derecho a una cosa concreta; he aquí cómo acreedor y comprador son antípodos en las categorías jurídicas, pues uno es causahabiente universal, en tanto que el otro es causahabiente particular, con todas las consecuencias opuestas que se desprenden de estas dos cualidades».

Felizmente la simple reflexión ha demostrado a la Escuela Científica, que el valor económico que pretende el acreedor, tiene la misma función con relación al conjunto de los bienes del deudor, que la cosa cierta reivindicada por el comprador; que siendo esta función la única circunstancia determinante, no puede oponerse el acreedor al comprador de una manera irremediable, bajo la noción de causahabiente[19]. Al mismo tiempo la ciencia económica condujo a

[19] Esta idea se encuentra expuesta, con las explicaciones necesarias, y. con gran firmeza, en la tesis precitada de Laborde-Lacoste. Después de haber demostrado, como hemos dicho, que los acreedores quirografarios no eran causahabientes universales, el autor demuestra, siempre fundado en las realidades, que son causahabientes a título particular. Citaremos algunas consideraciones que aduce al respecto: «Por mucho tiempo, escribe Laborde-Lacoste, el derecho real y la obligación se consideraron como dos elementos del patrimonio, irreductibles uno a otro. Reconocemos que esta opinión es, aun actualmente, la de la mayoría de los autores. Pero si es la opinión dominante, no es unánime, y parece que desde el siglo XX se ha levantado una oposición creciente contra la distinción clásica del derecho real y de obligación... Se comprenderá, en estas condiciones, que una cuestión que hubiera sorprendido gravemente a mediados del siglo XIX no sea unánime hoy. En efecto, si verdaderamente el derecho real y la obligación se reducen, en el fondo, a una misma noción, es imposible, a priori, que el titular del derecho real sea un causahabiente a titulo particular respecto de su autor, y que el acreedor no lo sea... Considerados desde el punto de vista de las relaciones jurídicas de que una persona puede ser titular, los bienes de esta se presentan bajo dos aspectos: en especie o en valor. En especie primero, es decir, con caracteres específicos inherentes a su estructura y a la materia que los constituye... Los bienes de una persona se presentan, en segundo lugar, bajo el aspecto de su valor, en el sentido económico del término, es decir, en tanto que expresen un valor pecuniario, en tanto que representan una suma de dinero. Es en este último sentido como se entienden los bienes cuando se habla del patrimonio. Este último término no designa otra cosa, que el

los juristas por el buen camino, y terminó en nuestra opinión, una discusión que parecía interminable.

Podríamos prolongar así, la demostración de los beneficios de la ciencia, en la elaboración y aplicación del Derecho positivo. Esto sería inútil. Solo nos falta poner de relieve el último reproche dirigido a la profesión de fe de la Escuela de la Exégesis: la ausencia de todo carácter filosófico.

78.— *La profesión de fe de la Escuela de la Exégesis considerada desde el punto de vista filosófico.* —Es evidente dado el desprecio indirecto, pero cierto, hacia la ciencia, que los exégetas no se preocuparon en manera alguna, de la filosofía. En efecto, no es de ahora, el considerar que la ciencia es la base necesaria de la filosofía, o por lo menos, su punto de partida. Los mismos metafísicos espiritualistas desde hace mucho tiempo lo proclamaron, principalmente por la voz de uno de sus más eminentes representativos, el filósofo Caro[20].

---

conjunto de bienes de una persona susceptibles de traducirse en un valor pecuniario. Dicho esto, ¿es posible sostener, desde el punto de vista estrictamente jurídico y económico, que una persona realiza operaciones esencialmente diferentes cuando ejecuta sobre sus bienes cualquiera de estas operaciones: venta de un inmueble determinado, cesión de varias hectáreas de un terreno de mayor extensión, enajenación de un titulo al portador, cesión de un crédito, reconocimiento de una deuda a titulo gratuito u oneroso? Acéptese o no, el resultado de todas estas operaciones es el mismo para la persona, desde el punto de vista jurídico y económico. Esta, en todos los casos, enajena un objeto determinado perteneciente a su patrimonio. Decimos: objeto determinado y no individualizado, pues si en la venta de inmuebles, en la enajenación de un título al portador o en la cesión de un crédito nominativo, está individualizado, en la venta de varias hectáreas de un terreno mayor o en el reconocimiento de una deuda, simplemente está determinado en cuanto a su valor. En todos estos casos, y esto es un hecho innegable, por efecto de tales operaciones, un valor determinado sale del patrimonio de una persona, para entrar en el de otra, y es por esto imposible sostener que el derecho de crédito no recae sobre un objeto determinado, fungible o no fungible, perteneciente al patrimonio del deudor» Laborde-Lacoste, *Essai sur la notion d'ayant cause a titre particulier en droit privé français,* thèse, Bordeaux, 1916, pp. 133-134, 152-1 54. Si bajo la relación de la noción de causahabiente, el derecho real y la obligación no se presentan con una fisonomía diferente, esto significa que deben ser asimiladas en todos respectos. Por ello, principalmente, se ha tratado en vano de hacer de la obligación, desde el punto de vista de su transmisibilidad, un valor económico que no se distigue del constituido por el derecho real, y que se desprenda tanto de la persona del deudor como de la del acreedor, Gaudemcnt, *Elude sur la cession de dette a titre particulier,* 1899. No es menos verdadero que bajo la relación de la noción de causahabiente el acreedor quirografario, es decir, el titular de una obligación entra, como el titular de un derecho real, en la categoría de los causahabientes a titulo particular. Véase nuestro propio estudio: *La condition juridique du créancier chirographaire. La qualité d'ayant cause a titre particulier.* Rev. trim. dr. civ. 1920.

20 En efecto, en su bello libro *Le Matérialisme et la science,* Caro declara: «La metafísica tiene deberes rigorosos con las otras ciencias positivas. Debe observarlos fielmente si quiere aprovechar la decisiva prueba que ha sufrido en este momento. Me parece que la primera condición para ello, es que no tome ninguna sombra de las ciencias positivas, de sus progresos, de sus conquistas. Una verdad no tiene nada que temer de otra verdad. Si tenemos la verdad ¿Qué tememos? Si no se muestra inmediatamente el acuerdo entre una teoría científica y una filosófica, se hará más tarde, no lo dudéis, por medio de alguna

Sin embargo, debe reconocerse que la profesión de fe de la Escuela Exegética manifiesta cierta preocupación por la filosofía, puesto que atribuye al Derecho, en último análisis, un origen metafísico; y, porque acepta la doctrina metafísica sobre la noción de derecho. Únicamente que en vez de explicar la esencia del Derecho así comprendida, tal parece que más bien la sufre y le niega, por lo menos falta poco para ello, toda influencia sobre la elaboración del Derecho positivo, ya que la voluntad del legislador se basta a sí misma. Si los exégetas optaron por un divorcio completo entre la Economía Política y el Derecho, hicieron lo mismo respectó de la filosofía con relación a este último. También en esto cometieron un error. De esta suerte se situaron al margen del movimiento filosófico del siglo XIX; tal parece que lo ignoraron por completo, lo que, evidentemente, es muy grave. No viendo, que en el fondo, el Derecho pertenece al número de las ciencias morales, ni siquiera supieron plantear el problema del derecho ante la filosofía.

«Las ciencias morales, escribe Boutroux, son entendidas de dos maneras: como ciencias normativas, o como ciencias meramente positivas. Entendidas como ciencias normativas, proporcionan directamente, por su propio contenido, los principios directrices de la vida humana que en vano se pedirían a las ciencias físicas. Ofrecen, o imponen al hombre, fines por seguir, tales como el desarrollo de la personalidad, el deber, la felicidad, la armonía entre los individuos y la sociedad; la justicia, la utilidad general, la solidaridad, la unión de las conciencias. Ahora bien, es claro que tales objetos no son, en sí mismos, principios últimos, adecuadamente concebidos; pero representan problemas de una naturaleza especial, que únicamente pueden resolverse con ayuda de la sola experiencia. Según ciertas personas, estos objetos, no son otros que una perspectiva hacia lo infinito, hacia lo perfecto, hacia lo divino... Otra Escuela asimila mucho más íntimamente, las ciencias morales a las otras ciencias. Trata precisamente de elaborar la ciencia natural del hombre, considerada en sus manifestaciones morales y sociológicas... Así entendidas, las ciencias morales tendrían un camino seguro para romper toda liga con la religión, consistente en hacerse puramente narrativas. Se limitarían a comprobar que los hombres, a través de las edades, han hablado en tal o cual sentido de la justicia, de la felicidad, del deber, del Derecho, de la personalidad, de la solidaridad o conciencia colectiva, sin tener que preguntarse cuál es el origen y significación filosófica de esas nociones ni lo que valen. Pero una ciencia que solo es narrativa, no es propiamente una

---

teoría superior que al reunirlas, haga desaparecer, en una armonía más elevada, su aparente contradicción. Si no puede hacerse en lo absoluto dicho acuerdo, deberá concluirse que nuestra doctrina es incompleta o que el teorema científico es falso por algún lado. Será una advertencia de la necesidad de ampliar y completar una, de verificar la otra, y de someterlas a un nuevo control. Reconozcamos, pues, las ciencias positivas en la plena libertad de sus métodos, aceptemos sus resultados sin mezquinas sutilezas, aun cuando estos resultados trastornen algunas de las concepciones ideales de nuestro espíritu». *Op. cit.*, pp. 261-262.

ciencia. Para ser análoga a las ciencias físicas, la de los fenómenos morales debe ser explicativa».[21].

Es inútil decir que los representativos de la Escuela de la Exégesis optaron, con derecho, por la primera de estas dos concepciones sobre las ciencias morales, y que consideraban al Derecho positivo como una ciencia normativa. Por ello, debieron, cuando menos, tratar de explicar el lazo por el cual los textos, que para ellos desempeñaban función de hechos, se unen a una noción de derecho universal eterna e inmutable, que, como hemos dicho, aceptaban. De esa manera hubieran contribuido, colocándose en un terreno singularmente propicio, el del Derecho, a resolver la cuestión surgida con motivo del advenimiento sucesivo de la Escuela Experimental y de la Positiva, y que era la gran preocupación de los filósofos de la época: la legitimidad de la metafísica, mejor dicho, la legitimidad de toda la filosofía. En efecto, mientras Demolombe, «el príncipe de la exégesis» caía, a propósito de la noción de derecho, de su función y sustancia, en las contradicciones que hemos señalado y que demuestran la ausencia en él de toda cultura filosófica, Caro publicaba, su precitado libro: *Le matérialisme et la science,* en el cual demostró, con una elevación de pensamiento incomparable y un sentido científico impresionante, las dificultades del problema, al mismo tiempo que la necesidad de resolverlo en favor de la metafísica, basándose en los mismos datos proporcionados por la Escuela Experimental en oposición a la Positiva. «El sabio tiene razón, escribía, y está en su estricto deber científico, cuando busca en todas partes y ante todo la continuación y lazos necesarios de los hechos observables; pero el metafísico tiene razón también, cuando en nombre de una ciencia superior busca descubrir la ley de orden, armonía y belleza que está como velada bajo el mecanismo aparente de la naturaleza. Esta ley existe: Leibnitz la reconocía ya en los fenómenos más simples y elementales de la mecánica; pero aparece más claramente a medida que se acerca uno a los fenómenos superiores; estalla mediante bruscos golpes, en medio del plan seguido por la necesidad física, en la manifestación repentina de la vida y del pensamiento, inexplicable sin la finalidad. La metafísica dará todo su valor de interpretación a estas señales del pensamiento, visiblemente impresas en algunas regiones de la experiencia y cuya evidente analogía se nos impone, con tal fuerza, que ha sido causa de división entre los positivistas, algunos de los cuales la admiten a pesar del rigor del sistema[22]».

Si existe una pieza constitutiva de esa ley superior de orden, que domina al mundo moral, es la noción de derecho. Pero nada de esto tenía en consideración la Escuela Exegética. Al aceptar la noción de derecho sin exa-

[21] Boutroux, *op. cit.,* p. 261.
[22] Caro, *op. cit.,* pp. 277-278.
[23] J. Bonnecase, *La notion de Droit en France au XIX siècle* précité.

men, ni discusión, simplemente realizaba un acto de fe hacia la filosofía espiritualista del momento; cedía a las ideas del medio ambiente[23]. Sobre este punto no existía razonamiento; la causa es siempre la misma: ausencia de espíritu científico, pues la ciencia bien comprendida conduce a la metafísica. «Íntimamente ligados por su esencia e intereses —ha dicho un historiador de la filosofía— la filosofía y la ciencia lo están aún en sus orígenes y en sus destinos. Llevado, por un mismo instinto poderoso, a discernir las causas —*rerum cognoscere causas*— y a reducirlas a la unidad de una causa primera, tan pronto como el espíritu humano ha conquistado algunas verdades elementales en física, matemática, y moral, se apresura a efectuar su síntesis, a formar con ellas teorías universales, sistemas ontológicos y cosmológicos, es decir, a filosofar, a hacer metafísica... Todo movimiento científico, dice, determina un movimiento filosófico; toda filosofía nueva es un estimulante para la ciencia. En el siglo XIX, como en la época de Rogelio Bacon y de Verulam, pudo haber oposición entre la ciencia y *determinada* filosofía. La verdadera ciencia y la verdadera filosofía siempre han estado completamente de acuerdo y bajo una apariencia de rivalidad, su entendimiento, actualmente, es tan completo como posible»[24].

Como hemos visto, Caro se expresa en la misma forma. De hecho, la reflexión sobre el movimiento del Derecho demuestra, principalmente, que sin un principio superior que lo inspire y oriente, la estabilidad social es una frase vana. «Un instinto invencible, escribe Liard, nos empuja a franquear los límites de la ciencia propiamente dicha. ¿Al obedecerlo, corremos riesgo de perdernos en locas aventuras, o por el contrario, tendemos hacia un término real y accesible?»[25]. La Escuela de la Exégesis experimentó ese instinto en materia de Derecho, y creyó en un término real y accesible, es decir, en la noción metafísica del Derecho. Desgraciadamente para su renombre, descuidó profundizar este punto de vista filosófico, tal y como descuidó también el punto de vista meramente científico.

Por consiguiente, repetimos, debido a que para la Escuela de la Exégesis, el Derecho se reduce, en definitiva, a las órdenes emanadas de las Asambleas legislativas, el Derecho civil aparece en ella desprovisto a la vez, de autoridad verdadera y de ideal, ya que no se percibe el lazo que une aquellas órdenes con una noción superior, racional, directriz, cuya misión, al mismo tiempo, es legitimarlas y embellecerlas.

Estaba reservado a la Escuela Científica moderna del Derecho civil, traspasar audazmente los límites de la ciencia, después de haber planteado las bases, y penetrar por todos los medios de investigación a su alcance, en las

[24] Weber, *Histoire de la philosophie européenne,* 8a. édit., París, 1914, (conclusión).
[25] Liard, *La science positive et la métaphysique.* 5a. édit., París, 1905, p. 300.

profundidades de la filosofía del Derecho. De esta unión entre la ciencia y la filosofía, el Derecho civil tiene que surgir regenerado[26].

79. – *Opinión de un jurista extranjero sobre la Escuela de la Exégesis.* —La profesión de fe de la Escuela de la Exégesis, no honró a la ciencia jurídica francesa en el extranjero.

A este *respecto* citaremos el testimonio de Bernaert, ilustre estadista belga, aunque su apreciación sea un poco severa. Comisionado por el gobierno belga, para que estudiara en el extranjero el estado de la enseñanza del Derecho, Bernaert escribía en su informe al Ministerio, en 1854: «Tengo que distraeros, señor Ministro, hablándoos de la enseñanza misma, de las ramas sobre las que recae, del espíritu que la inspira y de los métodos con que se imparte. Por poco que se estudie Francia y Alemania, inmediatamente se asombra uno de la diferencia esencial de su naturaleza y tendencias; una positiva y utilitaria, la otra espiritualista e ideal. Esto ha llegado a ser bien conocido a fuerza de ser verdadero, y los espíritus más prevenidos no pueden dejar de reconocerlo. Esa diferencia de naturaleza entre las dos naciones, se encuentra en la diversidad de sus métodos de enseñanza. En Francia la enseñanza tiende a ser más y más práctica, y por decirlo así, matemática. Por lo demás, los hombres de ideales diferentes, están de acuerdo en que es necesario imprimir a la educación de la juventud una dirección realista, y confunden, en la guerra que hacen al estudio de las lenguas muertas, los estudios clásicos en general, como si estos no pudieran concebirse sin aquellas. En Alemania, aunque no se haya permanecido al abrigo del espíritu industrial y positivo de nuestro siglo, la educación ha continuado siendo esencialmente espiritualista, y el estudio de la antigüedad y de los modelos que nos ha dejado, continúa sirviéndole de base. Aunque parece, que tales diferencias deben ser menos sensibles en la enseñanza del Derecho, única de la que debo ocuparme, no dejan de manifestarse en ella fuertemente.

«La enseñanza del derecho casi se limita, en Francia, al Derecho positivo, formal y material; en tanto que en Alemania el Derecho filosófico y la historia del Derecho ocupan un lugar importante en los estudios. En Francia, la enseñanza exegética es excelente: los adversarios más decididos del sistema de enseñanza lo reconocen; se explican las leyes con mucha claridad y método; pero toda la enseñanza se reduce a esto. En Alemania, solamente se preocupan de la ciencia; el profesor se eleva sobre las leyes, las aprecia, juzga y condena, estudia su origen, sigue su evolución, anuncia su progreso. El tiempo que se pasa en la Universidad, se dedica exclusivamente a la teoría, y se cree que solo muy tarde se llega a la práctica. De esto resulta no sé qué espíritu científico que penetra en los estudios, los anima y los hace florecer, que Francia desconoce por completo. Se ha pretendido que Francia no tiene necesidad sino de una ense-

[26] V. Para más explicaciones sobre la Escuela científica contemporánea, J. Bonnecase, *Supplément au Traité de Baudry-Lacantinerie,* tomo I, n. 224-409, passim.

ñanza exegética, puesto que tiene leyes positivas completamente claras y buenas, en tanto que Alemania está obligada a estudiar las reglas que la rigen en los textos del Derecho romano y del Derecho eclesiástico, en las inmensas colecciones legislativas de la Edad Media, etc... etc... y que los estudios históricos son allí una consecuencia natural del estado de la legislación.

«Pero la enseñanza no solo tiene como objetivo dar a conocer el Derecho positivo; debe también desarrollar científicamente el espíritu y preparar los progresos del porvenir. Debe enseñarse la ciencia y no únicamente la ley, y la ciencia no encuentra nunca su expresión exclusiva y última en una legislación, cualquiera que sea. Precisamente porque en Francia la enseñanza se basa exclusivamente en los trabajos legislativos de Napoleón, nadie piensa señalar sus imperfecciones, y no están preparados, en manera alguna, para consagrar las reformas que la experiencia y el progreso de medio siglo señalen como necesarias. Erróneamente se pretende que solo la necesidad conduce, en Alemania, a la investigación histórica y filosófica. Desde el principio de nuestro siglo, se han promulgado allí gran número de leyes y códigos que han simplificado mucho el caos que antiguamente remaba. Sin embargo, la enseñanza ha permanecido tal cómo era, pues las investigaciones científicas se consideran como esenciales, y su objeto no es tanto decir lo que la ley es, sino investigar el cómo y el por qué de las leyes.

Puede decirse, que la ciencia del Derecho, propiamente dicha, ha muerto en Francia. A excepción de los comentarios de las leyes positivas, no se ha publicado, desde hace cincuenta años, una obra de Derecho importante. Nada, o casi nada de historia del Derecho, de filosofía del Derecho, de legislación comparada, y apenas si se advierte la existencia de estas lagunas. En tanto que cada año ve producir, en Alemania, una cantidad de manuales, de disertaciones, de monografías de todas especies, Francia no tiene nada que oponer a este prodigioso movimiento científico, y actualmente nos vemos obligados a estudiar en alemán la Historia del Derecho romano y del consuetudinario, que tanto tiempo ha regido. Francia tiene algunos juristas prácticos y buenos lógicos; pero no tiene jurisconsultos sabios. Después de haber tenido su gran Escuela histórica del siglo XVI, su orgullosa e improductiva escuela del Derecho natural de los siglos siguientes, ha abandonado actualmente una y otra; el Derecho ha permanecido sin base histórica y filosófica, y se limita a una árida Exégesis.

«Hace quince o veinte años, cuando grandes espíritus imprimieron en Francia una reacción saludable para la historia, filosofía y ciencias en general, parecía que la conmoción iba a comunicarse a la enseñanza de la jurisprudencia; se manifestaron nuevas tendencias y síntomas de progreso; pero pronto el movimiento se detuvo; la enseñanza volvió a sus antiguos senderos y las tendencias prácticas y realistas obtuvieron la supremacía».[27].

---

[27] Bernaert, *De l'état de l'enseignement du Droit en France et en Allemagne,* rapport adressé au ministre de l'intérieur, Bruxelles, 18 54, p. 33-34.

## *SECCIÓN TERCERA*

## *CONCLUSIÓN. ENSEÑANZAS DE ORDEN GENERAL QUE SE DERIVAN DE LA PROFESIÓN DE FE DE LA ESCUELA DE LA EXÉGESIS. PARA LA ESCUELA CIENTÍFICA*

80.— La profesión de fe de la Escuela de la Exégesis no solo implica críticas; encierra también preciosas enseñanzas para la Escuela Científica; tales enseñanzas la preservarán de esas tendencias, que de persistir, comprometerían la obra de renovación que pretende realizar.

81.— *El poder del «Manifiesto» en el dominio de la ciencia del Derecho.* —La primera enseñanza, que honra a la Escuela de la Exégesis, resalta con evidencia de su profesión de fe, considerada estrictamente en sí misma, en su tenor formal, y en cierta forma, en tanto que es expresión de un programa científico. Esta enseñanza, que a primera vista pudiera parecer extraña, es la potencia del *Manifiesto* en todos los dominios de la actividad social, aun en aquel que muchos intelectuales consideran al abrigo de semejantes influencias: el dominio científico. Dos manifiestos célebres dieron cuerpo, a principios del siglo XIX, a dos grandes Escuelas que, en su primera mitad, se dividieron el mundo jurídico alemán: *La Escuela filosófica y la Escuela Histórica;* la primera debe su nacimiento al escrito de Thibaut: *Sur la nécessité d'un Code civil pour L'Allemagne,* publicado en 1814; la segunda, a la respuesta de Savigny: *De la vocation de notre époque pour la législation et la jurisprudence,* publicada el mismo año. Los conceptos que estas Escuelas defienden y simbolizan existían ya en Alemania, antes de que se hubieran publicado los dos manifiestos y, sin embargo, probablemente nunca hubieran engendrado los movimientos que originaron, si en dos programas bien definidos, sus partidarios no hubieran señalado las directrices científicas opuestas, que representaban tales conceptos[28]. En una gran parte, el éxito de la Escuela Exegética en Francia no tiene otra causa. Si en los *Prefacios* e *Introducciones* vibrantes de entusiasmo y fe profunda, los civilistas exégetas no hubiesen, mediante un concurso preciso, puesto de relieve su doc-

[28] Sobre la explicación de esta idea, comp. J. Bonnecase, *Introduction générale a l'histoire de la science du droit privé en France de 1789 a 1830.* (La Thémis, 2e. éd.). pp. 135 y s.

trina y métodos; si del conjunto de estas individuales declaraciones de principios, en las cuales cada uno aportaba, en cuanto a la forma y expresión una originalidad cierta, no hubiera resultado la existencia de una concepción científica rigorosamente idéntica en todos ellos, podemos estar seguros de que jamás la Escuela de la Exégesis hubiera ejercido sobre los espíritus ese dominio que constituyó su gloria. Cuando se consideran atentamente esos prefacios, algunos de los cuales semejan, en apariencia, verdaderas diatribas, plenas de un espíritu revolucionario contra las obras de sus antecesores, se percibe que, en el fondo, el único reproche que sus autores formulan contra aquéllos, es el no haber traducido fielmente los principios de la Escuela; Demolombe reprochará a Troplong un orden de exposición rigorosamente exegético; con posterioridad Marcadé, por el contrario, atribuirá todas las virtudes a la Exégesis pura, a condición de tener una idea justa de ella; entre tanto Laurent declarará que los juristas conducen la ciencia del Derecho a la perdición, porque no tienen el respeto debido a la obra del legislador; y así en toda la serie de los exégetas.

Si el advenimiento de la Escuela científica del Derecho civil fue un poco retardado, se debe, a la inversa, en parte, al temor de oponer un nuevo dogmatismo al de la Escuela de la Exégesis. Se puede decir con razón que Saleilles no se constituyó en Jefe de la Escuela científica, debido al temor de parecer dogmático; nadie como él fue presa de este temor. Por otra parte, creemos que este estado de ánimo le impidió coronar su inmensa obra con una teoría firme sobre el fundamento del Derecho[29]; con anterioridad desechó toda idea de redactar, en términos precisos, el Manifiesto de la nueva Escuela contra el de la Exégesis (Infra n. 82. nota). En pocas palabras, por esto prefirió lanzarse en una tentativa de renovación de la doctrina de la Escuela de la Exégesis, como hemos visto. Sin embargo, sus admiradores aseguran que desencadenó una revolución en el dominio del Derecho civil. En todo caso, se trató de una revolución conservadora, realizada con elementos tomados a la Escuela exegética, y esto porque Saleilles temió combatir la profesión de fe de la Escuela Exegética, con una contraria. En verdad, el movimiento impreso al Derecho civil contemporáneo hubiera conservado mejor la huella del genio de Saleilles, si este hubiera formulado, claramente, en una corta profesión de fe, sus ideas sobre el Derecho positivo. De esta suerte, los discípulos admiradores de su talento, hubieran podido agrupar y desarrollar sus doctrinas, pues es de la naturaleza del espíritu humano aspirar a concepciones traducidas en un programa de acción preciso.

La justa comprensión de esta situación, independientemente de la cuestión de fondo, decidió el triunfo de la doctrina de Gény sobre la de Saleilles. En verdad, la precitada obra de Gény: *Método de Interpretación y Fuentes en*

[29] J. Bonnecase, *La notion de droit en France au XIX siècle*, p. 27, note. Comp. además sobre el conjunto de la obra de Saleilles: *L'Œuvre juridique de Raymond Saleilles*, citado; Gaudemet, *Raymond Saleilles*, citado. J. Bonnecase, *Supplément au Traité de Baudry-Lacantinerie*, tome 1er.

*Derecho Privado Positivo,* era más que un manifiesto, ¡pero también un gigantesco Manifiesto!: «Hay que reconocer y confesar que, en la actualidad, el aprecio y el gusto por los estudios de Derecho positivo está en descenso... Frente a un estado de estancamiento semejante, ya que no de decadencia, de una clase de estudios tan florecientes y progresivos durante mucho tiempo en Francia; frente a las impresiones favorables a semejante situación por parte de muchos de aquellos, que, aunque se disculpen, conocen mejor que nadie nuestro objetivo y nuestra misión; se nos impone un deber, a nosotros, juristas por vocación, que permanecemos convencidos del uno y de la dignidad de la otra; el de mirar cara a cara y con sinceridad, los reproches que se nos dirigen: más aún, es necesario que nosotros mismos formulemos y precisemos esas críticas, algo vagas y dispersas, de las cuales, más que por los términos precisos, las advertimos por su insinuación. En una palabra, hay que hacer *examen de conciencia formal,* que como todo acto de esta naturaleza debe tender a una reforma decidida, si es que la conceptuamos necesaria».[30].

Después de haber planteado así, desde el principio de su introducción, el problema de una reacción posible contra las doctrinas y los métodos jurídicos en boga, sobre su verdadero terreno, que es el de la libertad de crítica y de elaboración científica, Gény, precisando mejor su pensamiento, rechaza formalmente el argumento de autoridad, tan apreciado por la Escuela de la Exégesis: «Además, la exclusiva atención a las autoridades propende necesaria y casi fatalmente, a que la obra se convierta pura y simplemente en clasificación de antecedentes. De esta manera se descuida la crítica desinteresada y elevada, para dejar paso a la concordancia y manejo metódico de soluciones particulares. Se convierte en *Repertorio,* manantial de noticias, conocimientos muy útiles, indudablemente, pero no obra científica»[31]. Hecho esto, solo quedaba por formular de una manera concreta, los datos del problema por resolver. Tal es el fin de las preguntas siguientes, que Gény, enfrentándose en cierta forma a su lector, le dirige: «¿Ha sabido descubrir y cultivar nuestra ciencia, los caminos y medios más a propósito para la realización de su fin? ¿Hemos logrado interpretar no solo la ley, sino el Derecho inmanente, del cual aquella no es, después de todo, sino una revelación imperfecta? ¿Hemos comprendido tal cual es, sin rebajar ni elevar demasiado el carácter de ese notable fenómeno social, llamado codificación? ¿So pretexto de profundizar en el pensamiento del legislador, no lo habremos desnaturalizado? ¿No habremos quizá exagerado su misión y su poder, bien al limitar arbitrariamente nuestras fuentes de investigación, bien empequeñeciendo la misión del intérprete, sea *este* sabio o *juez?* ¿No habremos, frecuentemente también, cedido al atractivo de una lógica engañosa, olvidando la realidad de la vida y sus exigencias?»[32].

---

30 Gény, *op. cit.* pp. 3-5.
31 Gény, *op. cit.,* p. 4.
32 Gény, op. cit., p. 6.

Precisamente, porque semejante concepción tenía, en el momento en que fue emitida, todas las apariencias de una doctrina inútilmente subversiva en presencia de la obra y autoridad de la Escuela de la Exégesis,[33], era necesario presentarla en términos completamente claros y vigorosos; el autor notaba, con razón, pero muy generosamente, que la acción renovadora de algunos juristas que lo habían precedido, fracasó porque descuidó redactar un programa preciso de sus concepciones... Otros muchos hombres eminentes podría citar aquí, –dice– al lado de Labbé, principalmente aquellos que menos audaces para fijar en una fórmula definitiva y publicar sus reflexiones y deseos de renovación, se reservaron intencionalmente a lo íntimo y espontáneo de la enseñanza oral. Pero ya han surgido discípulos menos tímidos que los maestros, y más dispuestos a transmitir en alta voz las palabras que les convencieron y encantaron... *Únicamente temo que este movimiento, acaso no haya penetrado suficientemente entre los jurisconsultos, y que, a pesar de todo, no vaya a quedar como patrimonio de una escasa minoría. Y me pregunto, si esta insuficiencia de expansión no se deba a que la ambiciosa evolución no ha sido lo bastante expuesta y analizada en su carácter especulativo o, mejor dicho, si la pretendida reforma en lo que llamo nuestro método tradicional de interpretación jurídica, no ha sido descrita totalmente por muchos de sus partidarios convencidos, y con la idea de proporcionarle una justificación tan eficaz como posible*[34].

Esto es particularmente exacto, como hemos dicho, respecto de Saleilles. Gény, sin embargo, escudándose en él y en otros contemporáneos, declaraba que las líneas generales de la reforma por operar habían sido trazadas por ellos y que solo deseaba asociarse, en gran parte, a las ideas así emitidas[35]. No tenemos que determinar aquí, en qué medida se había preparado el camino a Gény; simplemente se nos concederá, por el momento, y esto lo han reconocido más o menos implícitamente los discípulos de Saleilles, que sin el libro de Gény las reformas por operar hubieran quedado imprecisas y, sobre todo, habrían seguido otro camino[36]. Por lo demás, si dispusiéramos de tiempo, podríamos probar que si el *Traité de droit civil* de Planiol encontró, debido a su carácter novador, cierta resistencia, se debe quizás a que en su introducción, el autor presentó su obra con un aspecto mucho más modesto o, lo que es peor, con una forma conservadora y tradicional, aunque es muy posible que el fondo de la misma esté constituido por las concepciones más audaces[37].

---

[33] Gény lo notaba en estos términos: «Acaso parezca atrevido el suscitar estas cuestiones cuando nuestro sistema tradicional de interpretación se ha afirmado sobre bases aceptadas por todos aquellos que lo practican; magistrados, prácticos, juristas desinteresados, y cuando de este acuerdo y de los esfuerzos comunes que ha provocado, surgieron tantas soluciones que han enriquecido la práctica e influido sobre la dirección de la vida jurídica tanto en sus detalles como en su conjunto». *op. cit.* p. 6.

[34] Gény, *op. cit.*, p. 11.

[35] Gény, *op. cit.*, p. 12.

[36] Lambert, *Etude de droit commun législatif*, Introduction, la fonction du droit civil comparé, París, 1903, p. 41.

[37] Basta, para advertir este último punto, recorrer las notas que se consagraron a esta Obra: Weiss, *Revue critique*, 1199, pp. 586-590; Souchon, *Revue d'Economie politique*, 1900, pp.

82.— En resumen, un primer punto nos parece cierto. La Escuela de la Exégesis tuvo mucha razón al recurrir, para hacer resaltar sus ideas, a una verdadera profesión de fe; hay en esto una enseñanza de orden general que no debe despreciarse. La fe en la ciencia es la primera condición del éxito del sabio y esta fe produce, necesariamente, cierto dogmatismo. Con anterioridad nos referimos al pensamiento de un filósofo contemporáneo sobre el dogmatismo y vimos que no dudaba referirse, para aprobarla, a la transformación *a priori* del antiguo dogmatismo, en un dogmatismo científico. Es evidente que si la ciencia no debe conducirnos a una certidumbre relativa, no tiene razón de ser; por otra parte, esta certidumbre relativa no tendrá ningún alcance si no encuentra su expresión en fórmulas concisas y firmes, que recubran la sustancia e idea directriz de una obra científica, y que la preceden a título de Prefacio. La moda, por reacción contra la Escuela de la Exégesis, concluyó en el escepticismo, en la investigación apasionada (*au dilettantisme*) y en todo caso, en el desmenuzamiento.[38] Tiempo era de reaccionar de nuevo, en sentido

---

325-329; Saleilles, *Nouvelle revue historique*, 1900, pp. 265-274; Sirey, 1900, *Revue bibliographique, p.* 5. Por lo demás, el recuerdo de la oposición que esta obra encontró entre los partidarios de la Escuela de la Exégesis no se ha olvidado aún: «Sobre un gran número de puntos, —decía el critico del Sirey, —el autor se separa de las soluciones comunes y desarrolla opiniones que, por lo menos en su mayoría, no podemos compartir». Sobre todo en las cátedras de Derecho civil se lanzó un verdadero anatema contra la nueva obra; numerosos son los juristas de nuestra generación que pueden dar testimonio de ello. Todo esto ¿por qué? Porque Planiol, en su Introducción osó decir: «La doctrina no tiene verdaderamente una tarea útil que llenar, sino entre las nuevas cuestiones sobre las cuales la jurisprudencia es aún vacilante; que la guié, que facilite su formación, pero que no pierda su tiempo combatiendo las reglas adquiridas». *Traité de Droit civil*, la. edi. 1900, pp. IX-X. Demolombe, cincuenta años antes, como hemos visto, habló de la misma manera. Los lectores de Planiol tenían razón de esperar el respeto de los principios exegéticos; pero, ningún autor ha combatido, como Planiol, las distinciones y nociones consideradas como adquiridas, principiando por las de derecho real y de crédito. De esto a que sus adversarios clamaran contra la herejía, no había más que un paso. Si Planiol en su profesión de fe hubiera expuesto firmemente su doctrina y método, las criticas hubieran presentado otro carácter. No podemos compartir la opinión de Saleilles, quien, en el informe precitado, se congratulaba de que Planiol, en lugar de discutir las cuestiones de método, «de un giro necesariamente abstracto», se hubiera limitado a exponer, discretamente, sus opiniones a este respecto y aplicarlas, lo que, añadía, «vale más que todas las distinciones teóricas sobre este punto».

38 Discretamente, Ambrosio Colin, después de haber elogiado, como merecía su obra, en legislación positiva, dirige, sin embargo, un reproche a Saleilles en la siguiente forma: «Todo sistema de precisión rigurosa sería peligroso» escribió Saleilles. «Detengámonos sobre esta palabra, añadía Ambrosio Colin. Nos referimos a la conclusión fatal de las ideas de Saleilles, en materia de legislación positiva. Decimos esto con respeto y simpatía, pero a verdad tiene sus derechos. ¿No consiste el vicio y la debilidad de las concepciones de Saleilles, a veces tan ingeniosas y profundas y otras tan conmovedoras, en haber creído que las modelaba sobre la infinita concepción de las cosas, en haber pretendido conocer, prever, reglamentar, distinguir, conciliar todo? Aun yendo hasta el fondo de las cosas, la legislación tal como la concibe es irrealizable. Una vista muy escrupulosa de la realidad del mundo terminaría negando toda ciencia, porque la ciencia es sistematización de un

inverso. El fenómeno no tardó en producirse. Dos eminentes civilistas de la época contemporánea. Colin y Capitant, escribieron sin vacilar en el Prefacio a su *Cours de droit civil français:* «No hemos concedido excesiva importancia al reproche de dogmatismo, ni al inconveniente de las categorías cerradas, escindidas, ni a las divisiones rígidas de duras aristas. No es que ignoremos todo lo que a una actitud semejante, en presencia de los fugitivos matices de la vida, pueda ofrecer de arbitrario y aun de artificial. Pero es que ello constituye en suma el método clásico, es decir, lo que responde y responderá siempre mejor a las exigencias de la enseñanza»[39]. En cuanto a nosotros, estimamos, que las exigencias de la ciencia, son las mismas que las de la enseñanza.

83.— *Superioridad de la elaboración jurídica constructiva sobre el culto a la crítica puramente negativa.* —Las enseñanzas que hasta aquí hemos obtenido, del método y doctrina de la Escuela de la Exégesis, para la Escuela Científica, son enseñanzas positivas. Desgraciadamente no son muy numerosas; es cierto que el estudio de la obra de la Escuela de la Exégesis está destinada, en lo futuro, a ser útil a la Científica, sobre todo, porque acentuará la reacción en la doctrina y métodos de esta. Pero no hemos terminado con las enseñanzas positivas que proporciona la Escuela de la Exégesis. En efecto, podríamos obtener de esta Escuela la prueba de la superioridad de la elaboración jurídica constructiva, sobre el culto a la crítica meramente negativa, ya que una de las características más señaladas de la Escuela de la Exégesis es haber construido. Sin duda construyó erróneamente y de manera exclusiva sobre los textos legales. Dado este punto de partida, las miras de conjunto y las teorías generales que dominan al Derecho civil, necesariamente fueron descuidadas, no obstante que, con los grandes comentadores del Código Napoleón, nos encontremos ante una obra positiva, en el sentido literal y absoluto de este término. Entre estos grandes comentadores, hay unos que supieron realizar una construcción jurídica de conjunto impecable, si se toma como base al Código civil. Hablamos de Aubry y Rau, quienes levantaron un edificio que abraza a todo el Derecho civil, concluyendo por otorgar a las nociones técnicas que elaboraron, un valor intrínseco, y un alcance absoluto. Si los otros representativos de la Escuela de la Exégesis no obtuvieron el mismo resultado, por lo menos realizaron una sistematización; sistematización sin duda parcial, pero cierta. Sería un grave error desconocer las teorías edificadas tanto por Duranton y Troplong, como por Marcadé y Demolombe.

---

orden de leyes, es decir, de relaciones permanentes entre los hechos y porque en el mundo que es todo movilidad, no hay, en suma, permanencia, ni, quizás, hechos. No se ha dicho que, según la fórmula bergsoniana, el hecho no es sino uno de los aspectos inmovilizado en un momento dado del «haciéndose», aspecto fatalmente caduco, inexacto, desde que ha sido aprendido y fijado. Por tanto, la regla jurídica no puede plegarse completamente a la movilidad y a la diversidad de las cosas, no puede corresponder a todos los matices, conciliar todos los contrarios, resolver todas las dificultades. Al ensayarlo se diluye, se evapora». *L'Oeuvre juridique de Raymond Saleilles,* 1914, pp. 295-297.

39 A. Colin et Capitant, *Cours élémentaire de droit civil français,* t. I, Préface p. 1.

¿Cuál es, por el contrario, la impresión producida hasta aquí, por la Escuela científica, desde el punto de vista de la elaboración jurídica? Ciertamente es una impresión engañosa porque, como hemos dicho, queriendo dar una imagen por completo exacta de la vida, olvidó recurrir a los dos instrumentos necesarios de la ciencia del Derecho: la abstracción y la generalización[40]. Al mismo tiempo la Escuela científica, en sus primeras manifestaciones, ignoró la sistematización y no se advierte aún, exceptuando la obra de Gény, sino un esfuerzo serio para reparar este error. Lo anterior se debe a que la Escuela de Saleilles prolonga su influencia paralelamente al desarrollo de la obra de instauración de Gény. Ahora bien, frecuentemente nos hemos referido, en el curso de este libro, a Saleilles, no siendo necesario, por tanto, recordar que, consciente o inconscientemente, este maestro experimentó una marcada aversión por la sistematización. Sus discípulos o, si se prefiere, aquellos que consideramos como tales según una clasificación correcta, siguen manifiestamente los pasos del maestro. Nos permitimos citar, en apoyo de nuestra afirmación, la obra fundamental de Demogue, *Traité des obligations en genérale.* Es indiscutible que los tres volúmenes publicados hasta hoy, al mismo tiempo que provocaron una sincera admiración por el esfuerzo ejecutado, han producido un asombro cierto, precisamente, por el carácter fragmentario de la obra. Los problemas particulares del Derecho de las obligaciones, se reúnen en categorías cerradas, abordadas con un espíritu de análisis sin igual. Pero ese eminente autor, nos permitirá afirmar, que no se observan las construcciones jurídicas que deseamos con derecho. En verdad, quizá se ha abusado de la imagen del espíritu geométrico al hablar del derecho de las obligaciones. En otros trabajos nos referiremos nuevamente a este punto y a la obra de Demolombe[41]. Solo hacemos aquí, a reserva de un examen crítico ulterior, una simple nota ya hecha antes de nosotros y cuya responsabilidad corresponde a la doctrina de la Escuela Científica, tal como la concibió Saleilles. Gény fijó las bases de la obra constructiva del porvenir. Pero quizás no sea inútil recordar, que a este respecto, la Escuela de la Exégesis trazó el camino a la Científica. Quizá también se nos permitirá advertir que una gran admiración por la Escuela sociológica, sobre todo bajo la forma concreta y fragmentaria que le dio Durckeim, no ha dejado de ejercer influencia sobre las directrices que desviaron a Saleilles y su Escuela[42]. Las ideas puestas así de relieve se desprenden de nuestras anteriores explicaciones; pero nos ha parecido necesario repetirlas para afirmarlas en el momento de terminar nuestra tarea.

---

[40] Comp. J. Bonnecase, *Supplément au Traité de droit civil de Baudry-Lacantinerie,* tome I, nos. 402 et s.

[41] En el tomo II del *Supplément au Traité de droit civil de Baudry-Lacantinerie,* hicimos el examen crítico de la obra de Demogue.

[42] Comp. a este respecto: J. Bonnecase, *La notion de droit en France au dix-nenviéme siècle,* p. 188 et s., y las referencias. Parodi, *La philosophie contemporaine en France. Essai de classification des doctrines,* 1919, p. 113 et s. Worms, *La sociologie, sa nature, son contenu, ses attaches,* París, 1921.

84. – *Enseñanzas negativas derivadas de la predilección de la Escuela de la Exégesis por el argumento de autoridad.* –Hemos mencionado como rasgo representativo de la doctrina de la Escuela de la Exégesis el culto al argumento de autoridad. En el curso de esta obra tuvimos la oportunidad de poner de relieve las enojosas consecuencias producidas por esta tendencia, para la ciencia del Derecho civil en el siglo XIX. Sucesivamente hemos invocado la gran figura de Atanasio Jourdan, víctima de su conciencia científica, sucumbiendo por haber osado atacar a las autoridades de su tiempo, en nombre de un amor desinteresado por la ciencia, y la crítica mordaz de Marcadé contra el inconsiderado respeto, profesado en su tiempo, hacia aquellos que en toda época, se califican con el nombre de «Pontífices». Pusimos de relieve la actitud, algo ridícula del procurador general Dupin, al entusiasmarse con la sola pronunciación del nombre de Pothier y arrojando incienso sin medida a la faz del ídolo. Una mentalidad de esta naturaleza habla de sí misma, y era natural esperar que la Escuela Científica comprendería la enseñanza negativa que resulta de tan grave extravagancia. Pero no fue así. Aunque errónea, una corriente muy marcada se dibuja en favor de una especie de restauración del respeto por los pontífices y del amor al argumento de autoridad, en el seno de la Escuela Científica. Es necesario que francamente, según un método que nos es muy estimado, expliquemos claramente esta tendencia.

En el Prefacio indicamos ya que habíamos recibido, por correspondencia privada, numerosas críticas indignadas, por haber osado atacar a la doctrina y método de la Escuela de la Exégesis, después de haber probado que esta Escuela había existido y abrazado, en su esfera, a los más grandes civilistas franceses del siglo XIX. Se nos reprocha, también por correspondencia privada, el que en nuestras anteriores publicaciones y particularmente en el tomo primero del *Supplément au traité de droit civil* de Baudry-Lacantinerie, hayamos dirigido una fuerte crítica a la obra del profesor Saleilles. Este reproche se acentuará, al aparecer la segunda edición de *La Escuela de la Exégesis en Derecho civil,* pues, más que nunca, nos hemos esforzado, por realizar en esta modesta monografía, una obra de historiador; ahora bien, la cualidad esencial del historiador es expresar sin rodeos, sobre las obras estudiadas, una opinión maduramente reflexionada, y apoyada en documentos y razonamientos concordantes. Constantemente hemos tenido los ojos puestos en esta tarea así comprendida. Su ejecución, desgraciadamente, nos ha conducido a reducir la obra de Saleilles a límites que cada día parecían más exiguos, en la renovación del Derecho civil. Debemos, pues, esperar que los fieles discípulos de este maestro eminente, se molesten por ello. De aquí la necesidad absoluta de que hagamos una simple nota al respecto.

85.— Las opiniones que hemos dado sobre el papel científico de Saleilles, tanto en nuestro esbozo doctrinal del *Suplément au traite de Baudry-Lacantinerie,* como también en nuestros anteriores escritos, no fueros las primeras opiniones desfavorables a la concepción del Derecho sostenida por Saleilles; con anterioridad, se había atacado ya al patrimonio científico de este maestro. Por lo demás, ya habíamos indicado que no conocemos una requisitoria más severa, en el fondo, contra la obra de Saleilles, que la dirigida con la forma aparente de una apología, por sus alumnos, admiradores y contemporáneos en la obra intitulada: *L'Oevre juridique de Raymond Saleilles,* París, 1914. No podemos examinar en este lugar esa requisitoria; nos conformaremos con remitir a nuestros lectores a ella. Sin embargo, la recordaremos en parte. Con anterioridad citamos la crítica formulada por Ambrosio Colín del carácter fragmentario y falta de sistematización de la obra de Saleilles. Indicaremos, además, las críticas que a su vez tuvo que hacer el ilustre profesor Thaller en el prefacio a la obra citada. Pondremos, particularmente de relieve, la nota hecha con motivo de esa especie de inmunidad, de que gozó Saleilles en vida, con relación a sus publicaciones. El profesor Thaller no vaciló en declarar, que no se había criticado a Saleilles por simpatía a su persona[43]. ¡Desgraciadamente, esa simpatía se transformó a partir de la muerte de Saleilles, en una especie de *verecundia,* que si no nos previniéramos de ella, nos conduciría nuevamente al culto de la Escuela de la Exégesis por Pothier y por todos los que después de este fueron considerados como los príncipes de la ciencia del Derecho civil de su tiempo: Merlin, Touiller y, sobre todo, Demolombe: Es necesario que esto no acontezca y por ello, con decisión, emprendemos el examen crítico de la obra de Saleilles. Thaller expresaba ya su deseo de que se abriese una discusión pública a este respecto; y por nuestra parte solo hemos querido iniciarla. Nos

---

43 «Debe notarse —escribe— que esta resistencia a los métodos de nuestro colega nunca ha sido expresamente pronunciada. Ni en su vida, ni desde que lo hemos perdido, se ha comprometido polémica alguna sobre el valor de los procedimientos que ponía en práctica, para desprender el alcance de las instituciones. Esto es de lamentarse, pues de haberse declarado los adversarios, Saleilles, con su naturaleza militante —en el sentido correcto del término, —con su temperamento de creyente, no hubiera dejado de contestar los ataques, de cruzar su acero con todo su valor y energía, y esto nos hubiera valido alegatos pro domo que hubieran contribuido a disipar la vaguedad en cierto número de sus teorías, al mismo tiempo que a hacerlas penetrar más profundamente en los espíritus. La falta de críticas de parte de aquéllos que no aceptaban las teorías de Saleilles, tiene su causa en la gran afección que le concedían todas las personas que se le aproximaban. Se temió herirlo al despreciar sus obras. Imaginaos que en lugar de este hombre amable, tan cortés que a cada refutación de doctrina añadía una palabra cordial al dirigirse a su adversario, se estuviera ante un carácter exclusivo, decisivo, intransigente, o ante un autor desprovisto de indulgencia; es probable que la actitud de sus detractores hubiera sido otra: de todas maneras no se hubiera manifestado por el silencio.

«Esta divergencia de miras sobre el valor científico y sobre el alcance práctico de la obra de Saleilles, bastaría por sí sola para justificar nuestra publicación. Se dirige al mismo tiempo a los jurisconsultos de las últimas generaciones, que habiendo nacido muy tarde, no tuvieron contacto con el profesor de París, a quien no le fue dada la ocasión de experimentar sus métodos. Después que hayan leido los diferentes capítulos que proporcionan, en resumen, la sustancia de las doctrinas que nuestro amigo dispersó en varias publicaciones, estarán tentados a dirigirse al trabajo original y no experimentarán a lo largo de la disertación, la fatiga que les hubiera ocasionado una falta de preparación». L'Oeuvre juridique de R. Saleilles, Prefacio, p. 9 y s.

conformaremos con afirmar, una vez más, que únicamente hemos seguido el ejemplo disfrazado, es verdad, de los redactores del libro *L'Oevre juridique de Raymond Saleilles*. En efecto, no obstante que las críticas de Thaller son muy débiles, abarcan, en nuestra opinión, todos los aspectos del patrimonio científico de Saleilles.

Primeramente se refiere a su falta de precisión[44]. Después a su estilo, y a la gran elasticidad de su método[45]. Como también a su amor, discreto, pero

44 «En primer lugar, escribe Thaller, es necesario decidirse, una vez por todas, sobre la falta de precisión, de claridad, de lucidez, que se nota en las obras de Saleilles. Esta critica es verdadera en parte: pero hubiera sido difícil a nuestro amigo escapar de ella, cuando se piensa en la cantidad de trabajos que almacenaba su cerebro y que atacaba su pluma con fiebre y precipitación, a fin de terminar pronto un primer estudio y de pasar al segundo o tercer ensayo sobre una institución diferente, no menos impaciente de producirse. Saleilles compuso al primer golpe y abundantemente. Tenia una extraordinaria facilidad para escribir, y su pensamiento surgía vibrante y coloreado desde la primera improvisación. El calor del estilo no le comunicaba, sin embargo, la precisión de una redacción reflexionada o de un trabajo atentamente recompuesto. Pero, en verdad, ¿no se ha exagerado en la Escuela de Derecho la exigencia de la claridad como condición de las obras salidas de su medio? A fuerza de repetir que la nación francesa es una nación esencialmente clara, se ha terminado por subordinar todas las demás cualidades cerebrales, incluso la potencia inventiva tan envidiable y rara, a ese mérito exterior que muchos espíritus pueden adquirir dedicándose a él con alguna paciencia». Se exaltarán, se elevarán a las nubes obras banales reeditando mil veces las mismas verdades de perogrullo, únicamente porque sus obras son claras; y cuando aparezca un espíritu nuevo, buscando romper con la monotonía de las ideas recibidas, aportando concepciones originales y modificando el punto de vista en que se colocaron varias generaciones para juzgar las instituciones, el primer reproche dirigido a este pensador será siempre el no expresar sus ideas con precisión. Como si toda innovación no estuviese expuesta, condenada aún a atravesar un período de tanteos, manifestándose poco a poco mediante la expresión» *op. cit.* Prefacio, p. II.

45 Thaller se expresa así a este respecto: «No que su forma, filosófica, declamatoria, o ciceroneana, y a veces desconcertante, haya exactamente servido a su pensamiento: un estilo más familiar, y más cercano al usado en nuestras Escuelas, lo hubiera preseverado de ciertos equívocos, por no decir del planteamiento de ciertos enigmas. Pero ¿somos dueños de nuestro estilo, de esa parte integrante de nosotros mismos? ¿Y no es verdad que Saleilles sin su estilo, cálido, conmovido, sentimental, fascinador, dejaría de ser Saleilles? Lo esencial es saber si pensó en lo justo, y podríamos asegurar esto, a condición de ponernos en. contacto con su modo de demostración. Traducido en un lenguaje libre, su plan de método es el siguiente, por lo menos, muchos de nosotros lo han interpretado así, aplaudiéndolo de todo corazón. Las instituciones son, en suma, las costumbres. Se componen de hechos, de «realidades»; es necesario considerarlas como tales y no reducirlas de golpe a principios racionales. En nuestro medio se abusa de la doctrina y del método puramente lógico. Por inducción, se plantea una regla general, y a continuación, por un razonamiento deductivo se desciende a las aplicaciones. Saleilles no protesta contra este procedimiento, por lo menos en cuanto a su principio. Se impone en la sección de Derecho privado de nuestras Facultades, por la formación de todos los hombres que se dedican a la vida judicial y a la de los negocios. No podemos abandonarlo sin decapitarnos. Infamado sea quien se burle del espíritu jurídico; las naturalezas que carecen de él, nunca pasarán de ser abogados mediocres o mezquinos magistrados. Pero en este trabajo se comete el error de proceder a generalizaciones muy prematuras. Se cae en la conocida extravagan-

real, por las direcciones fundamentales de la Escuela de la Exégesis, lo que demuestra que la originalidad de la obra de Saleilles es muy relativa[46]. No insistimos sobre este último punto, porque justifica la clasificación que hemos hecho de este jurisconsulto, entre los últimos partidarios de la Escuela de la Exégesis *(supra.* No. 18 y s).

86. — Podríamos aún, apoyándonos en Thaller, evocar la fluctuación de la concepción general del Derecho de Saleilles[47]. Preferimos atenernos únicamente a las conclusiones con que Thaller termina su prefacio; merecen, en verdad, ser reproducidas, pues proviniendo de tan indiscutible maestro, justifican, con anterioridad, todos los exámenes críticos que provocará fatal-

---

cia: ¡en Francia todas las mujeres son coloradas! Se plantea una regla absoluta, secamente, sin analizar la institución en sí misma, ni su función en el medio humano. Ihering, el jurisconsulto alemán que ejerció sobre Saleilles la más grande atracción, define el derecho como un «interés jurídicamente protegido». La institución solo vale por su utilidad, en tanto que satisface una necesidad. Esto es lo que el jurista no considera suficientemente: trabaja con ayuda de fórmulas a priori, de métodos exclusivamente cerebrales, por no decir cerebrinos. Grave falta: la ciencia del Derecho toma un vuelo automático, digamos puramente técnico; pierde en distinción, en elevación, en dignidad, no concurre ya a la cultura general, y origina a nuestras escuelas los detractores que conocemos». En el párrafo precedente hemos recordado que si la Escuela de la Exégesis abusó del espíritu constructivo, este es necesario so pena de arruinar la ciencia. De aquí el error de Saleilles quien, a la inversa, no pensó sino en desmenuzar la ciencia jurídica so pretexto de respetar la realidad».

46 «El Código civil ha envejecido, El parlamento solo ejerce su poder legislativo, en Derecho privado de cuando en cuando y con indiferencia. Nuevas costumbres se han establecido. Los tribunales las toman como base de sus decisiones: tienen razón, deberían derogar la ley escrita. Es verdad que Saleilles no dice esto y que hasta escribió lo contrario: «Más allá del Código civil, pero por el Código civil». Al negar a los jueces esta intromisión legislativa (aunque en su última alocución a la conferencia Bufnoir exaltaba, sin embargo, al magistrado gran juez de la equidad, al magistrado a la inglesa, el judge made law, y aun al magistrado tal como lo concibe el nuevo código civil suizo), lo que reprobaría de parte de nuestros tribunales, es contravenir so pretexto de equidad, de una manera abierta y cínica, a una ley escrita no abrogada, iniciando contra ella una requisitoria. Condenaba al «buen juez» de la patria local de nuestro no menos buen fabulista. No. Saleilles, el jurisconsulto no compartía esa sensibilidad, ese poder de atacar la ley de frente. Pero no por ello le venía el pensamiento de protestar contra la jurisprudencia pretoriana, que nuestra magistratura francesa ha sabido, desde hace un siglo, extender a tantos dominios diversos, que constituye su honor y fuerza, y que en el extranjero es tan justamente admirada». Thaller, *op. cit.* prefacio, p. 20-21.

47 Citaremos, sin embargo, algunas fórmulas de Thaller: «Se ve, escribe, que Saleilles al querer desprender la fuente del Derecho, se inclina entre la fuente moral y la utilitaria. Es espiritualista por ciertos lados, positivista en otros. Vacila entre las direcciones que dan los dos métodos, trata de combinarlos. En el fondo, la fuente es única, y en el espíritu de Saleilles el Derecho recibe su valor de un mandamiento suprahumano, cuyo origen exacto nadie ha podido precisar. Quizás no lo ha dicho y repetido lo suficiente; algunas de sus declaraciones, cerradas casi, son bastante duras para el viejo Derecho natural, es decir, en suma, para la moral, y algunas espíritus rigoristas, conociendo su fe profunda, han experimentado una sorpresa. Se encuentran pues aquí y allá desfallecimientos de razonamiento en esta obra inmensa», *op. cit.* prefacio, p. 22.

mente, en el provenir, la obra de Saleilles, en la exposición de la literatura jurídica contemporánea.

«Si tuviera que resumir las reflexiones precedentes que, repito, no son sino un pequeño cuadro reducido y necesariamente alterado de un procedimiento científico, sobre todo interesante en los matices que no he podido reproducir, diría —escribe Thaller— que en el balance que Saleilles nos da de sus trabajos, y particularmente, de su método, hay sin duda un pasivo por considerar.

«En cierto número de sus obras es muy prolijo, lo que hace que su pensamiento, a veces, sea difuso y fugaz. Llevando las explicaciones al extremo, peca, en cambio, por elipsis, al no unir todos los anillos intermedios en la cadena del razonamiento. Su estilo espontáneo, retóricamente bello, sembrado de imágenes y a menudo de encanto, no es, sin embargo, adecuado a los temas que trata, los cuales exigían una forma más concisa de demostración. Es de creerse que en el Colegio, la filosofía ejerció sobre él una fuerte atracción, y que creyó hacer bien, transportando al Derecho la terminología metafísica, o sociológica, persuadido de que los cerebros de los demás, la habían asimilado tan bien como el suyo. Esto, en algunas partes de su obra, oscureció, si no sus ideas, sí su expresión.

«El mundo intelectual de París, basado en las apariencias verbales, sin examinar el fondo de sus libros, le otorgó, casi a costa nuestra, un honor que no buscaba; el honor o, la reputación de abjurador de los métodos tradicionales, a los que sus colegas permanecían servilmente dóciles; la de un raro espíritu que comprendía y sabía aplicar la ciencia en las Facultades de Derecho. Ahora bien, Saleilles nunca provocó un cisma; compartió la técnica corriente; marchó con sus colegas y no contra ellos; solamente activó, con gran fuerza y fe, un movimiento de perfeccionamiento que se preparaba, y fue así el maestro del día. El mismo reconocía su falta de acción: «Arrojo una semilla; —las ideas que tengo en la cabeza—, nos decía en la intimidad, cosechará quien pueda hacerlo».

«No tuvo tiempo de analizar la jurisprudencia, no obstante que esta fue el verdadero alimento de su método; la decena de notas que insertó en el Sirey, una de las cuales es magistral (la del negocio Lecocq, sobre la naturaleza de la propiedad intelectual) constituye un conjunto de materiales prácticos, muy reducido para la ejecución de su plan. Aceptaba que en ciertas partes de su método no había ni armonía ni concordancia. Sobre el papel del Juez, o bien varió, o nunca tuvo una opinión firme al decir, con razón, que no prestándose las ciencias sociales al rigorismo de las exactas, deben los jueces conciliar a los contrarios y, por otra parte, haciendo su papel indeciso al recordar a la plebe romana, en vísperas de las Doce Tablas; a los súbditos del rey de Francia, quejándose de la «equidad de los Parlamentos», etc... reclamando, insistentemente, leyes escritas para escapar al arbitrio judicial.

«Sin embargo, no siempre se juzgó a sí mismo con exactitud. Creyó escapar a la abstracción, y quizás fue más abstracto que los demás. Habló de la construcción jurídica, sin mostrar qué entendía por ella, ni tampoco si era su adversario o partidario»[48].

87.— Antes hemos pronunciado el término «requisitoria», para calificar al conjunto de críticas, que con aspecto de elogio, se dirigieron a Saleilles en la precitada obra: *L'Oevre juridique de R. Saleilles.* El juicio que acabamos de reproducir confirma que nuestra apreciación es fundada. En apoyo de lo anterior citaremos el estudio de Gény, inserto en la misma obra, titulado: *«La concepción general del Derecho, de sus fuentes, y método, en la obra de Raymundo Saleilles.*

«Al mismo tiempo que abría horizontes inadvertidos, escribe Gény, provocaba dudas, reflexiones y discusiones, extendía por su misma acción el campo, ya extenso, que se había propuesto. En suma, al vislumbrar más de lo que descubría, se mostraba el verdadero maestro, aquél que no conforme con enseñar, hace pensar e investigar. Pero la exuberancia e ímpetu, inherentes a semejante manera, no dejan de tener sus escollos. La fugacidad de las miras que pretenden abrazar la realidad entera, la complejidad de los problemas que descubren la pluralidad de los conceptos puestos en juego, para resolver aquéllos, por su inevitable fluctuación, nos hace correr el riesgo de arrebatarnos la seguridad esencial a la eficacia de la acción jurídica. Este método de elaboración del Derecho, formado por el equilibrio científicamente dosificado y hábilmente graduado en sus matices, cuyos rasgos hemos revelado, cuadraba bien con el espíritu advertido, flexible y sabiamente ponderado de un Saleilles. Pero no podría aconsejarse a todos, ni asegurarle un éxito general. La conciliación de los contrarios, la compenetración de las esencias distintas, la síntesis analógica de los conjuntos quedan en fórmulas abstractas, que no valen sino por el uso que se haga de ellas. Quizás la noción de técnica, simple, pero claramente entrevista por Saleilles, llegue, precisada y desarrollada, a completar el método histórico, por medio de direcciones dogmáticas, sin las cuales no hay normas verdaderas. Lo cierto, en todo caso es que aquí, más que en ninguna parte, la fría intervención de la razón debe contener los desbordamientos del sentimiento. Es la razón, guiada por la conciencia del fin por alcanzar, la que nos conducirá a precisar los conceptos, a discernir las identidades profundas, únicas bases admisibles de asimilación analógica; a fijar límites a la compenetración de las cosas y, a veces, debemos decirlo, a renunciar a conciliar lo inconciliable»[49].

88.— Hemos dicho lo suficiente para demostrar que la obra de Saleilles es rica en enseñanzas, sobre todo, por la crítica que suscita. El maestro presintió que la ciencia del Derecho exigía nuevas rutas, a este efecto, se esforzó por trazar nuevas directrices. Por fugaces que hayan sido, no fueron menos pre-

[48] Thaller, *op. cit.*, préface, p. 24 et s.
[49] Gény, *op. cit.*, p. 61.

ciosas; iniciaron una discusión e investigaciones que se continúan hasta hoy. Pero considerar tales directrices, como definitivas, sería perder todo su beneficio; ahora bien, esto sucedería si se colocara el nombre de Saleilles sobre la crítica, y si se elevan sus palabras al rango de Evangelio de la Escuela Científica.

89.— *Lugar de la Escuela de la Exégesis en la filosofía general del siglo XIX. La profesión de fe de la Escuela y el Positivismo jurídico. Saleilles y el Bergsonismo.* — A primera vista pudiera parecer extraño investigar cuál es el lugar reservado a la Escuela de la Exégesis, en la filosofía general del siglo XIX, ya que, entre las críticas que hemos dirigido a esta Escuela, se encuentra el excesivo desdén que profesó por la Filosofía. Pero esto no impide que la Escuela de la Exégesis hunda sus raíces en la filosofía general, pues toda Escuela jurídica es, fatalmente, consciente o inconscientemente, la expresión de una filosofía. ¿Cuál es el fin de una Escuela jurídica si no descubrir las mejores reglas sociales de conducta, hacerlas inteligibles y justificarlas, uniéndolas a una especie de «imperativo categórico» más o menos preciso,[50].

---

[50] Comp. a este respecto, Meyerson, *De l'explication dans les sciences,* 2 vol. París 1921. Esta obra, en cierta forma, está totalmente consagrada al carácter explicativo de la ciencia: la filosofía es a su vez presentada como el coronamiento de la ciencia al proporcionarle las explicaciones que esta no está en posibilidad de otorgar. Es así como el autor declara en su Prefacio: «Pensamos ayudar a la comprensión de nuestro trabajo resumiendo, con anterioridad, su marcha general. Buscamos establecer en nuestro libro I, que la concepción corriente de la ciencia, que es la concepción positivista, descuida dos comprobaciones que nos parecen fundamentales: saber de una parte ese hecho indiscutible de que la ciencia es esencialmente ontológica, que no puede pasar sin una realidad puesta fuera de mi (capítulo I), y por otra parte, su tendencia, también manifiesta, a superar la investigación de la ley, por la de la explicación (capítulo II). Haciendo entrever que la ontología científica puede ella misma, en última instancia, ser considerada como resultante de la necesidad de explicación, consideraremos, sin embargo, desde luego, en nuestro libro II, las dos tendencias en su aspecto antagónico, mostrando cómo la explicación científica termina realmente con la disolución del mundo exterior en el espacio indiferenciado» En el curso de su obra, buscando mostrar las relaciones de la ciencia y de la filosofía en el dominio de la necesidad de explicación, que concurren a satisfacer, el autor dice: «No es verdad que nuestra inteligencia se declare satisfecha con la simple descripción de un fenómeno, por minuciosa que esta sea. Aun si la ciencia está en posibilidad de someter un fenómeno, en todos sus detalles, a leyes empíricas, busca más allá; siempre lo ha hecho y continúa haciéndolo actualmente. Si se afirma lo contrario, la marcha entera de la ciencia en el pasado y en el presente se convierte en un enigma, o, sobre todo, en un gigantesco y monstruoso absurdo. Anteriormente hemos citado a este respecto, lo que aconteció con la atracción newtoniana. La ley que rige los fenómenos de este orden es de una claridad y simplicidad tales, que no se puede sobrepasar; ¿cómo sucedió que los astrónomos y físicos, a partir del momento mismo en que fue formulada, hayan buscado más allá, cómo es posible que hayan considerado esta atracción como un enigma?. A este ejemplo típico, podríamos añadir otros». *Op. cit.* T. I. P. 36. Por lo demás, no es inútil notar que la sociología es presentada por sus defensores más como una filosofía que viene a coronar las ciencias particulares, y que completa la explicación resultante de esta, que como una ciencia independiente. Tal es la definición de la sociología dada por Worms en su libro: *La sociologie, sa nature, son contenu, ses attaches.* París 1921, p. 23. En efecto, el autor escribe: «Del carácter que acabamos de reconocer a la Sociología, resulta una consecuencia que debe ponerse en claro y que servirá

90. — Dado lo anterior, ¿en qué doctrina filosófica general debe clasificarse a la Escuela de la Exégesis? Con anterioridad, en nuestro examen crítico de la doctrina exegética, hicimos notar que sus defensores, por lo general al principio de sus obras, hicieron profesión de fe de la filosofía espiritualista, o si se prefiere, de la metafísica espiritualista. No obstante, no debemos situar a los representativos de la Escuela de la Exégesis entre los metafísicos espiritualistas. Desde luego el acto de fe a que nos referimos era solo un acto de fe, y no una adhesión razonada a la doctrina metafísica. Por otra parte, solo accidentalmente la Escuela de la Exégesis apeló a la noción de derecho derivada de la doctrina metafísica, y no obtiene, por decirlo así, ninguna consecuencia práctica de ella. Nos vemos, pues, obligados a clasificar a la Escuela de la Exégesis entre el positivismo, si queremos calificarla respecto de la filosofía general: es la primera y la más sólida de las formas del positivismo jurídico.

Positivismo, escribe Meyerson, significa (ateniéndonos al contenido epistemológico del término, pues aquí no nos interesa el aspecto social de la doctrina): «abstención de toda metafísica». Se afirma que la ciencia no tiene que penetrar en el verdadero ser de las cosas, que puede hacer abstracción de este ser. La ciencia, se añade, solo busca conocer las relaciones; es un conjunto de relaciones, y su única parte esencial, son las reglas, las leyes que formulan las relaciones en cuestión. Pero si somos llamados a formular suposiciones, hipótesis, estas deben tener como único objetivo, una regla empírica aún desconocida: «Toda hipótesis física, a fin de que sea juzgada en la realidad, debe, exclusivamente, recaer sobre las leyes de los fenómenos y nunca sobre su forma de producción».

En verdad, los representativos de la Escuela de la Exégesis sufrieron, más que razonaron, la doctrina positivista; pero su afiliación a esta, es cierta. Así como los sociólogos solo quieren conocer ese fenómeno exterior, que constituye el hecho social[51], los exégetas, únicamente quisieron conocer ese hecho

---

de conclusión a las anteriores investigaciones. La Sociología domina las ciencias sociales particulares. En otros términos, estas se dividen el mundo social y aquélla reconstituye su unidad. Estas tienen, pues, un objeto propio, aquélla considera todos estos objetos desde un punto de vista superior. Hablando propiamente solo estas son ciencias, aquélla es, sobre todo, la filosofía de esos mismos estudios. Y es así como llegamos al final de nuestra investigación: a definir la sociología como la filosofía de las ciencias sociales particulares».

51 «El carácter específico de los fenómenos sociales, escribe Parodi, y por consiguiente de la ciencia que los estudia, irreducible tanto a la Psicología como a la Biología, he aquí lo que afirma ante todo Emile Durkheim, y el esfuerzo para determinar el objeto y el método de la Sociología tiene un lugar capital en sus trabajos. No es mediante la observación directa de los hechos sociales, en lo que tienen de propio y heterogéneo con los demás, y tales como la historia o la estadística nos los presentan, como se procederá de una manera verdaderamente positiva. Las leyes de la Psicología, no podrían aplicarse a la sociedad; y además no podrían considerarse los hechos sociales como simples prolongaciones de los sentimientos o de las necesidades individuales, ni como invenciones y construcciones de la conciencia clara y de la voluntad reflexiva. Algo nuevo, sui generis, aparece en el hecho social, del cual las conciencias individuales son los elementos y el soporte, pero sin conte-

exterior que es la ley. Sin duda, atribuyeron un alma a ese hecho, puesto que solo lo interpretan a través de la intención del legislador. Pero esa intención era también un hecho exterior que buscaban también exteriormente. Por otra parte, sabemos que la Escuela de la Exégesis consideró que el sistema legislativo en vigor se bastaba a sí mismo, y esto, indiscutiblemente, es una forma del positivismo jurídico. «La esencia del positivismo jurídico, escribe Ripert, es considerar las reglas jurídicas establecidas como las únicas normas de la conducta humana y aceptar, por consiguiente, la plenitud del orden jurídico positivo». El mismo autor, después de tratar de comprender el papel atribuido por algunos a la ley moral en la vida del Derecho, dice: «Cuánto más preferible, me parece, esa posición del positivismo jurídico, que exige el respeto al orden jurídico simplemente porque es establecido, y que deja a cada uno en libertad para obedecerlo por deber, o para resignarse a él por temor». No se puede ser más realista.

El mismo Duguit, a quien se considera como el Jefe de la Escuela realista es superado. Por otra parte, Ripert no vacila en dárselo a conocer, después de rendir homenaje a su obra, por lo que hace a la lucha que emprendió, princi-

---

ner en sí su razón suficiente si se les considera uno a uno y separadamente; no hay aquí una simple suma, sino una combinación en el sentido químico de la palabra, las propiedades del compuesto no son la simple adición de las de los componentes ni pueden deducirse de aquél. Si una síntesis original y sin duda irreductible resulta así de su comparación y aun de su interacción, esta es la que debe tomarse como dato primero de la nueva ciencia, pues presenta caracteres que «la analogía» no permite conjeturar y que no se pueden alcanzar sino por la observación directa». Para Durkheim es un axioma que una ciencia no debe nunca hacer desaparecer su objeto, y en cierta forma, disolverlo, so pretexto de explicarlo; ahora bien, a esto llegaría toda tentativa por reducir los fenómenos sociales a algo no social». El autor escribe también: «El hecho social —regla jurídica, costumbre, rito religioso—, es sentido o concebido por cada individuo, en él existe, pero en cada individuo es concebido como exterior, independiente, precediéndolo y sobreviviéndolo, superior a él, puesto que lo coerciona y obliga. «La obligación es la prueba que las maneras de obrar y de pensar no son obra del individuo; todo lo que es obligatorio tiene su fuente exterior al individuo». En otros términos, el fenómeno social tiene una acción coercitiva, al mismo tiempo que obra por autoridad o prestigio. «Un hecho social se reconoce en el poder de coerción externa que ejerce o es susceptible de ejercer sobre los individuos; y la presencia de este poder se reconoce a su vez y ante todo, en la existencia de alguna sanción determinada». Por otra parte, esta sanción puede ser difusa y totalmente moral, o jurídica y material, y, repetimos, «que en virtud de que la característica esencial de los fenómenos sociológicos consiste en el poder que tienen de ejercer exteriormente una presión sobre las conciencias individuales, no se derivan de estas, y por consiguiente, la Sociología no es un corolario de la Psicología». La dualidad del alma humana, la irreductible oposición de las representaciones colectivas y de las individuales, tal es la base misma de toda esta doctrina. De ello se sigue que si un hecho social es más o menos general en un grupo dado, se debe a que este grupo le reconoce primero una especie de generalidad de derecho: la obediencia que obtiene de nosotros no es sino una consecuencia del respeto por el cual se nos impone». Parodi, *La philosophie contemporaine en France, Essai de classification des doctrines,* 1019, p. 122 y s. Comp. sobre el hecho social y su naturaleza especifica Paul Bureau, *La science des meours. Introduction a la méthode sociologique,* 1923 p. 96 y s. Deplige, *Le conflit de la morale et la sociologie,* 3a. ed. 1923.

palmente, contra la idea de soberanía. «Esta idea de soberanía, escribe, es una idea metafísica que un espíritu verdaderamente positivista debe desechar. Cualesquiera que sean los servicios que haya rendido, debe sacrificarse. Positivista implacable, Duguit ha hecho esta crítica en forma que me parece decisiva. Con una claridad y Lógica admirables, ha limpiado al Derecho Público de innumerables ideas antiguas. Al descartar resueltamente los conceptos de personalidad y de soberanía del Estado, puso frente a frente, en su primitiva desnudez, a gobernantes y gobernados en sus relaciones de mandamiento y obediencia. El Derecho positivo se presentó entonces, simplemente, como una expresión particular de la voluntad de los gobernantes. Se despojó a la autoridad de su carácter casi sagrado y se libertó a los súbditos del culto a la idea. Entonces la cuestión se planteó con un nuevo aspecto. Se hizo perfectamente clara y, por ello mismo, mucho más formidable. ¿Cuál es, para los gobernantes, la fuente profunda de su derecho de ordenar, y para los gobernados la razón última de su deber de obediencia? Los gobernantes son de hecho los más fuertes. Por mil razones diversas, detentan el poder y este los ha hecho ser los más fuertes. ¿Es su poder, por sí mismo, una razón suficiente de sus mandamientos? ¿La obediencia a la autoridad establecida y, por consiguiente, al Derecho no es sino la sumisión del más débil, ante la ley del más fuerte?».

He allí el homenaje al Jefe de la Escuela realista. Pero a continuación viene el «justo castigo». En efecto, la respuesta de Ripert a las cuestiones que acaba de plantear es la siguiente: «Creo, dice, que es necesario admitirlo, si se quiere ser plenamente positivista, y que por haber retrocedido ante esta concepción, creando *la regla de derecho,* para escapar a ella, Duguit merece el justo castigo de ser clasificado, por Gény, entre los defensores del Derecho natural. Descartando resueltamente todo concepto metafísico de la ciencia jurídica, únicamente puede comprobarse un hecho: hay entre los hombres fuertes y débiles, gobernantes y gobernados y estos solamente obedecen porque comprenden el peligro e inutilidad de la desobediencia, dadas las medidas represivas y preventivas que están a disposición de los gobernantes»[52].

91. – ¿No es esta, en el fondo, la doctrina de la Escuela de la Exégesis tal como la hemos descrito? Hablando propiamente debe hacerse una distinción. Esa es la tesis de los exégetas, plenamente ortodoxos. Pero la compenetración del Derecho y de la filosofía es tal, que al fin de su reinado, la doctrina de la Exégesis evoca al bergsonismo, en aquéllos a quienes hemos llamado los renovadores de la Escuela. Manifiestamente Saleilles se encuentra en ese caso. Muchos hemos ya dicho sobre este autor y, por tanto, no tenemos que recordar aquí la movilidad y fluidez de su doctrina. ¿No podría aplicarse a su doctrina, transportándolo al dominio social, ese resumen que recientemente se ha hecho de la filosofía bergsoniana?

---

[52] Las citas que damos de Ripert se han extraído de su estudio: *Droit naturel et positivisme juridique,* Annales de la Faculté de Droit d'Aix, 1918.

«Todo el esfuerzo de su análisis, su originalidad primera y fecunda, se ha escrito, consiste en damos no la idea, pues esto hubiera sido falsearla, sino el sentimiento, o mejor dicho, la intuición, de lo que puede ser en nosotros mismos ese momento, que llama momento real, a fin de distinguirlo mejor, del tiempo abstracto que miden nuestros relojes y en el cual colocamos, como los libros en un estante rígido, nuestras citas y todas nuestras ocupaciones de autómatas. El principio de su filosofía, contraria a la tradición de las ideas, de los conceptos inmóviles y siempre más o menos modelados, según el arquetipo platónico, es por el contrario, el movimiento interior, a veces simple flujo de nuestros estados de conciencia, análogo a una melodía, y otras, tensión y escape que provocan un impulso.

«Concentrémonos pues, dice Bergson, para definir a la vez el método e idea del psicólogo, sobre lo que tenemos más separado del exterior, a la vez que menos penetrado de intelectualidad. Busquemos en lo más profundo de nosotros mismos, el punto en que sentimos lo más interior de nuestra propia vida. Es en el tiempo, donde entonces nos sumergiremos, en el tiempo en el cual el pasado, siempre en marcha, aumenta sin cesar con un presente absolutamente nuevo. Pero, a la vez, sentimos tenderse, hasta su límite extremo, el resorte de nuestra voluntad. Es preciso que, por una contradicción violenta de nuestra personalidad sobre sí misma, reunamos nuestro pasado que se escapa, para empujarlo, compacto e indiviso, hacia un presente que creará dicho pasado al introducirse en él...»

«Lo principal no es ya, como se había creído, la inteligencia, que solo sirve para conocer las propiedades de los cuerpos y para utilizarlas como artistas, fabricadores de útiles». Sobre los principios de la especulación, tan cuidadosamente analizados por los filósofos, están esas tendencias, cuyo estudio se ha descuidado, y que simplemente se explican por la necesidad en que nos encontramos de vivir, es decir, en realidad, de actuar». Así se precisa y termina el retorno que el bergsonismo ha hecho sufrir a la tradición cartesiana; la cosa pensante no se define ya únicamente por la duración, sino también por la acción, cuyo mismo pensamiento acaso no es sino una condición accesoria. «Permanecer en contacto con los hombres, no ver sino lo que es y no pensar sino en lo que se tiene, exige un esfuerzo ininterrumpido de tensión intelectual. El buen sentido es ese mismo esfuerzo...»[53].

Dar flexibilidad a la doctrina y métodos de la Escuela de la Exégesis, adaptarlos a la realidad movible con ayuda de un esfuerzo constante y de una observación de todos los momentos: ¿No fue esta la característica de toda la vida y de toda la obra de Saleilles? La cuestión se reduce a saber si la ciencia social y la psicológica, son susceptibles de obedecer a las mismas concepciones de conjunto y si por consiguiente Bergson acertó en un dominio distinto al en que Saleilles fracasó rotundamente.

---

[53] Rageot, *Le rôle historique du bergsonisme.* Journal Le Temps du 13 mars 1924.

92. — *La profesión de fe de la Escuela de la Exégesis, en relación con la obra realizada por esta Escuela.* —La profesión de fe que hemos expuesto y criticado en este libro traduce perfectamente, de una manera general, la fisonomía de la obra realizada por la Escuela de la Exégesis. Pero es cierto, que esta levantó verdaderas teorías científicas sobre determinadas materias. Falta explicar ese resultado. Esperamos realizar tan inmensa tarea, en nuestro libro sobre los «Grandes comentadores del Código de Napoleón y el apogeo de la Escuela de la Exégesis». Lo que hay de cierto es que, casi siempre, la edificación de estas teorías científicas se debió a un feliz olvido de sus autores, de la célebre profesión de fe de la Escuela de la Exégesis; mejor dicho, a una negación inconsciente de su *Credo.* En otras ocasiones más raras aconteció que los textos coincidían con las fuentes reales de las reglas de derecho; dé aquí la elaboración de teorías a la vez científicas y exegéticas; todo el secreto de la obra de Aubry y Rau consistió sobre todo, en el arte con que presentaron, como reflujo del Código civil, sus construcciones jurídicas, fundadas directamente en los elementos experimental y racional del Derecho; en eso reside la característica de su genio. Por virtud de esa obra, la Escuela de la Exégesis obtuvo, para siempre, un lugar en la historia de los progresos de la ciencia francesa del Derecho civil.

LA ESCUELA DE LA EXÉGESIS EN DERECHO CIVIL,
de JULIEN BONNECASE, se imprimió
en la República Argentina en julio de 2020.

www.ingramcontent.com/pod-product-compliance
Lightning Source LLC
LaVergne TN
LVHW082239051026
849532LV00012B/4038
*9789563928129*